Robert Woliński

Los hoteleros más famosos de todos los tiempos

Tomo 2

Los hoteleros más famosos de todos los tiempos, Tomo 2

ESCRITO POR
Robert Woliński

ISBN: 978-83-970918-0-1

Contacto:
www.famoushoteliers.net
e-mail: info@famoushoteliers.net

Índice

Prólogo

Mi aventura en la historia de la hotelería comenzó en 2003, cuando, como empleado de esta industria con diez años de experiencia, escribí mi primer artículo sobre Kemmon Wilson, el fundador de la marca Holiday Inn. Este artículo fue publicado en la revista polaca *Hotelarz* con el título "*Rewolucyjna podróż*" ("Viaje revolucionario"). En ese momento, el mercado editorial polaco carecía de libros sobre personalidades destacadas en la hotelería. Para llenar ese vacío, comencé a explorar los recursos en línea y a recopilar toda la información disponible sobre hoteleros de diferentes épocas y partes del mundo, analizando su contribución al desarrollo de la profesión y de la industria de la hospitalidad. Como resultado, surgieron biografías adicionales de Ernest Henderson, Ellsworth Statler, Charles Forte y John Willard Marriott.

Finalmente, se me ocurrió la idea de enriquecer los artículos dispersos hasta entonces con más personalidades y combinarlos en un libro más extenso. Inicialmente, tenía la intención de presentar las biografías de dieciséis famosos hoteleros, pero progresivamente la extensión del trabajo aumentó, llegando a treinta y seis capítulos. La versión final del libro, al que titulé "*Los hoteleros más famosos de todos los tiempos*", tardó casi quince años en completarse. Aunque dejé de trabajar en la hotelería en ese período, el tema que había abordado anteriormente se convirtió en mi pasión, una pasión a la que entregué mi corazón, dedicándole mucho tiempo. Mi objetivo era crear un valioso compendio de conocimientos basado en hechos verificables, donde cada dato incluido tuviera una fuente confiable. A lo largo de los años, acumulé y leí decenas de libros en otros idiomas y miles de artículos en línea, incluyendo muchos recortes de prensa digitalizados, incluso de la primera mitad del siglo XX. Algunos de los capítulos ya escritos necesitaron correcciones posteriores cuando encontré información adicional importante o cuando algunos de mis héroes fallecieron. Gracias a esto, mi trabajo fue "perfeccionado" en los detalles más finos.

En diciembre de 2021, la versión impresa de "*Los hoteleros más famosos de todos los tiempos*" en polaco salió a la venta. Su publicación fue financiada exclusivamente con recursos propios y sin la participación de ninguna editorial. Gracias al poder de las redes sociales y al boca a boca, todo el primer tiraje se agotó en tan solo tres meses. Las buenas críticas del libro, principalmente provenientes de personas de la industria, me motivaron a tomar medidas adicionales para difundir el conocimiento sobre destacados hoteleros en todo el mundo. Hasta ese momento, los estadounidenses solo escribían sobre hoteleros estadounidenses, los suizos sobre hoteleros suizos, así que decidí reunir en una sola obra las historias y logros de hoteleros de diferentes nacionalidades. Primero se lanzó la publicación en inglés, y luego en otros idiomas, como español, francés y alemán.

Tanto la versión electrónica como la impresa del libro *"Los hoteleros más famosos de todos los tiempos"* constan de dos tomos divididos en treinta y seis capítulos, donde narro las historias extraordinarias de cuarenta y un hoteleros. Entre ellos se encuentran constructores, diseñadores, desarrolladores, propietarios y gerentes de hoteles, jefes de cocina y gastronomía, creadores de marcas hoteleras y fundadores de cadenas hoteleras completas. Del libro aprenderemos cómo se crearon corporaciones y cadenas hoteleras como Ritz, Hilton, Marriott, Radisson, Holiday Inn, Oberoi, Sheraton, Accor, Four Seasons, Days Inn, Residence Inn, Howard Johnson's, Hyatt, Best Western, Trust Houses Forte, entre otras. Dediqué mucho espacio a los verdaderos pioneros, que han caído en el olvido, pero que hicieron una contribución inmensa al desarrollo de la hotelería profesional. Supieron construir estructuras excepcionales en lugares de difícil acceso, gestionarlas hábilmente, implementar ideas innovadoras y estándares que se aplican hasta el día de hoy, y sobre todo, brindar a la sociedad viajera una buena calidad de servicio hotelero. Estas destacadas personalidades indudablemente elevaron la categoría de la profesión de hotelero y mejoraron el prestigio de toda la industria. Por lo tanto, deseo que la publicación *"Los hoteleros más famosos de todos los tiempos"* se convierta en un homenaje a las leyendas de la hotelería mundial que dejaron una marca indeleble en la historia. Por eso, este compendio único de conocimientos está dirigido a todos los hoteleros de todo el mundo, ávidos de descubrir las raíces de su profesión y los estándares implementados en la industria a lo largo de los años.

Robert Woliński

P.S. Soy consciente de que mi selección se basa en una evaluación subjetiva y, en opinión de muchos, también otros hoteleros merecen ser incluidos en el panteón de la fama de la hotelería. Comparto completamente este punto de vista, especialmente porque el material factual recopilado por mí podría llenar fácilmente más tomos de libros. Sin embargo, ¿se creará una tercera y cuarta parte de "*Los hoteleros más famosos de todos los tiempos*"? Solo el tiempo lo dirá.

1

George Pullman

Constructor de hoteles sobre raíles

Este industrial y constructor estadounidense se hizo famoso como creador de lujosos hoteles sobre raíles. Su concepto revolucionó los viajes en tren a larga distancia y sirvió como impulsor para proyectos como el Orient Express, Train Bleu y Golden Arrow. Sin embargo, también quedó registrado en la historia como un rico capitalista cuyo orgullo y deseo de control total sobre todo le trajeron éxito en los negocios, pero destruyeron su reputación y salud. Actualmente, su nombre está asociado principalmente con la marca de hoteles de lujo Pullman Hotels.

George Mortimer Pullman nació el 3 de marzo de 1831 en Brocton, Nueva York. Fue el tercero de los diez hijos de James Lewis Pullman y Emily Caroline (de soltera Minton). Sus otros hermanos fueron Royal Henry (1826-1900), Albert Benton (1828), Frances Carolan (1833-1834), James Minton (1835-1903), William Eaton (1837-1839), Charles Lewis (1841), Helen Augusta (1843), Emma Caroline (1846) y Frank William (1848).[1] Inicialmente, su padre trabajaba en una granja y más tarde, se desempeñó como carpintero; luego inventó un método para mover edificios (una máquina sobre ruedas), que patentó en 1841. El joven George creció en la granja familiar Budlong; abandonó la escuela en cuarto grado y en 1845, comenzó a trabajar en una pequeña tienda de comercio general llamada "Buck and Minton" por un salario mensual de cuarenta dólares. El copropietario de la tienda era el tío de su madre,

George Pullman, 1831-1897
(Fuente: Pullman State Historic Site)

John Minton. En ese momento, toda la familia Pullman se trasladó a Albion, en el Canal Erie, al este de Buffalo.[2] George no se unió a ellos hasta 1848. Primero, ayudó a los hermanos Henry y Albert a fabricar muebles en una fábrica en el condado de Orleans; luego, junto con su padre, se dedicó a mover edificios enteros situados a lo largo del Canal Erie, ya que este se estaba ensanchando. Cuando Lewis Pullman murió en 1853, George, de veintidós años, asumió la responsebilidad del negocio y la familia, siendo el hijo mayor soltero en ese momento.[3]

En 1856, se trasladó a Chicago en busca de nuevos pedidos, donde logró firmar un contrato para elevar el Matterson House, uno de los hoteles más populares de la zona, en cinco pies. Se hizo un pedido similar para un hotel llamado Briggs House. En esa época, Chicago lidiaba con barro persistente en las calles y humedad en los hogares, ya que estaba construida en una zona pantanosa. Por lo tanto, las autoridades municipales decidieron crear un sistema de drenaje integral e instalar obras de agua y alcantarillado, y tuberías de gas. Para lograrlo, el nivel de barrios enteros en la ciudad, y por ende, el de los edificios ubicados allí, debía elevarse hasta diez pies. Esto fue un excelente desafío para Pullman, quien demostró que su método permitía elevar el nivel de edificios completos de ladrillo y piedra. Sin embargo, una empresa de tal envergadura requería que se asociara con otro empresario del mismo perfil comercial, Charles H. Moore. En los años siguientes, la empresa Pullman & Moore que fundaron obtuvo muchos contratos lucrativos en Chicago, ejecutados a un ritmo rápido y de la misma manera. En un momento, 600 trabajadores, todos a la vez, giraban un gato mecánico, y una vez que el edificio estaba elevado, se apoyaban sus cimientos. La ejecución de esta tarea llevó solo cinco días y ni siquiera requirió que las personas que estaban dentro del edificio lo abandonaran. Así es como en 1861 Pullman & Moore manejó también el enorme Tremont House, un hotel de seis pisos que cubría casi una acre.[4] George Pullman fue proclamado un genio y un héroe local.

Cuando atendía sus actividades comerciales en Chicago, Pullman a menudo tomaba un tren, experimentando las incomodidades de un largo viaje (asientos incómodos, ruido, suciedad, mal olor, hambre y aburrimiento). En un momento dado, decidió que podía ofrecer a la sociedad algo mejor y comenzó a idear un nuevo concepto de vagón de pasajeros. El primer coche cama fue exhibido por el Cumberland Valley Railroad, que en 1836 ya había puesto en servicio un vagón con literas en tres niveles llamado Chambersburg. Dos años después, el Philadelphia, Wilmington & Baltimore Railroad introdujo asientos convertibles para usar tanto durante el día como durante la noche. En 1857, Pullman colaboró con el exsenador del estado de Nueva York Benjamin C. Field, quien tenía los derechos para construir los coches cama de Woodruff en los estados del oeste. Bajo el nombre de Field & Pullman, los dos socios firmaron un contrato con ferrocarriles de Chicago, Alton y St. Louis, para poner en servicio un coche cama más cómodo.[5] Para implementar su idea revolucionaria, Pullman contrató al mecánico Leonard Seibert, quien comenzó convirtiendo dos coches del ferrocarril de Chicago y Alton. Cada uno de ellos se dividió en diez secciones abiertas para dormir con literas en la parte superior e inferior, un armario para mantas y dos baños situados en los extremos del coche. Las paredes y los asientos estaban tapizados en felpa. Los coches se iluminaban con luz de velas y se calentaban con estufas de leña. En ese momento, no había porteros y las camas las hacía el frenador. Ambos coches convertidos costaron a Pullman dos mil dólares cada uno; conectaban Chicago y St. Louis y fueron aprobados por los viajeros.

Las mejoras adicionales requirieron mucho más capital del que Pullman no disponía. Tentado por la fiebre del oro, se fue a Colorado en 1860. Allí, se comprometió con varios negocios diferentes, incluyendo una mina de oro y una fábrica de trituración de mineral en Russell Gulch, una tienda y un bar en Central City, así como un alojamiento, almacenes y un negocio de alquiler de vehículos para mineros en Cold Spring Ranch. En ese momento, Field compró y convirtió varios coches Tremont y Southerner, y los puso a disposición del Galena & Chicago Union Railroad. Tres años después, Pullman regresó a Chicago con una suma de 20 mil dólares para seguir implementando sus planes.[6]

En julio de 1863, los socios compraron a la Wason Car Co. un coche cama nuevo por veinte mil dólares. Bautizado como el Springfield, medía casi 56 pies de longitud con una capacidad máxima de cincuenta y seis pasajeros. Comprendía catorce secciones y dos habitaciones privadas en los extremos. Durante el día, servía como salón con sofás dispuestos a lo largo de las paredes, que, una vez plegados para la noche, se convertían en un lugar cómodo para dormir. Además, los pasajeros podían usar literas en la parte superior que se bajaban desde el techo. Tenían colchones y mantas a su disposición. El primer coche moderno diseñado desde cero por Field & Pullman fue el Pioneer, que salió de la línea de producción a finales de 1864. Aún más lujoso y conveniente que el Springfield, podía alojar hasta cuarenta y ocho pasajeros en doce secciones abiertas. El interior destacaba por su carpintería de madera de castaño oscuro, tapicería de felpa francesa, gruesas alfombras, cortinas de terciopelo, accesorios de latón y elegantes candelabros. Además de compartimentos para el personal y un armario para la ropa de cama, también había un espacioso baño.

Aunque el Pioneer resultó ser un "milagro sobre ruedas" de esa época, debido a sus medidas no estándar (era demasiado ancho y alto), ninguna compañía ferroviaria lo pondría en uso, ya que eso requeriría elevar puentes y cortar plataformas en las estaciones de tren. Entonces, inesperadamente, la viuda de Abraham Lincoln, asesinado en abril de 1865, vino en ayuda de Pullman, deseando llevar el Pioneer como parte del tren fúnebre que transportaba el cuerpo del presidente desde Washington, D.C. hasta su lugar de descanso en Springfield, Illinois. El Ferrocarril Alton decidió eliminar todas las barreras en el camino del tren fúnebre y, al final del viaje de trece días, el coche de Pullman ganó aclamación nacional. Más tarde, el héroe de la Guerra Civil, el general Ulysses Grant, decidió usar el Pioneer en su regreso a casa en Galena, Illinois; por lo tanto, el Ferrocarril Chicago & North Western se vio obligado a realizar adaptaciones arquitectónicas en sus vías también. Para fines de 1867, ya había cuarenta y ocho coches cama de este tipo en uso, operados por siete compañías de ferrocarril diferentes.[7] En enero de 1867, Benjamin Field se retiró de la asociación y el 22 de febrero, se registró la Pullman Palace Car Company en Chicago con una importante contribución financiera del magnate del acero Andrew Carnegie. El consejo de supervisión nombró a George Pullman presidente de la compañía, quien también se encargaba de la publicidad. Los aspectos de producción eran responsabilidad de su hermano Albert, mientras que los asuntos financieros y legales eran atendidos por Charles Angell. Más tarde, este último malversó miles de dólares del dinero de la compañía.[8]

La Pullman Palace Car Company se convirtió en propietaria de todos los coches cama del Michigan Central Railroad, el New York Central Railroad y el Canadian Great Western Reilroad, con el objetivo final de George Pullman establecer una única red nacional de coches cama. En la cima del éxito, en 1867, decidió lanzar el "President" en el mercado, el primer coche hotel de lujo con cocina y comedor. En cuanto a la cocina y el servicio, podría competir fácilmente con los mejores restaurantes del país. Un año después, se unió a él un coche comedor original, el "Delmonico", cuyo menú fue ideado por chefs del famoso restaurante Delmonico's de Nueva York. La cocina, de ocho por ocho pies, estaba situada en el centro del coche y contenía un contenedor de agua, un fregadero, una despensa y mesas para preparar comidas. Debajo del coche, había un refrigerador que almacenaba carne, frutas y verduras. En cada extremo, la cocina estaba adyacente a un área de comedor con seis mesas para cuatro personas cada una y una capacidad máxima de cuarenta y ocho comensales que podían cenar todos a la vez. El coche comedor estaba equipado con manteles, vajilla de cristal, cubiertos y porcelana. Su personal incluía a dos cocineros y cuatro camareros con trajes blancos.[9] Los coches hotel fabricados posteriormente se llamaron "Western World", "City of Boston" y "City of New York". Cada uno costaba más de 30 mil dólares.

Los interiores de los hoteles sobre ruedas de Pullman estaban diseñados de diversas maneras. Un coche salón incluía una sala de estar espaciosa con un sofá

Interiores de los coches Pullman. (Fuente: Vintage News)

grande, dos sillones móviles, un baño privado, un espacio de almacenamiento para el equipaje y un armario. Dado que ofrecía la posibilidad de usar tres literas para la noche, era particularmente adecuado para familias que viajaban. El dormitorio garantizaba un lugar cómodo para descansar durante el día y camas para dos personas, incluyendo una litera superior que se desplegaba desde el techo. El compartimento con una cama y un baño estaba diseñado para una sola persona que deseaba algo de privacidad. A su vez, un compartimento típico podía alojar a cuatro pasajeros que se acostaban en literas de tamaño completo al desplegar las literas superiores. Cada coche hotel tenía su propia cocina donde se preparaban comidas gourmet. Estaba diseñada de manera excelente, con su pequeño espacio permitiendo al personal hornear, freír y cocinar en un lado, y almacenar utensilios de cocina y productos alimenticios como carne, frutas y verduras, vino y especias en el otro. Una cocina pequeña como esa podía proporcionar hasta casi 250 comidas al día. Los coches hotel de Pullman ofrecían todo el lujo que uno pudiera imaginar, nunca visto antes: candelabros de cristal colgando del techo, lámparas de mesa con pantallas de seda, asientos de cuero, tapicería de felpa, suelos de moqueta peluda, ornamentación lujosa, ropa de cama de alta calidad, así como sistemas mejorados de calefacción y aire acondicionado. Todo eso hacía que viajar a largas distancias fuera un gran placer. Otro elemento significativo era el excelente personal que garantizaba una amplia gama de servicios a los pasajeros del coche, los saludaba, ayudaba a encontrar el camino a sus compartimentos, verificaba sus boletos, desplegaba las camas, limpiaba los coches, lustraba zapatos, planchaba trajes, enviaba cartas y telegramas, llevaba comidas a pedido, etc. Los pasajeros a bordo eran supervisados por un portero de Pullman, típicamente un antiguo esclavo negro del sur, capacitado específicamente para ese propósito. Esto se debe a que Pullman creía que esos hombres costaban menos, estaban naturalmente predispuestos a servir a las personas y tenían experiencia en este campo, y realizaban su trabajo con entusiasmo, sin sentimentalismos. Los pasajeros blancos adinerados solían llamar a un portero "George", ya que en ese momento, los sirvientes solían ser nombrados según su dueño. Aunque muchos consideraban a Pullman racista, fue el mayor empleador de afroamericanos en los EE. UU. Estos veían el puesto de portero como una ocupación prestigiosa, relativamente bien remunerada, que ofrecía la posibilidad de viajar y, sobre todo, la perspectiva de formar parte de la clase media negra que se estaba formando en ese momento. Un portero de Pullman debía observar estándares rigurosos contenidos en un manual de 127 páginas, practicados durante catorce días de un período de prueba.[10]

Muchos ferrocarriles, como el Ferrocarril Central de Michigan, el Ferrocarril de Chicago y el Gran Oeste, pusieron en servicio estos coches cama, coches hotel y coches comedor. Sin embargo, Pullman nunca los vendió; los alquilaba junto con el personal, tomando un uno por ciento por cada boleto vendido en dicho coche. En 1869, la Pullman Palace Car Company tenía más de setenta coches en servicio a su disposición, adquirió la Detroit Car and Manufacturing Company, así como el negocio y las patentes de su competidor del este, la Central Transportation Company. En 1871, George Pullman junto con Andrew Carnegie brindaron ayuda a la Union Pacific, que estaba en apuros financieros, y se convirtieron en miembros de su consejo de supervisión. Esta estrategia comercial le proporcionó una fortuna. Para 1875, Pullman tenía patentes por valor de 100 mil dólares, 700 coches en servicio y varios cientos de miles de dólares en el banco.[11]

El 13 de junio de 1867, George Pullman se casó con Harriett Amelie Sanger, hija de Mary Catherine McKibben y James Y. Sanger, propietario de una empresa de construcción, con quien tuvo cuatro hijos, Florence (1868), Harriett (1868), y los gemelos George Jr. y Walter Sanger (1875).[12,13] Los Pullman tenían un alto estatus social. Por medio millón de dólares, construyeron una majestuosa mansión en la Avenida Prairie en Chicago, y pasaban tiempo en clubes sociales junto con otras familias ricas, participando en eventos sociales. También visitaban con frecuencia al presidente Ulysses S. Grant y su esposa Julia en la Casa Blanca o su residencia de verano en Long Branch. En 1888, Pullman adquirió una isla en el archipiélago de las Mil Islas en la bahía de Alexandra, que luego nombró en su honor y construyó allí un refugio familiar llamado Castle Rest.

George Pullman realizaría constantemente viajes de negocios por todo Estados Unidos y a menudo a Europa. En 1873, firmó un contrato de suministro de trenes con la Midland Railway Company de Inglaterra, mientras que en 1879, proporcionó sus coches comedor al Great Northern Railway, que conectaba Leeds y la estación de tren de King's Cross en Londres. A su vez, en 1875, construyó una fábrica en Turín, Italia, con la intención de suministrar coches a toda Europa.[14]

George Pullman mostró un fuerte interés en las reformas sociales y deseaba mantener buenas relaciones con sus trabajadores. Creía que al asegurarles un entorno seguro, limpio y cultural, ellos responderían con lealtad, integridad y un alto compromiso con el trabajo arduo. En 1880, por 800 mil dólares, adquirió un área de 3953 acres cerca del lago Calumet, a 14 millas al sur de Chicago, cerca de las vías propiedad del Illionois Central Railrad. Contrató al arquitecto Solon Beman y al diseñador paisajista Nathan Barrett para crear una ciudad modelo junto a su planificada fábrica más grande, un lugar libre de pobreza, suciedad, enfermedades, crimen, prostitución y alcoholismo. La construcción de la Pullman City finalizó en 1884 y costó ocho millones de dólares. La ciudad tenía su propio centro comercial, un banco, un teatro, un hospital, una oficina de correos, escuelas, parques, paseos y áreas de juego. También contaba con una biblioteca de ocho mil volúmenes, una iglesia y el lujoso Hotel Florence con sesenta habitacio-nes, nombrado en honor a la hija favorita de Pullman. En todos los edificios residenciales, que tenían la misma apariencia, se garantizaba iluminación de gas, un sistema de alcantarillado interno y la disposición sistemática opcional de residuos. Para 1893, la población de la ciudad alcanzó los 11 mil habitantes, de los cuales seis mil trabajaban en la fábrica Pullman. Esta ciudad utópica, que fue una atracción importante durante la Exposición Mundial de Chicago de 1893, se convirtió en una sensación a nivel nacional. La prensa elogiaba a Pullman por su visión y trabajo caritativo; en realidad, la Pullman City era parte de un imperio comercial que también se esperaba que fuera rentable (seis por ciento para la ciudad y ocho por ciento para la fábrica). Como propietario, Pullman quería mantener un control absoluto sobre todo en la ciudad; por esta razón, implementó sus propias reglas estrictas. Ningún residente podía ser dueño de la casa en la que vivía. Pagaba alquiler por ella y todos los beneficios, desde ocho dólares por un apartamento de tres habitaciones hasta 18 dólares por una casa adosada. Obviamente, al menos un miembro de la familia tenía que trabajar para la fábrica. Incluso la única iglesia en la ciudad, la Iglesia Greenstone, estaba destinada al alquiler, pero el costo era tan alto (300 dólares al mes por la iglesia y 65 dólares por una rectoría) que ninguna denominación podía pagarlo, y así la iglesia quedó vacía.[15] Pullman prohibió la prensa independiente, las reuniones y las organizaciones benéficas, así como la venta y el consumo de alcohol (disponible solo en el Hotel Florence para sus huéspedes, exclusivamente). Sus inspectores caminaban sistemáticamente de una casa a otra verificando la limpieza, y tenían el poder de rescindir un contrato de arrendamiento con un aviso de diez días. Contrató vigilantes que informaban sobre cualquier infracción de las reglas vigentes en la ciudad. Pullman aseguraba condiciones de vida ideales, pero tenía poco o ningún respeto por los derechos humanos básicos. Sus trabajadores decían: *"Nacemos en una casa Pullman, nos alimentamos de las tiendas Pullman, estudiamos en la escuela Pullman, nos catequizamos en la Iglesia Pullman y cuando morimos, vamos al Infierno Pullman"*.[16]

Para 1890, la Pullman Palace Car Company era un éxito absoluto. Había absorbido a toda la competencia importante, incluyendo la Union Palace Car Company, la Marin Boudoir Car Company y la Woodruff Sleeping and Parlor Coach Company, y había ingresado al segmento de los autos de segunda clase para dormir, es decir, los autos turísticos. Para satisfacer este mercado, Pullman compró sesenta autos turísticos de Atchison, Topeka and Santa Fe, veinte similares de Atlantic and Pacific Railroad y una cuarta parte de las acciones de setenta autos de segunda clase de Union Pacific. Estas adquisiciones permitieron a Pullman adaptarlos para servir a diversos tipos de mítines y convenciones políticas, y proporcionar alojamiento para sus asistentes, por ejemplo, 125 autos para el reencuentro del Gran Ejército de la República en San Francisco, 55 vagones para la Gran Logia Soberana de los Odd Fellows en Boston y doscientos autos para los Caballeros Templarios en St. Louis. Con 12,367 empleados, Pullman operaba hasta 2135 lujosos autos en funcionamiento y 286 autos de segunda clase, que juntos proporcionaban alojamiento para 100 mil personas por noche. Eso es más que todos los hoteles de alta categoría en Estados Unidos en ese momento combinados.[17]

Lamentablemente, en 1893, se desató una recesión a nivel nacional, causando una reducción significativa en todas las líneas de negocios y un desempleo masivo. Pullman decidió reducir costos en toda la empresa y recortar los salarios en casi un tercio, manteniendo las tarifas de alquiler en la Pullman City y los precios de las tiendas al mismo nivel. Además, deduciría estas tarifas directamente de los salarios, lo que resultó en pagos significativamente más bajos para muchos trabajadores. Una vez que fracasaron las negociaciones con el dueño de la ciudad, sus residentes desesperados buscaron ayuda del American Railway Union encabezado por Eugene V. Debs. Dado que George Pullman, que se oponía al concepto de un sindicato, se negó a participar en cualquier negociación (cerró la fábrica, cerró su casa y dejó la ciudad), los trabajadores declararon que las huelgas a gran escala tendrían lugar el 12 de mayo de 1894. Mientras tanto, la ARU bloqueó todos los trenes de los ferrocarriles que estaban utilizando sus autos. Para sofocar la huelga, Pullman puso en juego su influencia política y recibió el apoyo del gobernador de Illinois, John P. Altgeld, y del presidente de los Estados Unidos, Grover Cleveland. Con este fin, se enviaron tropas de la Guardia Nacional y la policía a Chicago desde Illinois; junto con la gendarmería local y las unidades de policía, manejaron violentamente a los manifestantes. Finalmente, la huelga terminó el 12 de julio de 1894 con cientos de autos incendiados (las pérdidas se estimaron en 80 millones de dólares), numerosos heridos en ambos lados, treinta fallecidos y una condena de seis meses de prisión para el presidente de la ARU, Eugene Debs.

Estos eventos tuvieron un impacto severo en la salud de George Pullman, quien murió de un masivo ataque al corazón el 19 de octubre de 1897. Temiendo que su cuerpo fuera profanado por activistas laborales, su familia lo enterró de noche en el Cementerio Graceland. Su cuerpo fue colocado en un ataúd de plomo y luego se colocó en una tumba de concreto reforzado lleno de cemento, sobre la cual se erigió una columna corintia.[18]

Después de la muerte de George Pullman, tras investigar las razones de la huelga, la Corte Suprema de Illinois ordenó en 1898 que la Pullman Company renunciara a la propiedad de la ciudad y que esta se convirtiera en parte de Chicago. Por esta decisión judicial, a los residentes de la ciudad se les permitió la posibilidad de comprar sus hogares. La decisión judicial fue ejecutada por el recién nombrado presidente Robert Todd Lincoln (hijo del presidente Abraham Lincoln), quien dirigió la empresa hasta 1911, llevándola a una nueva era de vagones de ferrocarril, que eran veinte pies más grandes, fundidos en acero, con iluminación eléctrica.[19] En 1934, la Pullman Company se fusionó con la Standard Steel Car Company y cambió su nombre a Pullman-Standard Car Manufacturing Company, que fabricó su último automóvil en 1982 para Amtrak.[20]

George M. Pullman, aproximadamente en 1890. (Fuente: Chaos in Chicago)

Los autos de hotel modelados según el estilo Pullman también aparecieron en el continente europeo. Esto se debió a un belga llamado Georges Nagelmackers (1845–1905), quien en los años 1867-1868 viajó por los Estados Unidos y quedó muy impresionado por los autos de Pullman. A su regreso a casa, decidió crear una red de trenes de lujo similares que recorrerían toda Europa. En 1867, dio vida a una compañía llamada Compagnie Internationale des Wagons-Lits, que se convirtió en el principal operador de trenes en pocos años con trenes famosos como el *Orient-Express* (París-Estambul), el *Nord Express* (París-San Petersburgo), el *Sud Express* (París-Lisboa) o el *Trans-Siberian Express* en Rusia. Wagons-Lits también creó sus propias cadenas de hoteles, una de las cuales llevaba el nombre de los Hoteles Pullman en honor a George Pullman. Cuando en 1991 la compañía se convirtió en parte de la corporación Accor, como parte de una estrategia de cambio de marca, esta marca de hotel fue eliminada gradualmente. Una vez modernizados, los veintisiete establecimientos Pullman se incluyeron en la cadena Sofitel, mientras que los otros veinticinco se agregaron al portafolio de Mercure.[21] No obstante, en 2007, Accor decidió reactivar la marca Pullman, declarando: *"El nombre Pullman goza de un legado estrechamente asociado con los viajes y la nueva marca se dirigirá principalmente a los viajeros de negocios. Los hoteles Pullman estarán ubicados en las principales ciudades del mundo y ofrecerán todas las instalaciones necesarias para celebrar seminarios y convenciones internacionales a gran escala*".[22] A fines de 2020, hasta 143 hoteles Pullman estaban en servicio.[23]

2

Fred Harvey

El caballero que civilizó el Salvaje Oeste

Stephen Fried escribió sobre él que *"era Ray Kroc antes de McDonald's, JW Marriott antes de Marriott Hotels o Howard Johnson antes de HoJo (…), Howard Schultz antes de Starbucks"*.[1] De hecho, creó la primera cadena de restaurantes y hoteles en los Estados Unidos, estableciendo altos estándares de calidad. Fred Harvey fue un visionario y misionero culinario, difundiendo la cultura alimentaria e higiene en lugares donde anteriormente llamaban restaurantes a barracas con comida repugnante, y los hoteles eran cabañas con literas. Sin embargo, el Oeste estadounidense le debe no solo una excelente cocina, sino también esposas. Las legendarias Chicas de Harvey, al establecerse aquí, contribuyeron al desarrollo de la civilización en esta área "salvaje".

Frederick Henry Harvey nació el 27 de junio de 1835 en Londres. Su padre, Charles, dirigía un taller de sastre, mientras que su madre, Anne, se encargaba del hogar y de tres hijos (un hijo y dos hijas menores, Eliza y Annie). Lamentablemente, en 1843, el negocio familiar quebró y los Harvey se mudaron a un apartamento alquilado, primero en la calle Great Marylebone y luego en el número 16 de la calle Lisle en Soho. En sus años escolares, el joven Fred se quedaba en la casa de su adinerada tía Mary en la calle Tottenham High.

Fred Harvey, 1835-1901
(Fuente: Northern Arizona University Library)

A los diecisiete años, Fred decidió abandonar el país; en la primavera de 1853, navegó hacia Nueva York en busca de nuevas oportunidades en América. Les dijo a sus conocidos que se fue porque quería evitar ser reclutado y arrastrado a los conflictos que libraba Gran Bretaña en Birmania y Crimea. En Nueva York, consiguió trabajo como lavaplatos en el restaurante Smith & McNell por ocho dólares al mes. Con el tiempo, perfeccionó sus habilidades, trabajando también como lavaplatos, camarero y cocinero. Trabajó arduamente y aumentó su salario con cada nuevo empleo. Aprendió sobre el negocio de restaurantes de los dueños del establecimiento, Henry Smith y Tom McNell. Le enseñaron la importancia de utilizar ingredientes frescos para preparar comidas, el valor de cerrar acuerdos con un apretón de manos y el poder del efectivo. No eran muy aficionados a los préstamos bancarios; siempre terminaban el día pagando cuentas y compartiendo las ganancias.[2] Esta temprana introducción al mundo de los servicios de catering tuvo un impacto significativo en la vida de Fred Harvey.

Fred Harvey pasó dieciocho meses en Nueva York. En ese período, se enteró de que su madre se había enfermado de tuberculosis y falleció en agosto de 1855 a los cuarenta y ocho años. Un año después, utilizó sus ahorros para ir a Nueva Orleans, la capital culinaria del Sur; sin embargo, pronto concluyó que no era el lugar adecuado para él. Luego se dirigió al norte a San Luis, donde consiguió trabajo en el hotel llamado Butterfield House. El dueño de esa instalación, Abner Hitchcock, se convirtió en su querido amigo, mentor y patrocinador cuando Harvey presentó una solicitud para la ciudadanía estadounidense. El 27 de julio de 1858, el joven de veintitrés años, Fred Harvey, renunció oficialmente a su lealtad a la Reina Victoria y declaró su lealtad a los Estados Unidos. También decidió asociarse con William Doyle, un inmigrante irlandés de treinta y ocho años que dirigía el Merchants Dining Saloon and Restaurant en la cale 10 Chestnut. Las instalaciones estaban ubicadas en el primer piso de un edificio de tres pisos, cuyos otros pisos albergaban veinticuatro habitaciones alquiladas a viajeros, invitados y empleados. Fred se instaló en una de ellas. Un año después, el negocio era lo suficientemente próspero como para que Harvey dejara a su socio y visitara a su familia en Inglaterra. Desde allí, trajo a su padre y a su hermana menor Eliza a América. Regresó acompañado también por su nueva esposa, una holandesa de veinticinco años llamada Ann. Toda la familia se mudó al apartamento sobre el restaurante. Sin embargo, su padre no pudo acostumbrarse al nuevo lugar y regresó a Inglaterra, mientras que su hermana decidió quedarse y se casó con Henry Bradley, un inmigrante británico que trabajaba como contador.[3]

En febrero de 1861, nació su hijo Eddie, y tres meses después, la vida normal de Fred Harvey en San Luis como la conocía llegó a su fin. Con el estallido de la Guerra Civil, la ciudad se dividió entre la Unión y la Confederación. El 10 de mayo, las tropas policiales locales de partidarios de la Unión abrieron fuego contra civiles que protestaban, matando a veintiocho personas, incluyendo mujeres y niños. En ese momento, su socio Doyle robó todo el dinero que habían ganado juntos (más de 1,3 mil dólares, que equivaldrían a unos 33 mil dólares hoy) y huyó para unirse a los Confederados. A la edad de veintiséis años, Fred Harvey, junto con su esposa e hijo, quedaron en la ruina.[4] Dadas las circunstancias, llevó a su familia y se mudó a St. Joseph, donde aceptó una oferta de trabajo del Capitán Rufus Ford, un antiguo cliente de su restaurante que dirigía un servicio de entrega de correo con barcos de vapor que navegaban por el río Mississippi (Missouri River Packet Company). Muchos barcos de vapor tenían restaurantes y bares, y Harvey se encargaba de ellos. El clima específico del río causaría numerosas enfermedades, sin embargo. Fred desarrolló tifus y estuvo cerca de la muerte. Aunque se recuperó, la enfermedad causó lesiones en su sistema digestivo. Regresó a los barcos y poco después, aceptó otra oferta de empleo; en julio de 1862, se convirtió en un empleado de correos que trabajaba en los vagones de tren de la compañía Hannibal & St. Joseph. Su tarea era clasificar el correo en movimiento. El 6 de octubre de 1862, nació su otro hijo Charles. Lamentablemente, debido a complicaciones en el parto, su esposa Ann falleció.

Cuatro meses después, el 20 de febrero de 1863, Harvey volvió a casarse. Su nueva esposa fue Barbara Sarah "Sally" Mattas, una joven de diecinueve años e hija de inmigrantes checos. Aparentemente, al principio fue más un acuerdo comercial que una relación basada en el amor. Ella estaba en apuros financieros, él necesitaba una esposa y una niñera para sus hijos. Una vez que Fred había estabilizado su vida privada, renunció al trabajo en los barcos de vapor para convertirse en un agente que vendía boletos de tren. Durante un año, actuó como agente para el ferrocarril Hannibal & St. Joseph, y en 1865, también le ofrecieron trabajo como agente para el North Missouri Railroad.[5] Junto con toda su familia, se trasladó a Leavenworth, Kansas, donde ubicó su puesto de venta de boletos en el hotel Planter's House. En ese período, la Guerra Civil llegó a su fin y comenzó la expansión del ferrocarril. En ese momento, el crecimiento de las ciudades estadounidenses dependía de si pasaba un tren. Sin embargo, las vías del ferrocarril rodeaban Leavenworth hasta 1866.

Lamentablemente, Fred se enfrentó a otra tragedia; una pandemia de fiebre escarlatina provocó la muerte de sus dos hijos (Charles falleció el 2 de marzo de 1865, mientras que Eddie murió nueve días después). Un año después (1866), nació un nuevo miembro de su familia, Ford Ferguson Harvey "Fordie", y Fred encontró un trabajo secundario en el periódico *The Leavenworth Conservative* vendiendo suscripciones y anuncios. Combinó con éxito estas dos ocupaciones y continuó creciendo durante ese tiempo. Cambió el nombre de su puesto en el hotel a Central Railroad Ticket Office y comenzó a ofrecer boletos de varias compañías de ferrocarril. Contrató personal de servicio al cliente, mientras él mismo se convirtió en un empleado móvil. Después, también contrató a más empleados móviles. En 1868, en reconocimiento a sus resultados, sus jefes en *The Leavenworth Conservative* firmaron con él un nuevo contrato lucrativo por tres mil dólares (quince veces el salario promedio). Además, Harvey estableció cooperación con otros periódicos, como el St. Joseph Herald o el Kansas Farmer, para los cuales también vendió anuncios. Invirtió el dinero que ganó en bienes raíces y otorgó préstamos. También ingresó silenciosamente al negocio de restaurantes al adquirir acciones en el American House en Ellsworth, Kansas, un popular hotel con restaurante. Cuando su esposa Sally dio a luz a su segundo hijo, la hija Minnie, Fred comenzó a ofrecer servicios a la Chicago, Burlington & Quincy, una gran compañía de ferrocarriles que organizaba el transporte de carga por ferrocarril para agricultores, mineros e industriales.[6]

En la primavera de 1869, Union Pacific inauguró el primer ferrocarril transcontinental, que en ese momento fue el logro más grande en la historia de América. Sin embargo, la comodidad del viaje no mejoró con el crecimiento de la infraestructura ferroviaria del país. Fred Harvey, un pasajero astuto, lo experimentó personalmente. Los trenes eran ruidosos, con interiores humeantes, sofocantes y sucios, llenos de parásitos y ratones. Todavía no se servían comidas a bordo, por lo que los viajeros tenían que asegurarse algunas provisiones para ellos, lo cual rara vez era suficiente para todo el viaje; la única forma en que uno podía satisfacer su hambre era usar un establecimiento de catering en las inmediaciones de una estación de tren cuando el tren hacía una parada allí. Sin embargo, las condiciones en estas instalaciones, especialmente en pueblos pequeños, eran repugnantes. Se servían carne rancia, frijoles fríos y café agrio preparado una vez a la semana a un precio elevado. El personal a menudo alargaba intencionalmente el tiempo de servicio, para que los clientes no tuvieran tiempo de comer antes de la partida de su tren. La comida no consumida volvía a los recipientes, esperando la llegada de los próximos pasajeros hambrientos.[7] Estas condiciones desalentaron a muchos estadounidenses de viajar en tren a larga distancia. Harvey vio en esto una gran oportunidad para establecer restaurantes limpios a lo largo de las vías del ferrocarril, ofreciendo una cocina deliciosa a un precio razonable; sin embargo, las compañías de ferrocarriles no estaban particularmente interesadas en tales inversiones.

En diciembre de 1873, cuando la familia creció con el nacimiento de la hija Marie "May", Fred decidió entrar en la industria de la restauración por sus propios méritos. Sin embargo, como no quería arriesgar el lucrativo trabajo que tenía en ese momento, persuadió al Coronel Jasper "Jepp" Rice, propietario del Planter's House de Leavenworth, para unirse a esta empresa. La empresa Harvey & Rice seleccionó tres ubicaciones a lo largo del Kansas Pacific Railroad, a saber,

Lawrence, Wallace y Hugo, Colorado, todas infames por su comida excepcionalmente desagradable; al hacerse cargo de los establecimientos locales de comida, comenzaron a reorganizarlos. Harvey les proporcionó el equipo y los muebles adecuados, estableció sus propios estándares, contrató a nuevos empleados y los capacitó. Los resultados de estos cambios se vieron pronto. Los restaurantes se hicieron populares.

Poco después, Harvey y Rice se dieron cuenta de que no podían continuar como socios comerciales. Se culparon mutuamente por no haber considerado debidamente su negocio conjunto. Además, la cooperación con Kansas Pacific resultó difícil, por lo que Harvey decidió compartir su idea con alguna otra compañía de ferrocarriles. Primero, se dirigió a los jefes de la Chicago, Burlington & Quincy, pero no querían participar en una empresa de este tipo. No obstante, sugirieron que se dirigiera a una compañía más pequeña recién establecida llamada Atchison, Topeka & Santa Fe. Su presidente, Charlie Moore, no tenía nada que perder y aceptó participar en la empresa conjunta. Inicialmente, el AT&SF proporcionó a Fred un vagón comedor de veinte asientos situado en el segundo piso de la estación de tren en Topeka. Aunque el espacio era mucho más pequeño que cualquier restaurante que había dirigido para Kansas Pacific, Harvey logró negociar excelentes condiciones. Lo obtuvo sin tener que pagar alquiler y, además, convenció a la compañía de cubrir los costos de todos los servicios públicos (gas, carbón, hielo y similares), garantizar el transporte gratuito de alimentos y trabajadores, y equipar las instalaciones de respaldo con estufas, calentadores, fregaderos y refrigeradores. Se esperaba que Harvey pagara por los productos alimenticios, el salario del personal y el mobiliario del comedor (muebles, manteles, cubiertos, vidrio y porcelana). A cambio de las ganancias del restaurante que se le permitió conservar, debía impresionar a los pasajeros y la tripulación de los trenes de Santa Fe que hacían parada en Topeka a diario. Con un apretón de manos, los dos hombres sellaron el trato (ya que los contratos escritos no se usaban en ese entonces). En enero de 1876, después de poner el establecimiento patas arriba, Fred Harvey abrió el primer comedor en la estación de tren en Topeka bajo el nombre de Harvey House en cooperación con Santa Fe Railway. Su primer gerente fue Guy Potter, un empleado de confianza de mucho tiempo. El nuevo establecimiento atrajo la atención de la prensa local de inmediato. "*Es el comedor más ordenado y limpio del estado, todo completamente nuevo. La loza, los cubiertos y la plata de las mejores variedades, y la mesa suministrada de la mejor manera. Era un lujo sentarse a una mesa así. Un hombre que se toma tantas molestias para servir al público debería ser recompensado con una generosa patronage*", escribió *The Leavenworth Times.*[8] El establecimiento fue un éxito inmediato. Causó una gran impresión no solo en los pasajeros del tren, sino también en los residentes de la ciudad.

Fred fue gerente en Topeka durante casi dos años. Durante ese período, dirigió sus tres comedores para Kansas Pacific y vendió carga de varias compañías de ferrocarriles. También le iba bien en su vida privada; nació su cuarto hijo, el hijo Byron Schermerhorn (llamado así por su querido amigo). El ferrocarril AT&SF se expandió agresivamente hacia el oeste de los Estados Unidos a un ritmo creciente. Harvey encontró que era el momento perfecto para negociar la adquisición de más instalaciones en Kansas. Comenzó con Florence, que era un imán particular para los entusiastas de la caza y la pesca. El restaurante más importante con hotel que estaba en la ruta del tren estaba allí. La adquisición de todo el edificio fue un problema complicado, ya que ya tenía un propietario, un empresario local. El Santa Fe Railway podía comprarlo, pero en ese momento, todos los fondos se destinaron a nuevas vías en Colorado. En ese momento, Harvey jugó va banque. Directamente de su propio bolsillo, pagó 5275 dólares por el edificio, al mismo tiempo que aceptó la promesa de Charlie Moore de que la compañía de ferrocarriles devolvería el capital invertido en la instalación y le permitiría administrarla con las mismas reglas aplicadas en Topeka una vez que mejorara la condición financiera de la compañía.

En 1878, tras hacerse cargo del establecimiento en Florence, Fred decidió dar un paso más ambicioso, a saber, convertirlo en un elegante hotel con un excelente restaurante. Para ello, necesitaba un chef famoso, así que trajo a William H. Phillips del famoso Palmer House de Chicago. Le prometió un salario elevado y libertad para crear su propia imagen. Juntos, implementaron nuevos estándares con los que Harvey planeaba conquistar el Oeste. Importaron manteles irlandeses de Belfast, porcelana de Londres y fuentes de plata de Sheffield. Crearon un nuevo menú con la mayoría de los platillos siendo pescado y platos de caza, y los productos necesarios para elaborar estos platos se compraban a pescadores locales, cazadores y agricultores. Poco después, el hotel en Florence recibió elogios. Tanto las habitaciones de los huéspedes como las mesas estaban reservadas todo el tiempo. El personal de los trenes que se detenían allí cinco veces al día telegrafiaría al personal del restaurante para comunicar el número de pasajeros que planeaban cenar. De esta manera, era posible preparar asientos en las mesas y las comidas que habían ordenado de antemano.

Harvey quedó tan impresionado por el compromiso de Phillips, quien influyó en los resultados financieros de todo el negocio, que decidió darle una parte de las ganancias. Así, se convirtió en el hombre mejor pagado en Florence, ganando más que el jefe del banco local. Además, Fred amplió las instalaciones añadiendo una torre de tres pisos sobre la entrada, convirtiendo oficinas en habitaciones de hotel y organizando las llamadas "habitaciones de muestra", donde los vendedores ambulantes podían poner a la venta sus productos. También creó un sistema interno de agua y alcantarillado, y cambió el nombre del establecimiento a Hotel Clifton. Luego, informó en el periódico local *The Herald*: *"Cada martes y viernes, las damas de Florence pueden hacer uso de los baños en el Hotel Clifton (...) Todos los demás días, los baños están abiertos para caballeros"*. El hotel se convirtió en una parte importante de la vida en Florence, un lugar donde se celebraban noches de baile y otros eventos especiales.[9]

La siguiente adquisición en 1879 se refería al hotel de la estación de tren de la Santa Fe Railway en Lakin, la última parada antes de la frontera con el estado de Colorado. Aunque no era tan impresionante como la anterior, también se caracterizaba por un excelente servicio, muebles importados y alimentos frescos. Fue allí donde Harvey, junto con William Strong, el nuevo jefe del ferrocarril AT&SF, compró un rancho de diez mil cabezas. Cuando le ofrecieron un cuarto restaurante en La Junta, Colorado, Fred decidió dejar de participar en la gestión de los puntos de venta de su competidor Kansas Pacific. En última instancia, eso significó que él y su amigo Jeff Rice pudieron poner fin a la cooperación que había afectado sus relaciones mutuas durante los últimos años. Aunque cortó sus ingresos estables, continuó trabajando como agente de carga para la Chicago, Burlington & Quincy, y aún obtenía ganancias en el restaurante de Santa Fe, el rancho y varias propiedades inmobiliarias.[10] En 1879, nació su hija Sybil. En ese momento, Fred Harvey disfrutaba de la confianza de la compañía de ferrocarriles al punto de que incluso le pidieron que organizara un restaurante temporal en Las Vegas, cuando la Santa Fe Railway aún no tenía una estación de tren construida allí. Lo estableció usando tres vagones de tren; aunque no era impresionante por fuera, en su interior se encontraban las maravillas conocidas de los Harvey House anteriores. Incluso había flores frescas en las mesas. Luego, Fred Harvey se arriesgó a dejar de trabajar como agente de la Chicago, Burlington & Quincy para comprometerse únicamente a expandir su propio imperio de restaurantes y hoteles a lo largo de las vías del ferrocarril AT&SF. En 1880, otro Harvey House Hotel abrió en Emporia, Kansas, y la Santa Fe Railway se expandió rápidamente hacia el oeste, tendiendo sus vías por todo Nuevo México y determinando ubicaciones para más restaurantes con Fred. Un año después, Harvey abrió instalaciones en las estaciones de tren de Lamy y Deming, y se hizo cargo del hotel Mountain House en Raton. Dirigir un negocio allí no fue fácil para él, ya que estos lugares eran salvajes y despoblados, visitados únicamente por miembros del personal del ferrocarril, mineros y delincuentes comunes. En particular, los restaurantes en Deming y Lamy sufrían frecuentes robos y casos de clientes que se marchaban sin pagar. Fred Harvey iba allí para restablecer el orden, sin miedo de hablar con los

Harvey House en la estación de tren de Emporia.
(Fuente: HipPostcard)

criminales utilizando sus modales ingleses. Sacaba a los alborotadores por la puerta, pero les permitía regresar una vez que se calmaban. Introdujo con éxito, entre otras cosas, la exigencia de que los clientes dejaran sus armas en un perchero antes de entrar al comedor principal y que los hombres llevaran una chaqueta en su restaurante, que él mismo proporcionaba a aquellos que se presentaban sin una (la "regla de la chaqueta").[11]

Los jefes de la Santa Fe Railway tenían planes más serios para Las Vegas que solo coches comedor o otro punto de venta en la estación de tren. Querían aprovechar la nueva tendencia creciente en la industria hotelera y ganar dinero con el turismo de salud. La razón de esto fue el descubrimiento de manantiales de aguas minerales saludables en las cercanías de la ciudad, al pie de las montañas Sangre de Cristo. Desde 1840, cuando se construyeron un hospital y baños, hasta el estallido de la Guerra Civil, las instalaciones brindaron tratamientos a los soldados estadounidenses. Se relanzaron en 1870, esta vez, junto con un nuevo hotel llamado Hot Springs. Una semana después de que el primer tren llegara a Las Vegas, la compañía de ferrocarriles AT&SF adquirió el hospital y el hotel con toda la tierra y los edificios circundantes por 102 mil dólares. Su intención era construir el primer resort de lujo de salud y vacaciones. Con Fred Harvey gestionando con éxito sus comedores en la estación, la Santa Fe Railway le ofreció adicionalmente dirigir el complejo que querían establecer. El proyecto, llamado Hotel Montezuma, fue una empresa de inmensa envergadura. Fue construido en el popular estilo Queen Anne por la compañía Jerome, Rice, Moore & Emery de Kansas City a un costo de 300 mil dólares. El edificio de madera de cuatro pisos albergaba 270 habitaciones, un restaurante para 500 personas, salas de tratamiento, un casino, una bodega, una bolera y una sala de billar. Además, en los terrenos del resort también se podía encontrar un parque con senderos para caminar, canchas de tenis, un campo de tiro con arco e incluso un zoológico en miniatura. El personal del hotel estaba compuesto por empleados traídos de los mejores hoteles de Nueva York, Boston, Chicago y San Luis. La apertura del Montezuma tuvo lugar el 17 de abril de 1882, precedida por una visita de periodistas de importantes periódicos nacionales.[12]

En 1883, el grupo de establecimientos gestionados por la empresa Fred Harvey se expandió con el Harvey House Arcade Hotel en Newton, Kansas[13], y el Hotel Otero en La Junta, Colorado, con cuarenta y cuatro habitaciones (trece de las cuales tenían baños privados)[14], tres restaurantes en Kansas (Arkansas City, Hutchinson y Wellington) y cinco en Nuevo México (Albuquerque, Rincon, San Marcial, Vaughn y Wallace). Además, la compañía trasladó su sede a Newton, Kansas, donde estableció una central lechera, instalaciones de almacenamiento en frío de carne y una planta de fabricación de hielo, así como una lavandería a vapor y una granja avícola. No obstante, a medida que Harvey avanzaba en el nuevo territorio, surgieron algunos problemas con el personal. Ninguna persona civilizada quería trabajar en el Oeste, mientras que aquellos a quienes estaba a cargo a menudo resultaban poco confiables. Venían a trabajar bajo la influencia del alcohol, se peleaban y dañaban la propiedad de la empresa. Tal incidente ocurrió, entre otros, en la primavera de 1883 en su restaurante en Raton, donde camareros negros borrachos dispararon accidentalmente a uno de los clientes, un indígena de la tribu Mojave. Como consecuencia, los guerreros indios ocuparon el

Hotel Montezuma en Las Vegas
(Fuente: Library of Congress)

establecimiento exigiendo sus cabezas. Fred Harvey llegó al local para mitigar el conflicto, pero despidió a todo el equipo, incluido el gerente, no obstante. Nombró para su puesto a un joven amigo de la familia de Leavenworth, Tom Gable. Fue Gable quien luego presentó la innovadora idea de contratar mujeres como personal de servicio. Dado que las únicas mujeres en el Oeste eran prostitutas de salón o amas de casa de granjas con hijos, sugirió traer solteras blancas de Kansas dispuestas a trabajar. Naturalmente, hubo algunas preocupaciones en cuanto a su seguridad, pero fueron superadas por la perspectiva del impacto positivo que el sexo femenino tendría en los hombres, tanto empleados del restaurante como clientes.[15]

El experimento en Raton resultó exitoso y, por lo tanto, Harvey decidió adaptar el concepto de personal femenino en toda la cadena. Publicó ofertas de trabajo en la prensa de la Costa Este buscando *"mujeres blancas, jóvenes, de 18 a 30 años, de buen carácter, atractivas e inteligentes"*. A las mujeres se les ofrecía un salario base de 17.5 dólares más propinas, alojamiento, comida y viajes gratuitos en tren.[16] No se requería experiencia alguna, ya que quería entrenarlas a su manera. La respuesta fue muy alta, ya que en ese momento, las mujeres tenían perspectivas laborales limitadas. Si tenían una carrera, generalmente trabajaban como maestras, criadas, modistas o trabajadoras de plantas. En cambio, la Fred Harvey Company les ofrecía no solo la posibilidad de ganar bastante dinero, sino también de vivir una aventura intrigante. Sin embargo, ser una Chica de Harvey no era fácil, ya que Fred implementó reglas muy estrictas. Una vez seleccionadas, las mujeres fueron sometidas primero a un entrenamiento intensivo que duró treinta días. Aquellas que superaron ese difícil período y cumplieron con las expectativas fueron contratadas por doce meses. Durante ese tiempo, se les prohibió estrictamente casarse, y una infracción resultaba en la terminación inmediata del contrato de empleo. Las Chicas de Harvey vivían en dormitorios, generalmente adyacentes a un hotel. Estaban bajo una supervisión rigurosa de una madre de familia contratada específicamente para ese propósito. Entre otras cosas, se esperaba que cumplieran un toque de queda y regresaran a sus habitaciones antes de las diez de la noche. Estaban obligadas a usar un atuendo de trabajo blanco y negro que incluía un vestido largo con mangas y cuello, medias y zapatos oscuros, así como una red para el cabello o un lazo. Durante su servicio, no se les permitía usar joyas ni maquillaje, ni masticar chicle. Cada infracción de las reglas conllevaba una multa y la pérdida de privilegios de viaje. Las chicas trabajaban, mientras que sus turnos de ocho horas estaban dictados por el horario de los trenes. Se le daba la máxima importancia al tiempo y al servicio rápido, que debía completarse en 30 minutos de una parada de tren. Cuando un tren se acercaba a la estación, el primer plato ya estaba en la mesa, y una vez que los huéspedes habían tomado asiento, las camareras tomaban las órdenes de bebidas. Esto era seguido por el servicio de platos aún calientes en porciones grandes y postres. Se cuidaba a los clientes para asegurarse de que disfrutaran de su estancia en el establecimiento, y cinco minutos antes de la salida, se daba una señal para que se sentaran en el tren. Mientras esperaban a los pasajeros, a las chicas no se les permitía estar ociosas. Se esperaba que mantuvieran las instalaciones limpias en todo momento. Mantenían sus estaciones de trabajo en orden, pulían electrodomésticos y utensilios, doblaban servilletas o quitaban el polvo. Si llegaban a manchar sus uniformes, debían cambiarse de inmediato. Fred Harvey realizaba inspecciones sorpresa y pruebas con guantes blancos personalmente.[17]

Se dice que Harvey civilizó el Oeste. Sus camareras fueron la primera fuerza laboral femenina significativa en el país. Muy respetadas entre los clientes y la comunidad local, a menudo se convirtieron en el sueño de muchos hombres que trabajaban o viajaban. Según las estimaciones, durante un período de cincuenta años, casi veinte mil mujeres encontraron esposos y se establecieron allí. Las Chicas de Harvey vivían en dormitorios, generalmente adyacentes a un hotel. Estaban bajo una supervisión rigurosa de una madre de familia contratada específicamente para ese propósito. eran respetadas, seguras de sí mismas e independientes. Muchas de ellas trabajaron durante muchos años en el imperio de Harvey y tuvieron carreras fascinantes que hubieran sido imposibles en el Este.

Considera verificar información importante. En la década de 1880, el negocio de Harvey prosperaba en todas partes, excepto en el Montezuma, que experimenttaba una baja ocupación. El problema del hotel resultó ser su imagen. Anunciado intensamente como un balneario de salud, muchos lo consideraban abarrotado de enfermos, y por lo tanto, la gente no se arriesgaría a ir allí. El 17 de enero de 1884, su mala situación empeoró debido a un incendio causado por el sistema de iluminación de queroseno que consumió todo el hotel.[18] Fred no estaba particularmente preocupado por el futuro del Montezuma porque, aunque el establecimiento le había traído gran reconocimiento, la forma en que se gestionó hasta ese momento afectó sus finanzas y salud mental. Prefería enfocarse en lo que hacía mejor, es decir, restaurantes y hoteles de tamaño mediano en estaciones de tren. Esta postura no fue respaldada por el chef Bill Phillips, quien dejó la compañía. Su posición fue tomada por el joven Víctor Vizzetti, un cocinero inglés de origen italiano traído desde el hotel Clarendon en Leadville, Colorado. En ese momento, todas las Harvey Houses le aportaban a Fred más de 50 mil dólares de ganancia anual (1.1 millones de dólares en la actualidad).

Sin embargo, la asegurada Santa Fe Railway contrató a una firma arquitectónica de Chicago llamada Burnham & Root y tomó medidas para reconstruir el Hotel Montezuma. Los constructores cambiaron por completo el diseño del edificio, trasladándolo medio kilómetro más lejos, dándole una disposeción en forma de L y agregando una cúpula de cinco pisos con un observatorio. También fue el primer edificio totalmente electrificado en Nuevo México. Los diseñadores afirmaron que esta vez, el Montezuma era completamente a prueba de fuego. La instalación se inauguró el 20 de abril de 1885[19], pero Fred Harvey no asumió el cargo de gerente por segunda vez. Mientras tanto, también llegó a la conclusión de que, a la edad de cincuenta años, ya no era capaz de dirigir eficientemente la cadena por sí mismo. Con esto en mente, convenció a su hijo de diecinueve años, Ford, de abandonar la universidad y comenzar a introducirse en el negocio, mientras él mismo iba a Inglaterra para mejorar su salud. Unas semanas después, recibió la noticia por telegrafía de que, una vez más, el Hotel Montezuma había sido destruido por el fuego (esta vez, debido a un cortocircuito en el sistema eléctrico) mientras su familia se encontraba allí. Afortunadamente, no les sucedió nada. Regresó a América con nueva fuerza, pero varios meses después (febrero de 1886), partió nuevamente a Inglaterra. Durante los dos años siguientes, Harvey pasó más tiempo en el extranjero (en Inglaterra y viajando por Europa) que en casa. Podía permitirse hacerlo, ya que sabía que la posición de su empresa era estable. En su ausencia, las veinte instalaciones de alojamiento y restauración fueron dirigidas por un protegido de confianza, Dave Benjamin, y el hijo de Harvey, Ford.

Cuando en 1887 la Santa Fe Railway llegó a California absorbiendo otras dos líneas, la Atlantic & Pacific y la California Southern, Fred Harvey adquirió de la noche a la mañana ocho casas de comidas que anteriormente eran gestionadas por la compañía Stackpole & Lincoln, y las puso en orden según sus propias reglas. Además, William Strong decidió comprar lujosos coches comedor fabricados por Pullman. Gracias a la innovación de vestibulaciones, que permitían a los pasajeros moverse de manera segura de un vagón a otro en tránsito, Fred Harvey pudo ofrecer servicios de catering no solo en estaciones de tren, sino también en toda la línea desde Chicago hasta la costa del Pacífico. El nuevo servicio, llamado "Comidas por Fred Harvey", resultó ser un éxito y contribuyó al éxito de la Santa Fe Railway, que se convirtió tanto en la línea de ferrocarril más popular como en la más larga del mundo. Su próximo objetivo era expandirse hacia el este hasta Nueva York.[20]

Lamentablemente, después de la Navidad de 1888, presionado por miembros de la junta directiva de la Santa Fe, su presidente y amigo de Harvey, William Strong, anunció su retiro de su cargo. En ese momento, Fred enfrentó un gran peligro, ya que el imperio creado gracias al acuerdo sellado únicamente con un apretón de manos podría desmoronarse en poco tiempo. Sin demora, interrumpió su visita a su hermana en Londres y regresó a Estados Unidos para reunirse con

Strong. Lograron negociar en secreto los términos y el 1 de mayo de 1889, firmaron un contrato que permitió a Harvey gestionar sus instalaciones durante al menos cinco años más. También recibió de vuelta en efectivo la cantidad de 100 mil dólares (2.4 millones de dólares) por las inversiones realizadas en los restaurantes recién adquiridos en California. Poco después, la posición anterior de Strong fue ocupada por Allen Manvel, traído de la St. Paul, Minneapolis & Manitoba Railroad, quien, aunque no podía anular el acuerdo, identificó lagunas legales que podrían desanimar a Fred de una colaboración continua. Dado que según el contrato, la empresa Fred Harvey tenía el control exclusivo sobre los restaurantes y hoteles al oeste del río Missouri, no mencionaba nada sobre los coches comedor. Por lo tanto, Manvel compró algunos más y, bajo el pretexto de reducir los tiempos de viaje, prohibió que los trenes se detuvieran en las estaciones de tren donde se encontraban las Harvey Houses. Simultáneamente, se hizo cargo de los servicios de catering en la línea entre Chicago y Kansas City. Fred Harvey no cedió y contrató a George Washington Kretzinger, un abogado de alto perfil de Chicago, para defender sus intereses, ya que tenía mucho que perder. En ese momento, dirigía restaurantes y hoteles en veinticuatro ubicaciones en cinco estados, dos ranchos con ganado y aves de corral en Granada, Colorado, y Emporia, Kansas; también tenía 400 empleados a quienes pagaba un salario total de 250 mil dólares al año (6.1 millones de dólares). Cuando las negociaciones, que llevaban más de un año, no lograron llegar a un acuerdo, el caso fue presentado ante el tribunal. En el transcurso del litigio, no se permitió que la Santa Fe Railway reemplazara las paradas de tren en las Harvey Houses con coches comedor.

Dadas sus tensas relaciones con la compañía ferroviaria, Fred buscó formas alternativas de hacer crecer su negocio. Por esta razón, participó en una licitación para los servicios de catering en la gala final del Día de la Dedicatoria en octubre de 1892 en la Exposición Colombina, una feria mundial que tuvo lugar en Chicago, ganando junto con el Hotel Wellington local. Este almuerzo de catering más grande en la historia de los Estados Unidos, que reunió a más de 60 mil consumidores, resultó ser un gran éxito para sus fuerzas combinadas. Lamentablemente, unos meses después, en 1893, una crisis económica se apoderó, llevando a la quiebra a varios cientos de bancos en los Estados Unidos. Como resultado de una reacción en cadena, un destino similar le ocurrió a varias miles de compañías, incluidas más de cien ferrocarriles. La Santa Fe Railway, que cambió tres veces de presidente en un corto período, también enfrentaba problemas financieros. Tanto el feroz oponente de Harvey, Allen Manvell, como su sucesor George Magoun murieron por problemas de salud. Cuando en 1895 la economía comenzó a recuperarse, los siguientes jefes del ferrocarril tenían una perspectiva más favorable sobre la empresa Fred Harvey. J.J. Frey quería que la empresa volviera a prestar servicios para coches comedor, mientras que Edward Ripley lo invitó a negociar términos para un nuevo contrato de 10 años. Sin embargo, estas negociaciones fueron dirigidas por Ford Harvey, autorizado por su padre, que se encontraba en Inglaterra. A cambio de obtener la gestión de todos los restaurantes, hoteles y coches de pasajeros (incluido el arrendamiento gratuito, los muebles y el transporte), Ford aceptó compartir las ganancias con la Santa Fe Railway al final de cada año. Además, convenció a Ripley de que se hiciera cargo de todos los quioscos en las estaciones de tren, convirtiéndose así en el principal revendedor de periódicos, revistas y cigarros al oeste del Misisipi. Como resultado del nuevo contrato, el número de ciudades donde se encontraban las Harvey Houses se duplicó de inmediato.[21] Una de ellas abrió, entre otras, en Dodge City, Kansas, en 1896, originalmente ubicada en dos coches de ferrocarril (uno de los cuales servía como cocina, mientras que el otro se usaba para comer) con un elegante diseño de interior de estilo "Harvey", donde se servía comida deliciosa. En 1900, este restaurante primitivo fue reemplazado por un hotel de lujo, el Harvey El Vaquero. El edificio de ladrillo de dos pisos con mobiliario impresionante albergaba cuarenta y una habitaciones, una sala de almuerzo para cuarenta y siete personas y un restaurante con 118 asientos.[22]

No obstante, Edward Ripley tenía planes aún más ambiciosos. Estaba construyendo una nueva línea entre Los Ángeles y San Francisco, y en su mente, veía restaurantes de Harvey en toda California. Además, quería construir una cadena de nuevos hoteles cerca de todas las líneas de la Santa Fe Railway, donde los huéspedes pudieran alojarse durante unos días. Obviamente, estos hoteles también serían atendidos por la Fred Harvey Company. Un prototipo de tal establecimiento fue el Hotel Castaneda en Las Vegas, Nuevo México, inaugurado el 1 de enero de 1899. El edificio en forma de U de estilo colonial español fue diseñado por dos arquitectos californianos, F.L. Roehrig y A. Reinsch. Su nombre proviene de Pedro de Castañeda Nájera, el principal cronista de la expedición al suroeste dirigida por Francisco Coronado en los años 1540-1542. La construcción del edificio consumió 110 mil dólares, y otros 30 mil dólares se gastaron en amueblarlo. Ofreciendo treinta y siete habitaciones lujosamente equipadas, un restaurante con 108 asientos y una sala de almuerzo para cincuenta y un clientes, el Hotel Castaneda fue una verdadera joya en toda la cadena de Harvey.[23]

En ese momento, los problemas de salud de Fred Harvey empeoraron gradualmente. Después de un examen detallado, los médicos le diagnosticaron cáncer de colon. En Londres, se sometió a una cirugía en la consulta privada del Dr. Frederick Treves, tardando mucho tiempo en recuperarse.[24] Lamentablemente, después de varios meses, tuvo una recaída. Debilitado severamente, regresó a América y partió en su último viaje en tren desde Pasadena, California, hasta

Leavenworth a bordo de un coche Pullman especialmente preparado por la Santa Fe Railway. Pasando por sus restaurantes en su camino, vio a las tripulaciones enteras rindiéndole un último tributo de respeto. El 9 de febrero de 1901, Fred Harvey falleció en su hogar, rodeado de su familia más cercana. Fue enterrado en el cementerio Mount Muncie en Leavenworth.[25]

En el momento de su muerte, la propiedad de Fred se estimaba en 1.2 millones de dólares. Su último deseo fue que su hijo Ford se hiciera cargo de la compañía, que en ese entonces comprendía quince hoteles, cuarenta y siete restaurantes, treinta coches de ferrocarril, así como ranchos en La Junta y Emporia.[26] Los logros de Ford Harvey a lo largo del tiempo no fueron en absoluto menos admirables que los de su famoso padre, y también pasó a la historia de la industria hotelera.

Fred Harvey se convirtió en la primera marca conocida y respetada en Estados Unidos. Primero, Fred Harvey descubrió la necesidad de restaurantes y hoteles de alta calidad que brindaran servicios a aquellos que viajaban hacia el Oeste, y luego desarrolló sus propios estándares para dirigir estos establecimientos, exigiendo que el personal se esforzara por la perfección en todo momento. Convirtió el código de conducta y los procedimientos específicos en un sistema de libros de texto, ya que, después de todo, todo debía hacerse "a la manera de Harvey". Un empleado debía saber cómo cortar el pan o cómo preparar café, cuándo lavar los fregaderos, cómo vestirse, cómo servir platos, cómo limpiar, etc. Harvey perfeccionó el código para servir bebidas, comúnmente conocido como el "código de la taza". En lugar de apuntar los pedidos de bebidas, la camarera colocaba las tazas de una manera específica que informaba a otras chicas que estaban sirviendo bebidas qué opción había pedido un cliente dado. Por ejemplo, si se pedía café, la taza estaba sobre el platillo; si se pedía leche, la taza se colocaba boca abajo junto al platillo; si el pedido era de té helado, la taza invertida se apoyaba contra el platillo. Harvey también tenía tres variantes para el té caliente: si la taza estaba boca abajo sobre el platillo, dependiendo de la posición del asa, se servía té negro, té verde o té de naranja.[27]

El menú en los restaurantes de Harvey se ideó de manera que fuera posible ofrecer a los comensales diferentes platos en cada parada en el camino del tren. Además, las comidas se servían en porciones generosas para evitar cualquier queja de clientes con un apetito más grande. Harvey también introdujo el especial del día llamado el "Blue Plate Special", una comida a un precio más bajo y servida en un plato azul seccionado con compartimientos que separan la carne de las verduras.

En el imperio de Harvey, los ingredientes frescos para platos y bebidas eran sagrados. Él mismo persuadió a los gerentes para que compraran frutas, verduras y carne local. Mientras que otros establecimientos de catering preparaban café una

Las famosas Chicas Harvey
(Fuente: Arizona State Library)

vez al día y lo recalentaban constantemente, sus botellas de vacío se vaciaban cada dos horas y se llenaban con café recién molido traído directamente de Chase & Sanborn en Boston. De manera similar, las naranjas se exprimían justo antes de servirse a un cliente, y un empleado podía ser despedido si Fred encontraba jugo previamente hecho en la cámara frigorífica. Las inspecciones no anunciadas en las instalaciones eran una práctica común. Harvey tenía un sistema perfectamente planeado para comunicarse con sus instalaciones.

Al principio de cada día, un gerente de restaurante siempre presentaba un informe de los eventos del día anterior: cuántos filetes se cocinaron, si se usó mantequilla, si hubo problemas con el personal o los proveedores, etc. Para este fin, utilizaba un telégrafo. Después de todo, todos los mensajes estaban cifrados para que ni siquiera los empleados de la Santa Fe Railway pudieran descifrarlos.

Fred Harvey inculcó en sus empleados que todo hombre que entrara a una Harvey House merecía ser tratado con respeto. Independientemente de si los visitaba un viajero blanco, un indio o un criminal común, el único requisito era la vestimenta adecuada y la conducta correcta. William Allen White, periodista del Emporia Gazette, escribió sobre él: "*Cuanto más uno ve el mundo, más respeta a Fred Harvey. Él es el Gran Restaurador Americano*".[28] Sus restaurantes, hoteles y camareras se han convertido en parte de la cultura estadounidense. Esto fue confirmado por el musical "Harvey Girls" de 1946 producido por MGM, protagonizado por Judy Garland.

3

William Waldorf Astor y John Jacob Astor IV

Ricos fundadores de hoteles de lujo

Dos primos que se convirtieron en herederos de una inmensa fortuna compitieron entre sí por el liderazgo en la emergente aristocracia estadounidense. Uno de los campos más visibles de esta guerra privada fue la hotelería. Ambos construyeron hoteles, pero uno quería tenerlos mejores que el otro. Gracias a esto, en solo unos pocos años, Nueva York se enriqueció con varios elegantes establecimientos que dejaron su huella en el estilo arquitectónico de Manhattan. Su único emprendimiento conjunto, el Waldorf=Astoria, se convirtió en un ejemplo modelo de un lujoso hotel estadounidense.

William Waldorf y John Jacob IV son los primos más cercanos de la familia Astor. A pesar de crecer en mansiones contiguas en la Quinta Avenida de Nueva York, en realidad, no se conocían. Las únicas dos cosas que tenían en común eran la sangre azul y una riqueza asombrosa. Aunque sus padres eran hermanos, largos años de animosidades personales los separaron. Los Astor nunca fueron hombres

William Waldorf Astor, 1848-1919 y John Jacob Astor IV, 1864-1912
(Fuente: Library of Congress)

de hoteles. Podrían no haber hecho nada en absoluto, y aún así se habrían beneficiado de lo que tenían. Sin embargo, eligieron hoteles, ya que querían alimentar su ego, obtener una amplia publicidad, aumentar su grandiosidad y estatus, o simplemente desafiarse mutuamente.

Para contar la historia de estos dos destacados constructores de hoteles, vale la pena retroceder unos 150 años en el tiempo. La historia de la rama estadounidense de la familia Astor se remonta a Johann Jakob Astor, nacido en 1763 en el pueblo alemán de Waldorf (cerca de Heidelberg), hijo de un carnicero local. A los dieciséis años, se trasladó a Londres para unirse a su hermano mayor, y en 1784, emigró al recién fundado país de los Estados Unidos y se estableció en Nueva York. Después de dos años de trabajo por contrato, gracias a su esposa Sara Todd, de una familia adinerada, lanzó una tienda donde, además de instrumentos musicales importados, también vendía pieles. Con el tiempo, comenzó a importarlas él mismo, primero desde Montreal y la Compañía de la Bahía de Hudson, y luego desde sus propias postas comerciales (incluida Astoria en Oregón), establecidas en los territorios recién descubiertos de América. A través de la fundada Pacific Fur Company, Astor suministraba sus productos a países europeos y China, mientras invertía considerables ganancias en bienes raíces en Nueva York. En 1834, anticipando que la demanda de pieles disminuiría, Astor vendió acciones de su empresa que, combinadas con exitosas transacciones en el mercado inmobiliario, lo convirtieron en uno de los hombres más ricos de los EE. UU.[1] Una de sus propiedades fue el Park Hotel (posteriormente rebautizado Astor House) en Nueva York, que abrió sus puertas el 12 de mayo de 1836. Antes, John Jacob miraba con envidia el Tremont House en Boston, un hotel estadounidense de vanguardia para esos tiempos, y decidió construir un edificio que lo superara en tamaño, esplendor, innovación y comodidad. Encargó el diseño y la construcción del hotel al arquitecto del Tremont House llamado Isaiah Rogers. Y de hecho, el establecimiento se convirtió en "la maravilla del siglo". Tenía cinco pisos, 309 habitaciones con lujosos muebles (incluyendo chimeneas), baños y lavabos en cada piso, y un restaurante que servía comidas las veinticuatro horas del día.[2] En el primer piso había numerosas boutiques, una peluquería y un sastre. El hotel tenía sus propias instalaciones de iluminación de gas, mientras que una máquina de vapor bombeaba agua a las habitaciones de los pisos superiores. El establecimiento tenía hasta 120 empleados, incluido un chef francés, que supervisaba a veinte cocineros y sesenta camareros. Hasta la muerte de Johann Jakob en 1848, a pesar de ser considerado el mejor hotel de América, el Astor House, que se convirtió en una meca para las celebridades, generaba márgenes de ganancia marginales.

Johann Jakob dejó esta herencia a su segundo hijo, William Backhouse Astor Sr. (1792-1875), ya que su hijo mayor, John Jacob II, estaba discapacitado mentalmente. William multiplicó hábilmente la fortuna familiar haciendo inversiones exitosas no solo en bienes raíces (en 1867, poseía 720 edificios), sino también en ferrocarriles, compañías de carbón y seguros. Tuvo tres hijos con su esposa Margaret Rebecca Armstrong, pero decidió legar su riqueza, estimada en 50 millones de dólares, solo a dos de ellos, John Jacob Astor III (1822-1890) y William Backhouse Astor Jr. (1829-1892). El tercero, el hijo menor Henry (1830-1918), que decidió abandonar a la familia por una hija de granjero, fue desheredado y olvidado. De acuerdo con la costumbre de antecedencia, John Jacob III se hizo cargo de la Casa de Astor, mientras que William era simplemente un socio menor en la empresa. Con el tiempo, sus opiniones cada vez más incompatibles sobre los negocios, combinadas con sus caracteres, estilos de vida y la fricción entre sus esposas, dañaron el vínculo fraterno. Este odio mutuo también infectó a sus hijos.[3]

William Waldorf Astor nació el 31 de marzo de 1848 en Nueva York y fue el único hijo de John Jacob Astor III y Charlotte Auguste Gibbes. Pasó su infancia en Alemania e Italia, donde recibió lecciones privadas de tutores contratados. Al regresar a los Estados Unidos, se graduó en la Facultad de Derecho de Columbia; con sus conocimientos de derecho y contabilidad, y su buen dominio del francés, alemán e italiano, ya estaba perfectamente preparado para dirigir el negocio familiar. Sin embargo, después de administrar la propiedad de su padre durante unos años, decidió entrar en el mundo de la política. En 1877, como partidario de los Republicanos, fue elegido miembro de la Asamblea del Estado de Nueva York, y en 1878, se casó con Mary Dahlgren Paul y tuvo cinco hijos con ella, solo tres de los cuales vivieron hasta la edad adulta. Un año después, llegó al Senado, donde sirvió durante dos años. Al postularse para el Congreso de los Estados Unidos, fue derrotado por el demócrata Roswell P. Flower.[4] Desde entonces, se convirtió en blanco de innumerables ataques de los medios de comunicación que señalaban sus errores políticos y lo criticaban por su naturaleza reservada y su asombrosa riqueza. En 1882, William fue nombrado Ministro en Italia por el Presidente de los Estados Unidos, Chester A. Arthur (quien le dijo: "*Ve y disfruta, querido muchacho.*"[5]), y pasó tres años en Roma, donde desarrolló su pasión de toda la vida por la pintura y la escultura. También probó suerte como escritor y publicó dos novelas, "*Valentino*" (1884) y "*Sforza: A Story of Milan*" (1889); sin embargo, sus esfuerzos literarios no fueron apreciados.[6] Después de la muerte de su padre John Jacob III en 1890, William heredó todos sus activos, lo que lo convirtió en el hombre más rico de Estados Unidos. La lucha con los periodistas a un lado, estalló una guerra privada entre él y su tía Caroline Webster Schermerhorn, la reina del exclusivo Club 400, por el puesto principal entre la alta sociedad; dadas estas circunstancias, en 1891 Astor se trasladó permanentemente a Inglaterra con su familia. Su partida y su declaración pública, *"América no es un lugar adecuado para que viva un caballero"*[7] proporcionaron combustible a los medios, que lo llamaron "William el Traidor". Aunque cortó todo contacto con su país, seguía dirigiendo negocios con sede en Nueva York.

La prensa no halagó, aunque por razones bastante diferentes, a otro miembro adinerado de la dinastía Astor, a saber, el primo dieciséis años más joven de William, John Jacob Astor IV. Nacido el 13 de julio de 1864 en Rhinebeck, Nueva York[8], desde sus años más jóvenes, fue mimado por sus padres Caroline Webster Schermerhorn Astor y William Backhouse Astor Jr., así como por sus cuatro hermanas mayores. John Jacob IV asistió a la escuela St. Paul's en Concord, New Hampshire, después de lo cual pasó tres años en Harvard como estudiante especial. Sin embargo, se graduó sin obtener ningún título. Viajó extensamente por Europa, India y Egipto, y después de regresar a Nueva York en 1887, fue presentado oficialmente a la élite social local por su madre. Aun así, entre la sociedad, John Jacob IV tenía la reputación de ser un lord mimado, un dilettante y un playboy, preocupado principalmente por placeres reservados para los ricos, como la membresía en casi veinte clubes, expediciones en yate, carreras de caballos o tiempo de ocio en residencias de verano. Así, había buenas razones por las cuales se convirtió en el hazmerreír de la prensa, que abiertamente lo presentaba al público como un idiota.[9] John Jacob IV tenía intereses típicamente técnicos. Era entusiasta de los experimentos mecánicos y un inventor ambicioso. Patentó, entre otras cosas, un freno de bicicleta (1898) y ayudó a desarrollar una turbina de máquina.[10] Le fascinaba la electricidad y la velocidad, especialmente los automóviles. Su garaje albergaba dieciocho de ellos, principalmente coches de rally. También probó suerte como escritor y en 1894 publicó su propia novela de ciencia ficción, "*A Journey In Other Worlds*". En 1891, John Jacob IV se casó con Ava Lowle Willing de Filadelfia y tuvieron dos hijos, William Vincent (1891) y Ava Alice Muriel (1902).[11]

Antes de que William Waldorf Astor partiera a Inglaterra, decidió ingresar a la incipiente industria hotelera ideando planes para dos hoteles de lujo en Nueva York. El primero fue el New Netherland, que abrió en la esquina de la calle 59 y la Quinta Avenida a principios de 1892. Diseñado por William H. Hume y construido por tres millones de dólares, este edificio de acero de diecisiete pisos en estilo renacentista alemán se anunciaba como el hotel más alto del mundo.[12] El New Netherland se convirtió en un lugar de encuentro elegante para la aristocracia, y su ambiente se asemejaba más al de un club privado que a un espacio público típico. William se detendría en ese lugar cuando estuviera en Nueva York.

Desafortunadamente, debido a una mala gestión, el hotel resultó ser una decepción financiera. Fue la principal razón de un amargo conflicto entre Astor y su arrendatario, el General Ferdinand P. Earle. El desacuerdo sobre el plazo y la tasa de arrendamiento culminó el 22 de marzo de 1894, cuando el hotel cerró, Earle fue desalojado y se ordenó a doscientos huéspedes que abandonaran sus habitaciones de inmediato.[13]

El New Netherland: el primer hotel construido por William Waldorf Astor. (Fuente: Detroit Publishing)

La construcción del otro edificio implicó la demolición de la casa familiar de William Astor en la esquina de la Quinta Avenida y la calle 33. Esta ubicación no fue elegida al azar. Con un gran número de visitantes, el hotel estaba junto a una residencia, construida en estilo renacentista francés por dos millones de dólares por su hijo John Jacob IV.[14] El hotel fue nombrado Waldorf por el segundo nombre de su dueño y, al mismo tiempo, por la ubicación de donde provenía el progenitor de la familia Astor. Fue diseñado por Henry Janeway Hardenbergh y construido de acuerdo con los requisitos de su futuro inquilino, el famoso hotelero George Boldt. Según una descripción, *"su elevado exterior de piedra y ladrillo estaba animado por una efusión de balcones, rincones, arcadas y logias bajo un techo de tejas adornado con aleros y torretas"*.[15] Los trece pisos del Waldorf albergaban 450 habitaciones y 350 baños, así como restaurantes y salones de baile. Sus interiores estaban llenos de pinturas, tapices, esculturas, murales y mosaicos. Con gran pompa, el Hotel Waldorf abrió sus puertas el 13 de marzo de 1893.[16] La ceremonia no fue asistida por William Astor, sin embargo, ya que había estado viviendo en Inglaterra durante dos años en ese momento; recorrió sus pasillos solo una vez en su vida. Siendo un experimentado hotelero, George Boldt introdujo numerosas comodidades e innovaciones en el establecimiento, como el servicio a la habitación, un conserje, una orquesta en el vestíbulo y café turco servido por nativos turcos, por nombrar algunos. En su primer año de operación, el Waldorf ganó cuatro millones de dólares, convirtiéndose así en un templo del placer y un lugar donde la élite de Nueva York socializaba.

Mirando con envidia el éxito del hotel de su primo, John Jacob Astor IV decidió retaliar. En 1895, demolió la residencia de su madre para construir establos en ese lugar. Creía que esta actividad perturbaría la paz de los visitantes del Hotel Waldorf. Eventualmente, un aspecto financiero resultó decisivo y, siguiendo las sugerencias de sus asesores, se conformó con una instalación idéntica. Asimismo, el edificio iba a ser diseñado por Henry Hardenbergh y dirigido por George Boldt. Por la suma de tres millones de dólares, se estaba construyendo un hotel cuyo estilo era armonioso con el del Waldorf, justo al lado de él, pero significativamente más grande y cuatro pisos más alto. Originalmente, se suponía que se llamaría Hotel Schermerhorn (por el apellido de la madre de John Jacob); sin embargo, el nombre se cambió más tarde a Astoria (en honor al puesto comercial de su bisabuelo). Mientras tanto, John Jacob IV y William Waldorf decidieron dejar de lado los muchos años de animosidad y trabajar juntos en una empresa conjunta en la industria hotelera. Un equipo de abogados y contadores en ambos lados negoció los términos del acuerdo y, como resultado, el 1 de noviembre de 1897, abrió el Waldorf–Astoria. Los dos edificios estaban conectados por un pasillo de casi cien yardas de longitud, que luego se convirtió en el lugar favorito de paseo para los ricos, famosos y a la moda, ganando el nombre de Peacock Alley. Con mil habitaciones y cincuenta espacios públicos, el Waldorf–Astoria fue el hotel más grande y lujoso del mundo, descrito por Henry James como *"Una cosa nueva bajo el sol"*.[17]

En ese momento, William Waldorf había estado viviendo durante unos años con su familia en Inglaterra en la llamativa residencia Cliveden situada en el Valle del Támesis, comprada en 1893. Lamentablemente, un año después, como resultado de una peritonitis, su amada esposa Mary murió; la enterró en el Cementerio de la Iglesia de la Trinidad en Nueva York. En 1899, Astor adquirió la ciudadanía británica. Tres años después, se convirtió en propietario del *The Pall Mall Gazette* y *The Pall Mall Magazine*, y algún tiempo después, también de *The Observer*, un periódico de Londres (1911). En 1903, su patrimonio se amplió para incluir el Castillo de Hever erigido en el siglo XIII cerca de Edenbridge en Kent (cerca de Londres), donde Anne Boleyn, la segunda esposa del rey Enrique VIII, fue criada. William dedicó cuatro años y gastó diez millones de dólares para restaurarlo a su antigua gloria.[18]

A su vez, John Jacob IV experimentó una metamorfosis interna. Pasó de ser un hedonista adinerado a convertirse en un patriota dedicado a su país. En 1894, recibió entrenamiento militar y fue ascendido al rango de coronel al servicio del gobernador Levi P. Morton. En 1898, tras el estallido de la Guerra hispanoamericana, se enlistó como voluntario militar y luchó en Cuba. Al mismo tiempo, arrendó su yate privado Nourmahal a la Armada y proporcionó paseos gratuitos para las tropas en su Illinois Central Railroad. Además, gastó 100 mil dólares para fundar, equipar y entrenar la Batería Astor de Artillería de Montaña, que sirvió en Cuba y Filipinas.[19] John Jacob IV regresó de la guerra como un héroe y fue llamado "Coronel Astor" durante el resto de su vida.

Una vez que los dos establecimientos propiedad de los dos primos fueron conectados, nació el Waldorf-Astoria. (Fuente: Library of Congress)

El Waldorf-Astoria fue un éxito tan espectacular que William Astor decidió construir otro hotel; esta vez, por cuenta propia. Básicamente, lo convenció William C. Muschenheim, un restaurador de origen alemán y propietario del popular Arena Restaurant en la ciudad de Nueva York. Predijo que Times Square pronto se convertiría en el centro de la vida en la metrópolis y especificó la ubicación del hotel en ese mismo lugar, en la esquina de la calle 44 y la calle 45. Astor y Muschenheim dieron a arquitectos, ingenieros, decoradores y proveedores de equipos total libertad y un presupuesto ilimitado.

El proyecto de construcción fue confiado a Charles W. Clinton y William H. Russell, mientras que la construcción fue supervisada por John Downey. Finalmente, el valor total de toda la inversión ascendió a siete millones de dólares y el 9 de septiembre de 1904, se inauguró el Hotel Astor.[20] Dado que en su estilo y extravagancia emulaba al Waldorf-Astoria, muchos lo vieron como su sucesor o, más específicamente, su versión mejorada. Ciertamente era menos esnob y dirigido a un público más amplio: turistas, hombres de negocios y miembros más acomodados de la clase media. El Hotel Astor tenía once pisos sobre el suelo y dos pisos subterráneos. Con un poco menos de una hectárea, el área del hotel alojaba, entre otras cosas, 500 habitaciones, 300 baños, un restaurante y un salón de banquetes para 500 personas, así como numerosos espacios públicos excepcionales y temáticos. Había una Indian Grill Room, un salón de té chino, un salón de puros flamenco, un salón español, una sala de billar de estilo pompeyano, una orangerie mediterránea con una fuente, palmeras y cítricos, y una sala de caza alemana. Dado que William Muschenheim era amante de las artes y conocedor de la historia local con una impresionante colección, la Indian Grill Room se convirtió en nada menos que un museo etnológico lleno de exposiciones de la cultura india. El Hotel Astor también se destacó por sus abundantes innovaciones tecnológicas, como aire acondicionado, sensores de fuego y humo en cada habitación, puertas contra incendios operadas eléctricamente, una máquina de hielo que producía 120 toneladas de hielo al día, varios generadores de energía que proporcionaban electricidad para doce ascensores y 14 mil bombillas en todo el establecimiento, y un incinerador de desechos.[21] El hotel resultó ser un éxito y, al mismo tiempo, contribuyó al crecimiento de Times Square; la frase *"Vamos a encontrarnos en el Astor"* se convirtió en el lema de las élites. Por esta razón, dos años después, William Astor invirtió otros cuatro millones de dólares para duplicar el volumen del edificio, lo que resultó en 500 habitaciones adicionales, el Teatro Astor y el jardín en la azotea más grande del mundo.

John Jacob Astor no quería quedarse atrás. Casi al mismo tiempo, comenzó a construir su próximo hotel, ubicado en la esquina de la Quinta Avenida y la calle 55, frente a la residencia de la familia Vanderbilt. Esto fue criticado por los habitantes adinerados que se oponían a la introducción de comercio en la exclusiva Quinta Avenida y dificultaban la vida del inversionista, por ejemplo, al librar una batalla contra la concesión de licencias para licores. Finalmente, Astor salió victorioso y el 4 de septiembre de 1904, el Hotel St. Regis comenzó a recibir huéspedes. Diseñado en el elegante estilo Beaux-Arts por la compañía Trowbridge & Livingstone y amueblado por Arnold Constable, este edificio de diecinueve

Hotel Astor en Times Square.
(Fuente: Library of Congress)

pisos costó 5.5 millones de dólares. El hotel albergaba, entre otras cosas, 290 habita-ciones lujosamente amuebladas, un restaurante modelado según la Sala de los Espejos de Versalles cerca de París, un salón de baile bellamente iluminado en el último piso y una biblioteca que ofrecía más de tres mil libros encuadernados en cuero.[22] En St. Regis, en cada paso, se podía notar la inclinación de Astor por inventos e innovaciones: teléfonos en cada habitación, un sistema contra incendios, calefacción central y aire acondicionado que permitían a los huéspedes ajustar la temperatura en sus habitaciones, así como buzones de correo en cada piso. Además, allí se utilizó la primera aspiradora central en la historia de la industria hotelera, lo que permitía al personal de limpieza enchufar una manguera de aspiradora en tomas estratégicamente ubicadas en todo el establecimiento. John Jacob IV fue transparente sobre su objetivo de erigir un hotel estadounidense moderno con lujos que solo los ricos podían permitirse. Era el lugar donde los caballeros y sus familias podían sentirse tan cómodos como en sus mansiones privadas.

Con esto en mente, se requería que se entregaran flores frescas a las habitaciones de los huéspedes a diario y que se garantizara el servicio de mayordomo; se introdujo la costumbre de servir té por la tarde y organizar cenas de medianoche para ofrecer exclusivos encuentros sociales. Un mes antes de la apertura, el St. Regis ya había atraído tanta atención de los medios de comunicación en todo el país que el inquilino del hotel R.M. Haan afirmó que no necesitaba publicidad. Sin embargo, le preocupaba que muchos clientes potenciales se asustaran por la extravagancia del hotel que se mostraba en la prensa. Se realizaron cálculos de manera jocosa para especificar los gastos que uno debería anticipar al utilizar los servicios del hotel. Supuestamente, se exigía a los huéspedes que pagaran "por pie por aire filtrado", mientras que se decía que medio éclair de chocolate costaba 500 dólares. Haan le dijo a los periodistas: *"Mi hotel no es un lugar solo para multimillonarios, sino una posada para personas de buen gusto que tienen los medios para vivir tan cómodamente como elijan"*.[23] En última instancia, St. Regis fue muy bien recibido, no solo por la comunidad adinerada de Nueva York, y no se quejó de la falta de clientes en los años que siguieron.

John Jacob IV no se detuvo ahí. El 23 de octubre de 1906, sus hoteles Astoria y St. Regis se unieron al Knickerbocker, situado en la calle 42 de Broadway, una de las zonas más caras de Manhattan. La construcción de este edificio comenzó en 1903 a cargo de los desarrolladores J.E. y A.L. Pennock, pero cuando el grupo corporativo que financiaba la inversión se desmoronó un año después, todo el proyecto fue asumido por Astor como propietario del terreno. Nuevamente, ordenó a la empresa Trowbridge & Livingstone que ajustara los planos, mientras que el diseño interior fue confiado a Frederic Remington, Frederic MaxMonnies y James

Wall Finn. Además, el artista Maxfield Parrish creó un mural de casi 30 pies de ancho titulado *"Old King Cole and His Fiddlers Three"* para el hotel. El establecimiento costó 3.5 millones de dólares, tenía quince pisos y podía alojar hasta mil huéspedes en sus 556 habitaciones, 400 de las cuales tenían baños. El precio por una noche de estancia era de 3.25 dólares. El hotel se caracterizaba también por un inmenso restaurante de tres pisos con bar, donde hasta dos mil clientes podían cenar al mismo tiempo. El Knickerbocker tenía muebles y comodidades más modestos que los otros hoteles de los Astor. Aunque estuvo en funcionamiento durante quince años, con la llegada de la prohibición, en 1921, el Knickerbocker fue convertido por el hijo de John Jacob IV, Vincent Astor, en un edificio de oficinas.[24]

En 1909, John Jacob IV se convirtió en el personaje principal de un escándalo sexual al divorciarse de su esposa Ava y casarse dos años después con Madeleine Talmage Force, de dieciocho años, quien solo tenía un año más que su hijo Vincent, para sorpresa del público. Queriendo tomar un respiro de los chismes y esperar a que amainara la tormenta, los recién casados emprendieron una luna de miel más larga por Europa y Egipto. Sin embargo, una vez que Madeleine se enteró de que estaba embarazada, los Astor decidieron interrumpir su viaje extranjero y regresar a su país de origen. El 10 de abril de 1912, partieron de la ciudad inglesa de Southampton a bordo del RMS *Titanic.* Cuatro días después, el barco chocó con un iceberg. Durante la operación de rescate, Astor ayudó a su esposa embarazada a subir a un bote salvavidas, pero él mismo se quedó a bordo. Su cuerpo mutilado fue recuperado del océano por el CS *Mackay-Bennett* el 22 de abril. Se presume que murió aplastado por una chimenea que caía, identificado por las iniciales J.J.A. en el cuello de su camisa, un reloj de oro, gemelos y 225 libras esterlinas y 2440 dólares encontrados en los bolsillos de su traje. John Jacob Astor IV fue enterrado en el Cementerio de la Trinidad en Nueva York[25], y el 14 de agosto de 1912, nació su hijo John Jacob Astor VI.

En ese momento, William Waldorf, ya ciudadano británico, gastaría millones de dólares en universidades, hospitales y organizaciones benéficas inglesas. Durante la Primera Guerra Mundial, apoyó a la Cruz Roja y al ejército británico. En reconocimiento a su contribución, el rey Jorge V lo nombró barón en 1916 y vizconde un año después. Aunque no sin la indignación de la sociedad inglesa, ya que aún lo consideraba un adinerado estadounidense que había comprado su camino a la aristocracia británica. Durante mucho tiempo, Astor sufrió problemas cardíacos, lo que llevó a su muerte. Falleció el 18 de octubre de 1919 en un baño de su mansión junto al mar en Brigton[26], y sus cenizas fueron enterradas en la capilla familiar en Cliveden.

4

Wilhelmina Skogh

Gran dama de la hotelería sueca

La historia de su vida es como un cuento de hadas de Cenicienta. A una niña pobre de Fårösund le llevó años de arduo trabajo aprovechar la época dorada de los ferrocarriles para construir y gestionar con éxito elegantes hoteles cerca de las estaciones. Más tarde, también lideró el mejor hotel de Suecia. Aunque este cuento de hadas no tiene un final feliz, el retrato de Wilhelmina Skogh en reconocimiento a sus logros sigue colgado en el centro del lobby del Grand Hotel de Estocolmo hasta el día de hoy.

Lorentina Wilhelmina Wahlgren nació el 14 de diciembre de 1849 en la parroquia de Rute, ubicada en Gotland, una isla en el Mar Báltico bajo territorio sueco. Era la hija mayor de los cuatro hijos de Jacob Wahlgren, un maestro en la escuela local, y Stina Lena Brogren. Cuando Wilhelmina tenía seis años, su padre se ahogó. Su madre la dejó entonces al cuidado de sus abuelos, quienes vivían en una granja en Broa, en una isla vcina dee Fårö, donde pasó su infancia.[1] Creciendo en la isla, a menudo observaba los barcos atracados en el puerto de Fårösund, soñando con el gran mundo. Una vez que terminó la escuela, a la edad de trece años (1862), decidió cambiar su vida. Con el permiso de su familia, abordó un barco de vapor y llegó a Estocolmo con la intención de conseguir un trabajo y ganar dinero. En la capital, se quedó con sus parientes, quienes la ayudaron a encontrar trabajo como niñera. Más tarde, cuando

Wilhelmina Skogh, 1849-1926
(Fuente: Järnvägsmuseet)

trabajaba como asistente en una juguetería, le gustaba pasear por Ström, un barrio abundante en lujosos restaurantes. Allí, vio un mundo completamente diferente. Un mundo que la fascinó y atrajo tanto que un día decidió conseguir un trabajo en uno de esos establecimientos en la península de Strömparterren, cerca del Puente Norte, en las cercanías del castillo real.

Los comienzos fueron difíciles. Desde tempranas horas hasta tarde en la noche, Wilhelmina limpiaba la cristalería. El propietario del restaurante, Magnus Davidson, pronto descubrió que la joven era trabajadora, obstinada y talentosa, y le asignó un número creciente de responsabilidades y la entrenó en los conceptos básicos del oficio. Además, le permitió asistir a cursos universitarios nocturnos donde aprendió los fundamentos de contabilidad e idiomas extranjeros.[2] En ese momento, ella ya sabía que quería trabajar en esa industria por el resto de su vida.

En 1870, Wilhelmina fue al próspero puerto de Gävle con la intención de ocupar un puesto de gerente en un establecimiento de catering. Sin embargo, su corta edad resultó una desventaja. Finalmente, aceptó el puesto de camarera en el restaurante Stadshuskällaren. Con el tiempo, pasó al Carlsberg Inn y luego al Hotel Fenix en Alderholmen, donde trabajó como criada y cajera.[3] Su servicio recibió calificaciones muy altas de los huéspedes del establecimiento. Una noche, alguien apareció en el hotel cuando no había habitaciones disponibles; sin embargo, Wilhelmina acomodó al visitante en su propia habitación en el ático, le llevó una comida que ella misma cocinó y lo alimentó generosamente. Al salir del hotel al día siguiente, el agradecido huésped mencionó su apellido y le ofreció su ayuda si la necesitaba. Resultó ser un influyente gerente de tráfico ferroviario en la compañía Gävle-Dala. No tuvo que esperar mucho para que él correspondiera. Cuando unos meses después, en 1874, regresó a Estocolmo y fue contratada como camarera en el mejor hotel de la capital de Suecia, el Grand Hôtel, la compañía ferroviaria buscaba personas que dirigieran un restaurante recién construido en la estación de tren en Storvik, provincia de Gästrikland. Wilhelmina fue la primera persona a la que se le ofreció este puesto. Y lo aceptó sin dudarlo.[4] Tenía veintiséis años en ese momento (1875).

En esos tiempos, los coches de pasajeros para cenar aún eran desconocidos en los ferrocarriles suecos, y por lo tanto, el edificio de la estación de tren en uno de los mayores centros del país pronto se hizo famoso por su deliciosa comida y excelente servicio al cliente. Se obtuvo un beneficio particularmente alto por las ventas de cerveza, consumida por la comunidad local con entusiasmo. Dado que, además de su salario regular, Wilhelmina también recibía una comisión por las ventas en el próspero negocio, pronto se convirtió en una de las gerentes mejor pagadas de la región. Al notar el gran potencial sin explotar de los viajeros que buscaban una habitación por una noche, después de solo un año decidió invertir

El hotel de la estación de tren en Storvik.
(Fuente: Picryl)

dinero en su propio establecimiento de alojamiento. Con este fin, dio vida a la compañía AB Wilhelmina Wahlgren. En 1878, gracias al apoyo crediticio, abrió su primer hotel de ferrocarril en la estación de tren de Storvik.[5] El edificio estaba diseñado en el más mínimo detalle. Tenía agua corriente y electricidad instaladas, un verdadero lujo por el cual los huéspedes adinerados estaban dispuestos a pagar generosamente. En 1884, adquirió de un posadero y dueño de una cervecería llamado Per Larsson otro hotel de ferrocarril en Bollnäs, y luego, en el mismo año, otro hotel del mismo tipo en Lingbo.[6]

Siendo una organizadora y gerente eficiente, Wilhelmina convirtió sus instalaciones en una de las más modernas y cómodas de todo el país. Abierta a las nuevas tecnologías, además de equipar los hoteles con un sistema de agua y generadores de energía que proporcionaban electricidad, también introdujo un sistema central de calefacción por vapor. Esto le permitió aumentar la ocupación en sus establecimientos incluso en los periodos más fríos del año. Wilhelmina fue también la primera en usar el teléfono en la industria hotelera, mucho antes de que se aplicara para uso general en Suecia; logró obtener un permiso para conectar todos sus establecimientos a la red telefónica basada en los postes telefónicos estatales existentes. Sin embargo, no se le permitió cobrar una tarifa por las llamadas telefónicas. Esta solución facilitó la comunicación y mejoró enormemente la gestión hotelera, permitiéndole emitir órdenes rápidamente a los empleados en todos sus establecimientos, supervisar compras y rendimiento sin importar su ubicación, mientras que los viajeros podían contactarla directamente.[7]

Wilhelmina fue también una de las primeras personas en reconocer el potencial turístico de Suecia. Era muy consciente de que, para aumentar el flujo de clientes, los hoteles tenían que utilizar hábilmente sus alrededores inmediatos. Por esta razón, inició el turismo de "experiencia y aventura", creando paquetes que combinaban alojamiento de alta calidad con entretenimiento en la naturaleza. Tuvo buen olfato, ya que las provincias de Gästrikland, Hälsingland y Dalarna, ricas en bosques vírgenes, empezaron a atraer a un creciente número de entusiastas de la caza y la pesca. Entre ellos, había muchos extranjeros adinerados, ya que durante sus frecuentes viajes a Europa, Wilhelmina estableció cooperación con numerosas agencias de viajes del extranjero, incluyendo la más grande del mundo, la compañía Thomas Cook de Londres y la junta de turismo nacional de Austria.[8] Incluyó la oferta de sus hoteles en las primeras guías turísticas suecas impresas en inglés, alemán y francés. Al mismo tiempo, optó por no anunciarse en la prensa local a favor de periódicos emitidos en Estocolmo que alcanzaran a los posibles huéspedes de estratos sociales más altos. Los atraía a sus instalaciones también persuadiendo a las autoridades ferroviarias para que aumentaran el número de trenes.

No fue hasta que Wilhelmina Wahlgren alcanzó la prosperidad económica y obtuvo un estatus social adecuado para sus altas aspiraciones que decidió formar una familia. En noviembre de 1888, a la edad de treinta y ocho años, se casó con el comerciante de vinos Per Samuel Skogh (1849-1904) de Jämtland y se convirtió en la Sra. Skogh.[9] Más tarde, como la pareja no tenía hijos propios, adoptaron a un niño llamado Gustav.[10] Wilhelmina seguía haciendo frecuentes viajes al extranjero. Visitando hoteles en Milán, Londres, París o Berlín, extraía nuevas ideas e inspiración relacionadas con las artes, el diseño de interiores y la cocina, que luego aplicaba en sus propios establecimientos. Entre otras cosas, notó que, especialmente en Francia e Italia, las comidas se servían con una cantidad significativamente mayor de verduras frescas, lo que era más saludable, menos costoso y añadía atractivo visual y sabor a los platos. Decidió adoptar esta observación en su tierra natal, especialmente dado que el ingrediente principal de la mayoría de los platos en Suecia era la carne, que no solo era horrendamente cara en la zona, sino también de mala calidad. Primero intentó convencer a los agricultores locales para que produjeran verduras, pero sin éxito. Por lo tanto, compró más tierras en las cercanías de sus hoteles y construyó invernaderos climatizados en estos terrenos. De esta manera, creó el ambiente ideal para cultivar tanto verduras, que pronto se convirtieron en un componente importante de su cocina, como flores, que luego se usaban para decorar las mesas de los restaurantes. Su servicio de catering se hizo famoso en todo el país, atrayendo a sus instalaciones no solo a turistas, sino también a miembros de la familia real.[11]

En 1896, Wilhelmina asumió la gestión de un suntuoso hotel turístico en Rättvik, donde popularizó el esquí. Fue galardonada con la Orden de Vasa en reconocimiento a sus servicios. A su vez, un año después, se le pidió dirigir un hotel temporal organizado únicamente durante la duración de la Exposición de Estocolmo de 1897. Estaba ubicado en seis edificios recién creados y alquilados en el bulevar Strandvägen en Estocolmo, y comprendía varios cientos de habitaciones equipadas con muebles y ropa de cama nuevos. En cada uno de estos establecimientos, Skogh hizo instalar un sistema eléctrico, proporcionando iluminación e introdujo un sistema de señalización que iba desde cada habitación hasta la recepción. Cumplió la función de gerente de hotel durante tres meses, cumpliendo sus tareas de manera brillante.[12] La noticia de su éxito profesional se difundió por todo el país, llegando también a la junta directiva del Grand Hôtel en Estocolmo, que necesitaba a una persona competente y decidida con una nueva perspectiva, lista para insuflar nueva vida a ese hotel más elegante de Suecia. Como resultado de entrevistas, el 1 de abril de 1902, Wilhelmina Skogh fue nombrada Directora General del Grand Hôtel, reemplazando a Nils Trulsson.

En ese entonces, el Grand Hôtel ya tenía una larga historia. Fue iniciado por el cocinero y hotelero francés Jean-François Régis Cadier, que llegó a Estocolmo en el año 1852. Allí, primero prestó sus servicios en la corte del conde ruso Dashkoff, y luego se convirtió en chef del Palacio Real. Más tarde, Cadier abrió su propia tienda de productos delicatessen y lanzó un restaurante llamado Les Trois Frères Provençaux; en 1859, arrendó el Hotel Rydberg, el establecimiento de alojamiento de gama alta líder de la ciudad en ese momento. Sin embargo, continuó buscando nuevos desafíos. Decidió crear un hotel completamente nuevo desde cero. Se erigió un edificio de cinco pisos en estilo Renacimiento diseñado por Axel Fritjof Kumlien en la península de Blasieholmen frente al Palacio Real.[13] Contaba con iluminación eléctrica, ascensores accionados por vapor, teléfonos, gas y agua corriente. El edificio albergaba 400 habitaciones, dos baños en el primer piso, un restaurante, una cafetería, una sala de lectura y una sala de billar. Su ceremonia de apertura el 14 de junio de 1874 fue presidida por el rey Oscar II de Suecia.[14] A partir de entonces, el Grand Hôtel fue el corazón de los eventos sociales en la capital y Cadier disfrutó de un éxito financiero instantáneo. Más tarde, el edificio fue objeto de numerosas obras de modernización. Las primeras expansiones se llevaron a cabo en 1889, justo después de comprar un edificio de alquiler adyacente al hotel llamado Bolinder Mansion. Después de la muerte de Cadier en 1890, su esposa, Lilly, dirigió el Grand durante algunos años más y finalmente lo vendió en 1897 a Axel Burman, quien fundó la compañía AB Nya Grand Hotel específicamente para ese propósito.[15] El nuevo propietario realizó más cambios que incluyeron agregar un piso, renovar la fachada y crear un restaurante francés y una cafetería india. Desde 1901, el establecimiento ha sido sede de banquetes oficiales del Premio Nobel de manera anual.

Grand Hotel Stockholm, 1901
(Fuente: Wikimedia)

Al hacerse cargo del Grand Hôtel, Wilhelmina Skogh lo dirigió con mano dura. En las regulaciones que ideó, contenía reglas que debían ser observadas por todos los empleados, así como consecuencias por transgredirlas. No toleraba ninguna desviación de la disciplina estricta. Observaba de cerca la forma en que el personal se comportaba con los visitantes. A menudo, parada en un balcón, los observaba trabajar, detectando instantáneamente incluso las fallas más pequeñas. También introdujo un registro de quejas de los huéspedes, y aquellos cuyos nombres figuraban en él tenían una tarifa deducida de su salario, recibían una advertencia o, en casos más graves, incluso eran despedidos. Había muchas historias que circulaban en círculos de hospitalidad sobre la jefa despótica: ella tendía trampas para poner a prueba la integridad y lealtad del personal, exigía que el personal pidiera un permiso cada vez que querían dejar sus estaciones de trabajo o recibir una visita privada en el hotel. En su opinión, atender a personas prominentes en un establecimiento de lujo no podía dejarse al azar; por lo tanto, para garantizar que el servicio fuera ejemplar, todos los empleados debían seguir estrictamente las normas establecidas. Y, de hecho, los huéspedes debieron sentirlo así, considerando que acudían en gran número y con gran entusiasmo al hotel, dejando allí muchísimo dinero.

Embebida en el éxito, Wilhelmina Skogh comenzó a asumir desafíos cada vez más difíciles. En 1904, con la expansión adicional del hotel en mente, inició negociaciones con el ministro de la casa con respecto a la adquisición de un terreno en la parte trasera del Grand Hôtel, donde se encontraban los establos propiedad de la familia real. Lamentablemente, en el mismo año falleció su esposo, Per. Dejó tras de sí una gran fortuna. Con su fallecimiento, Wilhelmina no solo se convirtió en la mujer mejor pagada de Suecia, sino también en millonaria. Las negociaciones mencionadas anteriormente concluyeron en 1906 con la firma de un contrato de arrendamiento para el anexo, cuya construcción sería financiada por la Fundación Sophia Albertina. Poco después, se contrató a Ernst Stenhammar para diseñar un ático con una zona de alojamiento llamado Grand Hôtel Royal, mientras que las obras de construcción, estimadas en 780 mil coronas, fueron confiadas a la empresa Carlsson & Löfgren. El trabajo relacionado con rediseñar interiores y hacer una conexión esencial entre el anexo y el Grand Hôtel existente se llevó a cabo bajo la atenta mirada del arquitecto Edvard Bernhard.[16] La idea de organizar el conector fue concebida por Wilhelmina durante una de sus primeras visitas a París. Allí, admiró una hermosa orangerie con plantas tropicales y decidió crear un lugar similar en su hotel. El resultado final fue impresionante. Su soñado Jardín de Invierno (Vinterträdgården) se construyó en el patio, en estilo gótico veneciano, con balcones y un techo de cristal situado a una altura de casi 50 pies, dejando entrar mucha luz natural. Estaba lleno de plantas exóticas, césped, con una gran fuente en el centro y numerosas pinturas murales. Este refugio de calma y verdor operaba a pesar de la nieve y el hielo afuera, sirviendo también como lugar para varios tipos de celebraciones para hasta mil personas. Oficialmente inaugurado el 23 de enero de 1909, el Jardín de Invierno fue declarado la joya del Grand Hôtel, ampliamente cubierta por la sorprendida prensa de todo el mundo. Sin embargo, el éxito mediático no se tradujo en éxito financiero. Suecia fue barrida por el estallido de una huelga general pannacional desencadenada por una enorme crisis económica. La situación en Europa también empeoró, lo que resultó en un bajo número de turistas extranjeros que llegaban. Esto se sumó a los enormes costos de diseñar y remodelar el Grand Hôtel Royal. Finalmente, al venderlo a AB Nya Grand Hotel en 1910, la fundación evaluó su valor en 2.6 millones de coronas. Todo esto jugó en contra de la gerente del hotel, quien además cayó en desgracia con los dueños del edificio. En consecuencia, desgastada por las críticas e intrigas, el 15 de diciembre de 1910, presionada por la junta directiva, Wilhelmina Skogh renunció al cargo de presidenta del Grand Hôtel. Su antiguo gerente, Nils Trulsson, volvió a ocupar este puesto.[17]

Jubilada, Wilhelmina Skogh se recluyó en su opulenta mansión Villa Foresta ('bosque' en italiano), que construyó en los años 1908-1910 en la isla de Lidingö, al este de Estocolmo. Diseñado por Ernst Stenhammar y Edvard Bernhard, parecía más un castillo medieval de un caballero sentado en un acantilado, y era la propiedad privada más grande de la isla. Contaba con treinta y cinco habitaciones y varias salas grandes. Lamentablemente, durante la Primera Guerra Mundial y la persistente recesión, el mantenimiento de una residencia tan grande resultó tan

Villa Foresta
(Fuente: Wikimedia)

costoso que su dueña tuvo que buscar recursos financieros adicionales. Por esta razón, remodeló parte de la propiedad y la convirtió en un restaurante. En última instancia, este esfuerzo tampoco mejoró su situación económica, ya que Wilhelmina perdía el control sobre sus gastos. Enfrentándose a la inevitabilidad de tener que pagar los préstamos que había tomado, en 1922, decidió vender toda la Villa Foresta. Fue adquirida por un magnate de la industria cinematográfica y teatral, Anders Sandrews.[18] Sin embargo, el antiguo empleador de Wilhelmina se compadeció de su destino y le proporcionó un pequeño apartamento de una habitación en el edificio de apartamentos Bolinder Mansion, adyacente al Grand Hôtel, así como comida. Viviendo allí en condiciones modestas, aún pudo trabajar en sus propias invenciones, construyendo, entre otras cosas, una mangle eléctrica para uso doméstico. En la mañana del 18 de junio de 1926, Wilhelmina Skogh fue encontrada muerta en su habitación. Es muy probable que se quitara la vida tomando una sobredosis de pastillas para dormir.[19] Tenía setenta y seis años en ese momento. La gran dama de la industria hotelera sueca fue enterrada junto a su esposo en el Cementerio del Norte de Estocolmo. La tumba de la familia Skogh está adornada con una escultura monumental de un ángel hecha de mármol macizo.

5

Anton Bon

Pionero del turismo suizo

Uno de los grandes hoteleros suizos de finales del siglo XIX y principios del XX, que se hizo famoso no solo en Europa. Bajo su atenta mirada, se construyeron hoteles excepcionales en Rigi Kaltbad, Vitznau y St. Moritz, gestionados hábilmente bajo la filosofía de que el confort de los huéspedes debe ser la máxima prioridad. Este enfoque comercial, combinado con la perfecta integración de sus propiedades en el paisaje natural de lagos y montañas, atraía a una clientela internacional adinerada. El hábil hotelero obtenía beneficios tangibles, contribuyendo al mismo tiempo al desarrollo del turismo y el deporte, especialmente el esquí, en los lugares donde operaba.

Anton Sebastian Bon nació el 5 de abril de 1854 en la pequeña localidad de Ragaz, en el Cantón de San Galo, Suiza. Provenía de una familia de elevada posición social. Su padre, Sebastian Bon, era propietario de una serrería y alcalde de Ragaz. El joven Anton asistió a la escuela secundaria inferior en San Galo y deseaba estudiar ingeniería mecánica en el Instituto Federal Suizo de Tecnología en Zúrich (ETH Zúrich) para emigrar posteriormente a los Estados Unidos. Sin embargo, su padre creía en el futuro de la incipiente industria turística y persuadió a Anton para que trabajara durante las vacaciones de verano en el Quellenhof, un lujoso balneario fundado en Ragaz en 1869 por Bernhard Simon (1816-1900), arquitecto, empresario y amigo de la familia Bon.[1] Allí, Anton Bon

Anton Bon, 1854-1915
(Fuente: Schweizer Pioniere der Hotellerie)

destacó por su alto compromiso y talento, y por esta razón, Simon lo envió al extranjero a su cargo para permitirle perfeccionar idiomas extranjeros y aprender a resolver problemas que surgían en el trabajo diario de un hotelero. En los años 1873-1879, Bon adquirió experiencia en hoteles en Italia, Francia e Inglaterra. Allí, confirmó que quería seguir una carrera en este comercio en su tierra natal. Regresó a su ciudad natal, pero no se quedó mucho tiempo en el Quellenhof.

En 1879, se casó con Maria Nigg (nacida en 1854) y, junto con su esposa, se trasladó a Splügen, en el sur de Suiza, donde arrendó el hotel Bodenhaus & Post. Esta pintoresca localidad, ubicada en los Alpes Lepontinos entre los pasajes Splügen y San Bernardino, que durante siglos fue un importante centro comercial para mercancías transportadas a través de los Alpes hacia la región italiana de Lombardía. Atender a los comerciantes era la principal fuente de ingresos para los lugareños, que establecieron establos para mulas y caballos, almacenes para mercancías, así como posadas y lugares donde los viajeros podían descansar. Desde su construcción en 1722 por el juez Johann Paul Zoja, el Bodenhaus & Post siempre había desempeñado un papel importante en Splügen. El impresionante edificio sirvió primero como almacén, pero también albergaba una oficina de correos y habitaciones para huéspedes. En 1820, el establecimiento fue adquirido por Johann Jakob Hössli, quien comenzó a convertirlo en un hotel de alta gama para satisfacer las necesidades de visitantes más sofisticados. Derribó viejas escaleras y marcó nuevos pasillos, hizo las habitaciones más espaciosas y garantizó muebles considerados muy modernos en esos días. Esta transformación se tradujo en una mayor ocupación, ya que poco después, el Bodenhaus & Post registró hasta mil huéspedes al año. También aumentó el número de visitantes que se alojaban en el hotel por períodos más largos.[2] Desde 1828, el establecimiento llevaba libros de visitantes que eran uno de los más antiguos del cantón. Contenían notas sobre visitas de diversas figuras famosas, como William Turner, Friedrich Nietzsche, Hans Christian Andersen, Adam Mickiewicz, Albert Einstein, Wilhelm Röntgen, Napoleón III y el Archiduque de Austria Fernando Maximiliano I, por ejemplo.[3] El Sr. y la Sra. Bon gestionaron el hotel Bodenhaus & Post hasta 1882, cuando se puso en funcionamiento el ferrocarril de Gotthard (Gotthardbahn en alemán), el primer ferrocarril transalpino de Suiza, que cruzaba numerosos túneles perforados en la roca, incluido el túnel de Gotthard de 49 pies de longitud. La ruta que recorría los pasajes San Bernardino y Splügen perdió su importancia, y así, el transporte de mercancías y el número de huéspedes en los establecimientos locales disminuyeron rápidamente. Anton y Maria Bon renunciaron al Bodenhaus & Post y, junto con sus dos hijos, se trasladaron a la parte central del país para emprender otro desafío.

Hotel Rigi-First en Rigi-Kaltbad
(Fuente: Archivkatalog Staatsarchiv Luzern)

En 1884, Bon arrendó el Hotel Rigi-First situado en Rigi Kaltbad, que estaba lujoso pero al borde de la quiebra. Era un edificio relativamente nuevo construido en mayo de 1875. Contaba con noventa y tres habitaciones dobles y veintiocho habitaciones individuales. Bon implementó rápidamente sus propios métodos de gestión y gradualmente revirtió la situación del hotel. En 1885, finalmente se convirtió en propietario del Rigi-First. El hotelero era consciente del potencial turístico de la idílica zona junto al lago Lucerna; por esta razón, en 1892, adquirió otra instalación, la posada Villa Pfyffer, situada en la cercana Vitznau, que abrió sus puertas en 1867. La ciudad de Vitznau atrajo a un creciente número de turistas con el lanzamiento del Ferrocarril Vitznau-Rigi en 1871, el primer ferrocarril de cremallera de Europa que podía operar en pendientes pronunciadas. Con el tiempo, Bon desarrolló el deseo de tener un hotel de lujo moderno en ese lugar exacto (en la orilla misma del lago y al pie del monte Rigi). Encontró en el arquitecto Karl Gottlieb Koller, también de Ragaz, a un ardiente partidario de su idea. Koller ya había diseñado edificios muy destacados, como el Bäderhotel en Bormio y el Hotel Schweizerhof en St. Moritz. Juntos realizaron una gira de estudio por Europa durante unos meses, donde visitaron residencias de lores ingleses, palacios de príncipes alemanes o mansiones de ricos industriales, analizando la arquitectura y los muebles. Bon los veía como clientes potenciales en su hotel en el futuro. Además, los dos suizos consultaron tecnología de vanguardia y eligieron los materiales de construcción adecuados, así como elementos para el sistema de calefacción y el cableado eléctrico. Como resultado de esta colaboración, en la primavera de 1903, después de tres años de obras de expansión en Villa Pfyffer, el flamante Park Hotel Vitznau recibió a sus primeros huéspedes.[4] Era un establecimiento moderno que ofrecía condiciones lujosas. Contaba con 120 habitaciones, incluidas suites familiares con baños privados y baños de acceso general en cada piso, salones, salas de juegos, restaurantes e incluso una cervecería propia. Los huéspedes podían disfrutar de hermosas vistas, ya que grandes paneles de vidrio en la planta baja permitían que el paisaje se integrara en el interior del edificio. El hotel disponía de un ascensor hidráulico, un sistema de calefacción de agua caliente y energía generada por sus propias unidades. En el exterior, los huéspedes podían disfrutar de una pista de tenis, un campo de críquet, un área de juegos para niños y una zona de baño junto al lago. El hotel también proporcionaba botes de remo, yates, caballos y carruajes, bicicletas y equipo de pesca.[5]

Una vez más, Bon no se equivocó. Su concepto de negocio hotelero produjo los resultados esperados: el Park Hotel Vitznau recibía un alto número de huéspedes, especialmente aquellos adinerados y extranjeros. La ciudad en sí misma se volvió tan popular que, en 1911, el hotelero decidió hacerse cargo del Hotel Vitznauerhof, situado aproximadamente a media milla de distancia. Diseñado en estilo Art Nouveau por el arquitecto F. Kühn de Mannheim y abierto en mayo de 1901, el edificio era propiedad de Franz Michel. Contaba con alrededor de cincuenta habitaciones y todo tipo de comodidades lujosas. El Hotel Vitznauerhof también vivió su época dorada, ya que ofrecía alojamiento a figuras destacadas como el compositor Richard Strauss, el General Henri Guisan, el escritor Hermann Hesse o Gina, la Princesa de Liechtenstein, que ocupó un piso completo durante algún tiempo. Eventualmente, en 1924, el hotel fue comprado por Robert Keller, quien anteriormente se desempeñaba como gerente general designado por la familia Bon en 1919.[6]

Muy probablemente, uno de los huéspedes del Park Hotel Vitznau fue Charles Sidney Goldmann (1864-1958), un parlamentario británico y millonario que hizo fortuna en el comercio de diamantes en Sudáfrica. Compró a su amigo, el constructor naval inglés G.S.F. Edwards, una casa privada llamada Villa Suvretta situada cerca de St. Moritz en los Alpes suizos, y más tarde también más de 11 acres de terreno adyacente a una familia de agricultores llamada Müller.[7] Goldmann desarrolló la ambición de construir en ese lugar un hotel de clase mundial, y para él, Anton Bon parecía el hombre perfecto que lo construiría y luego lo dirigiría. Convencerlo no le llevó mucho tiempo a Goldmann. El 7 de abril de 1911, junto al banco Guyerzeller en Zúrich, se estableció la compañía AG Suvretta Haus, y el 22 de abril, ya se estaban vertiendo los cimientos para el nuevo hotel. El proyecto arquitectónico del edificio, estimado en 7.5 millones de francos suizos, fue nuevamente obra de Karl Koller. La construcción se llevó a cabo a un ritmo sin precedentes. Cuatrocientos hombres trabajaron desde el amanecer hasta altas horas de la noche para terminar las obras básicas para diciembre del mismo año. A lo largo de los meses que siguieron, el edificio del hotel fue terminado y amueblado. El resultado final fue impresionante: parecía un castillo de cuento de hadas, el edificio era la esencia de la belle époque. Una ceremonia festiva de inauguración del Suvretta House con más de doscientos invitados tuvo lugar el 16 de diciembre de 1912. Sus lujosos interiores albergaban 250 habitaciones con 370 camas, incluidas 110 habitaciones con baño, una sala de puente, una sala de billar, una sala para fumar, un salón de té, una biblioteca, un salón de música, salones de banquetes y restaurantes.[8] Anton Bon creó una instalación que tenía su propio carácter y un ambiente único. Esto permitió que Suvretta House mantuviera una alta ocupación a pesar de la proximidad de otros grandes hoteles en St. Moritz. Pronto se convirtió en el lugar de encuentro de personas famosas del mundo de la política, el entretenimiento y los negocios. También contribuyó al crecimiento del turismo en la región y popularizó los deportes de invierno. La buena fortuna del hotel duró solo dos años. Con el estallido de la Primera Guerra Mundial en el verano de 1914, la mayoría de los hoteles en St. Moritz quedaron vacíos. Seis meses después, el 24 de enero de 1915, Anton Bon falleció a causa de un cáncer. Las responsabilidades del anfitrión de Suvretta House fueron asumidas por su esposa Maria. Conocida por el personal y muchos huéspedes como "Mama Bon", ella no solo era una persona muy respetada con un fuerte carácter y una hotelera con gran experiencia, sino también el auténtico espíritu del hotel. Fue ella quien dio forma al estilo de Suvretta House hasta su muerte en octubre de 1944.[9]

Anton y Maria Bon criaron a cinco hijos. Todos sirvieron en el ejército suizo, y tres de ellos hicieron carrera en la industria hotelera más tarde. El mayor, Anton II Bon (1881-1959), trabajó primero con su padre en el hotel Vitznau Park y, tras

Hotel Suvretta House
(Fuente: Suvretta House)

su fallecimiento, dirigió el Suvretta House, casi vacío en ese momento, hasta 1918, cuando se trasladó a Alemania. Allí, reorganizó hoteles en el grupo Stinnes, incluyendo el Esplanade Berlin, el Atlantic Hamburg y el Carlton Frankfurt. Luego, se trasladó a Inglaterra, donde se convirtió en director de operaciones en la compañía Nestlé, y en los difíciles años de 1936-1951, gestionó los legendarios hoteles Dorchester y Brown's en Londres. Al igual que su padre, fue presidente de la Asociación de Hoteleros Suizos (1818-1924). El segundo hijo mayor, Hans Bon (1882-1950), comenzó a adquirir experiencia profesional en el Hotel Quirinal en Roma, el Hotel Naples en Nápoles y los hoteles Rigi-First y Vitznau Park de propiedad familiar.[10] Después de que Anton II se fue al extranjero, Hans dirigió Suvretta House con su esposa Elizabeth hasta su fallecimiento en 1950. En ese tiempo, logró navegar con éxito al hotel a través de una crisis global y la Segunda Guerra Mundial. Pagó todas las deudas, remodeló y renovó el edificio y, una vez más, lo llenó de huéspedes para restaurarlo a su antigua gloria. Convirtió Suvretta House en un paraíso para los esquiadores cuando, primero, en 1935, colocó junto al establecimiento uno de los primeros telesillas de Suiza llamado Suvretta-Randolin, y en 1937, lo amplió agregando la sección Randolins-Plateau Nair. Finalmente, el tercer hijo mayor de la pareja hotelera, Primus Bon (1884-1974), supervisó el Hotel Vitznau Park en los años 1903-1923. Luego se fue a Zúrich, donde se dedicó solo a la hostelería. Tomó un arrendamiento en un establecimiento en la estación principal de trenes y dirigió allí el restaurante Bahnhofbuffet Zürich hasta 1955, centrado en ofrecer un servicio rápido y masivo a los pasajeros, ganando reconocimiento internacional. A su vez, la hija de Primus, Lili Irene Bon (1919-2007), junto con su esposo Rudolf Candrian-Bon (1910-1987), dirigió el Hotel Vitznau Park en los años 1943-1952 y, luego, en 1950, también se hicieron cargo de Suvretta House y, finalmente, asumieron el restaurante de su padre en la estación de tren en Zúrich.

Tanto el Park Hotel Vitznau como el Suvretta House están abiertos hasta el día de hoy. Después de numerosas obras de renovación, siguen siendo algunos de los mejores hoteles del mundo; aunque ambos están en manos extranjeras ahora, sus nuevos propietarios hacen todo lo posible por preservar las tradiciones del pasado, dirigiéndolos de acuerdo con la filosofía de la familia Bon.

6

Ellsworth Statler

El mayor innovador entre los hoteleros

Cuando en 1950 la revista estadounidense de la industria hotelera *Southern Hotel Journal* realizó una encuesta sobre el "hotelero del medio siglo", casi por unanimidad se señaló a Ellsworth Statler. Aunque ya llevaba veintidós años fallecido, los expertos consideraron que aportó más a la ciencia hotelera. Su vida es un clásico sueño americano, ya que, comenzando como mensajero de hotel, se convirtió en uno de los mayores hoteleros de todos los tiempos. Sus ideas e innovaciones establecieron nuevos estándares en la industria, y "El huésped siempre tiene razón" se convirtió en el lema fundamental que sigue guiando a los hoteleros de todo el mundo hasta hoy.

Ellsworth Milton Statler nació el 26 de octubre de 1863, en el condado de Somerset, cerca de Gettysburg, Pensilvania. Fue el tercero de ocho hijos (Govinda R., Charles O., Ellsworth M., Elizabeth, Alabama A., Lillian, Osceola A., William J.)[1] de William Jackson Statler, pastor de la Iglesia Reformada Alemana local, y Mary Ann McKinney.[2] La familia Statler vivía en la pobreza. A pesar de que su padre ganaba algo de dinero extra trabajando la tierra o fabricando fósforos, apenas llegaban a fin de mes. En 1869, la familia partió hacia el oeste, donde las compañías ferroviarias ofrecían tierras gratuitas a todos los dispuestos a establecerse. En Bridgeport, Ohio, el anciano Statler construyó un edificio de un solo piso que albergaba tanto un apartamento como una tienda, y en lugar de predicar nuevamente, se dedicó al comercio. El

Ellsworth Statler, 1863-1928
(Fuente: Western New York Heritage)

joven Ellsworth asistió a la escuela local; después de completar el segundo grado, abandonó su educación a la edad de nueve años para trabajar en la fábrica de vidrio La Belle en Kirkwood junto con sus dos hermanos mayores. Allí, ganaba 15 centavos por un turno de doce horas que consistía en vaciar carretillas de carbón en un horno utilizado para calentar y fundir vidrio.[3]

Aunque Ellsworth demostró ser decidido y trabajador, esa ocupación no era adecuada para él a largo plazo. Renunció una vez que se enteró de que un hotel llamado McLure House en Wheeling (Virginia Occidental) estaba buscando un botones para el turno de noche. Inaugurado en 1852, el McLure House era el hotel más grande del estado en ese momento, con 315 habitaciones, sesenta y cinco baños y cincuenta duchas.[4] Cuando Ellsworth fue aceptado para el puesto, tenía trece años. Por un salario mensual de seis dólares, cama y comida, y propinas, llevaba el equipaje y otros artículos necesarios para los huéspedes, como agua caliente para un baño, agua fría para beber o leña, arriba y abajo de las escaleras. Después de la muerte de su padre en 1878, fue ascendido al cargo de botones principal y luego al de recepcionista nocturno. Disfrutando del respeto tanto de los visitantes del hotel como del personal, se hizo conocido como "Coronel".

Se fue sintiendo cada vez más fascinado por la industria de la hospitalidad, desarrollando un creciente interés en todos los aspectos de cómo funcionaba el hotel. Conversaba con los jefes de diferentes departamentos, leía libros sobre finanzas y gestión, aprendía sobre diversos roles y puestos en el hotel y anotaba con entusiasmo sus propias ideas para mejorar la eficiencia y la rentabilidad. Como recepcionista de día que ganaba 50 dólares al mes, aprendió principios de contabilidad y, después de tomar el control de la contabilidad de los hermanos Norton (dueños del McLure) a la edad de diecinueve años, se convirtió en el gerente no oficial del hotel.[5]

Poco después, se presentó la primera oportunidad para poner a prueba sus conceptos comerciales. Siguiendo el espíritu emprendedor, Statler convenció a los propietarios del hotel para arrendar la sala de billar. La instalación, anteriormente no rentable y con mala reputación, más bien un complemento de un bar, comenzó a generar ganancias. Recibió ayuda para atraer a la clientela de su hermano Osceola, quien resultó ser un hábil jugador de billar. La noticia del joven en pantalones cortos que había derrotado a todos los visitantes se extendió rápidamente por la ciudad. Todos querían ver al campeón local. Ellsworth lo utilizó hábilmente a su favor. Convertido en un empresario del billar, organizó partidas de exhibición y campeonatos profesionales.

Statler vio también una oportunidad para sí mismo en la floreciente industria ferroviaria. Instaló un puesto cerca de la sala de billar para vender boletos de tren. Como intermediario, los ofrecía a un precio más bajo que en una estación de tren, ganando una buena suma además de eso. Además, decidió adquirir el 51% de las acciones del club de bolos Musee Bowling Lanes, que estaba al borde de la quiebra. Con tres mil dólares que había prestado, instaló cuatro pistas más y ocho mesas de billar para luego comenzar a organizar torneos de bolos con un premio principal de 300 dólares para el equipo victorioso. Todo esto despertó un gran interés, con cientos de espectadores acudiendo al club de bolos regularmente. Para traducir esto en ganancias reales, alquiló otra parte del edificio del Musee y abrió allí una casa de comidas, "the Pie House". Pronto se convirtió en el restaurante favorito de la ciudad. Las comidas servidas allí incluían, entre otras cosas, pollo y carne picados, emparedados de jamón, helado, frutas, el mejor café y, naturalmente, pasteles. Otros miembros de la familia de Ellsworth también participaron en sus empresas; su hermano Osceola dirigía la sala de billar en el McLure House como asociado en esta empresa. Su otro hermano Bill se encargaba del Musee, mientras que su madre y su hermana Alabama horneaban galletas y preparaban emparedados. Todos estos negocios combinados le generaban a Ellsworth un ingreso anual de diez mil dólares, convirtiéndolo en un hombre adinerado.[6] En ese momento, empezó a soñar con gestionar su propio hotel de mil habitaciones en Nueva York.

En el camino de Statler hacia Nueva York estaba Buffalo, donde solía detenerse a menudo de regreso de un viaje de pesca al río St. Clair en Canadá. En 1894, notó allí un edificio en construcción, específicamente, el Ellicott Square Building, el futuro "edificio de oficinas más grande del mundo". Se enteró de que sus propietarios estaban buscando un operador dispuesto a dirigir un restaurante allí. Determinado, firmó un contrato de arrendamiento para el alquiler del piso principal y el sótano por 8.500 dólares al año. Después de sumar a sus diez mil dólares la suma de 26 mil dólares que había tomado prestados, comenzó a amueblar el restaurante.[7] En el mismo año, Statler se casó con Mary Ideste Manderbach (1864-1925), a quien había conocido ocho años antes en Akron. Se mudaron a Buffalo y el 4 de julio de 1895, abrieron allí el Restaurante Statler. Es probable que el Sr. y la Sra. Statler no pudieran tener hijos propios, y más tarde, adoptaron a cuatro de ellos: Milton Howland, Marian Francis, Ellsworth Morgan y Elva Idesta.[8]

Lamentablemente, la realidad resultó estar lejos de sus expectativas. Buffalo nunca había sido una ciudad de restaurantes lujosos. Con una actitud hostil hacia los forasteros, los lugareños cenaban en casa o en lugares cercanos de catering. El restaurante estaba medio vacío y sus pasivos pendientes hacia los proveedores crecían mes a mes. Para protegerse de la quiebra, Statler decidió implementar un plan de recuperación. Primero, cambió el nombre del establecimiento a Restaurante de George E. House. Luego, despidió a un chef costoso de Nueva

York y contrató a uno más barato y local para ocupar su lugar. Del mismo modo, despidió a su administrador de compras responsable de los suministros y al contador, asumiendo él mismo sus funciones. Para ahorrar en el personal de espera, inventó un nuevo tipo de mesa de servicio sobre ruedas con compartimentos para servilletas, cristalería, cubiertos, especias, manteles limpios y un dispensador con agua potable fría. Según Statler, dado que no había mercado para restaurantes en Buffalo, tenía que crearse alterando los hábitos alimenticios de sus residentes. Desarrolló un menú inusual y, por primera vez, no escatimó en publicidad en la prensa y carteles en toda la ciudad utilizando el lema *"Todo lo que puedas comer por 25 centavos*". Por esta suma, el cliente podía probar cualquier artículo del menú, ya fuera sopa hecha con ostras, aceitunas y rábanos, esmerlán frito con papas Windsor y salsa tártara, cordero Bordelaise con guisantes verdes, pato asado con manzanas y puré de papas, ponche romano, ensalada de frutas o verduras con aderezo ruso, pastel de crema, helado metropolitano, café, té o leche. Además, Statler se hizo cargo del rally de la Gran Armada de la República destinado a atraer a miles de veteranos del Ejército de la Unión y sus familias a Buffalo desde casi todos los estados del norte de los EE. UU. Esta política resultó efectiva. Los veteranos invadieron el restaurante, dejando sumas considerables de dinero y añadiendo a su esplendor. Statler no se detuvo, sin embargo. Seguía apareciendo en la prensa, pero era mencionado como "el popular proveedor de Ellicott Square" o el "famoso restaurador".[9] Siguió expandiendo el menú con platos nuevos y más caros y organizó competiciones y loterías con premios entre los clientes que cenaban en el restaurante en gran número (por ejemplo, un piano por 300 dólares, un pony vivo o águilas de oro ocultas en el helado).[10]

Statler pagó todas sus deudas y, con sesenta mil dólares en su cuenta, decidió que había llegado el momento de construir el hotel más grande del mundo. De hecho, surgió una oportunidad perfecta para hacerlo. Buffalo fue elegida como la ciudad anfitriona de la Exposición Pan-American de 1901, una feria mundial que iba a durar seis meses, y los visitantes debían ser alojados en algún lugar. Statler apostó por una instalación que fuera económica de construir, pero lo suficientemente grande como para permitirle atender eficientemente a grandes multitudes. Para llevar a cabo este proyecto, gastó todos sus ahorros y pidió prestados 300 mil dólares a sus amigos de Wheeling e inversores de Buffalo.[11]

El contrato de construcción fue otorgado a la empresa local Thomson, Hubman & Fisher. Como resultado, en las proximidades del área de la feria, se formó el Hotel Statler, un hotel temporal de estructura de madera que cubría casi 10,000 pies cuadrados. Sus tres pisos albergaban 2084 habitaciones que podían dar cabida a hasta cinco mil huéspedes al mismo tiempo, pasillos y corredores de una longitud total de cinco millas, y un restaurante para 1.2 mil personas. Durante los turnos de día, había hasta cincuenta botones de servicio, mientras que el recepcionista de la recepción podía registrar a 500 huéspedes por hora. Los precios oscilaban entre 2 y 2.5 dólares por día por persona, pensión completa, o de 1 a 1.5 dólares sin alojamiento. Statler introdujo en el hotel cupones especiales para comidas que un huésped compraba por adelantado para una estancia de una semana. Esto evitaba que los clientes abandonaran las instalaciones sin liquidar la factura del servicio de catering. Cada vez que un huésped pasaba por la puerta del restaurante, su cupón era validado. Sin embargo, en caso de que no se hubieran consumido todas las comidas, se reembolsaban al momento del check-out. Más tarde, este sistema, iniciado por Statler, se utilizó más ampliamente en hoteles como el llamado plan estadounidense. En agosto de 1901, *The Hotel Gazette* publicó una reseña muy positiva del establecimiento, afirmando: "*El sistema en Statler's es excelente. El gerente Statler es una maravilla... En todo el ajetreo, el hotel tiene un aire agradable. Nunca están tan ocupados como para que no se pueda tener un botones de inmediato. El cajero nunca está demasiado ocupado para cambiar un billete de cinco dólares. El empleado, la habitación, la llave o el correo, encuentran tiempo para responder cortésmente a mil preguntas por hora. En el comedor, te atienden y sirven con buena comida*".[12]

Finalmente, la Exposición Pan-American resultó ser un completo fracaso. El frío y húmedo verano, y el asesinato del presidente de los Estados Unidos William McKinley en Buffalo, contribuyeron a un número mucho menor de visitantes de lo esperado. Muchos inversores directamente involucrados financieramente en la feria incurrieron en pérdidas; la única excepción fue Statler, que logró alcanzar una situación más o menos de equilibrio. Construido para dar servicio a cinco mil huéspedes, su hotel rara vez alojaba a más de 1.5 mil personas. Sin embargo, sus medidas para implementar la estandarización, simplificar procesos y las lecciones sobre reducción de costos que aprendió mientras dirigía el restaurante lo salvaron de caer en la ruina. Después de actuar durante unos meses como el constructor y gerente del hotel más grande del mundo, reanudó su negocio anterior en Ellicott Square Building.

Dos años después, Statler recibió un telegrama de los promotores de la Exposición de la Compra de Luisiana, una feria planeada para llevarse a cabo en abril de 1904 en St. Louis, que le instaba a establecer un hotel similar allí. Dado que se decía que la reputación de la feria era aún mayor, Statler decidió crear un edificio que fuera más imponente que el de Buffalo, pero igualmente temporal. Situado en el lugar de la feria, el nuevo hotel fue bautizado como el Inside Inn. Las obras de construcción tomaron seis meses y costaron 450 mil dólares. El Inside Inn contaba con 2257 habitaciones, cientos de baños privados, más de dos mil empleados, un pasillo de recepción de casi 300 pies de largo, dos restaurantes que

Hotel Inside Inn en la Exposición de la Compra de Louisiana.
(Fuente: Missouri History Museum)

podían atender a 2.7 mil huéspedes a la vez, y la cocina más grande del mundo (118 por 255 pies de tamaño). El edificio estaba hecho de materiales resistentes al fuego, amueblado con alfombras de yute y muebles económicos. Statler no escatimó en publicidad; firmó un contrato con Fuller & Company de Chicago para una campaña por valor de sesenta mil dólares.

Lamentablemente, no se le dio la oportunidad de participar en la ceremonia de apertura de la feria el 11 de abril de 1904, ya que sufrió un terrible accidente. Al inspeccionar la condición técnica de una gran cafetera, la urna explotó y fue salpicado con unos veinte galones de agua hirviendo. En estado crítico, lo llevaron al Hospital St. Anthony, donde estuvo seis meses. Después de varias semanas, los médicos pudieron realizarle una cirugía de injerto de piel en las piernas quemadas, pero a Statler le preocupaba más el hotel que su salud. Emitía decisiones operativas desde la cama del hospital. Más tarde, a fines del verano, cuando regresó al hotel en una silla de ruedas, la feria estaba funcionando a toda velocidad y el Inside Inn se había convertido en una atracción en sí mismo. La Exposición de la Compra de Luisiana fue un gran éxito. Sus veinte millones de visitantes generaron un beneficio de un millón de dólares para sus organizadores. Durante los períodos pico, el hotel alojaba a cinco mil huéspedes, mientras que se reservaban 1.4 mil habitaciones por hora en la recepción. Una vez que terminó la feria, el Inside Inn fue derribado y vendido por 30 mil dólares con una ganancia de 361 mil dólares. Statler se fue a Florida para regenerarse y planificar las obras de construcción del primer hotel permanente.[13]

Obviamente, eligió construirlo en Buffalo. Una vez más, Statler apostó todo lo que tenía en el nuevo emprendimiento: las ganancias que había obtenido operando el restaurante y el Inside Inn, así como 500 mil dólares en préstamos bancarios. En el proceso de transformar sus propios conceptos en planes específicos y determinar el aspecto exterior del edificio, fue asistido por los arquitectos August Esenwein y James A. Johnson, mientras que las obras de construcción fueron confiadas a la empresa Mosier & Summers Construction Company. Como resultado, el 18 de enero de 1908, se inauguró el Hotel Statler de 300 habitaciones en las calles Swan y Washington como la instalación de alojamiento más innovadora de su tiempo. Sobre todo, fue el primer hotel de gama media en tener un baño en cada habitación, apuntando a competidores con el lema publicitario, "*Una habitación y un baño por un dólar y medio*".[14] En comparación, las instalaciones de lujo como el Waldorf Astoria en Nueva York, el Grand National Hotel en Lucerna o el Splendide en París no ofrecían tales comodidades. Originalmente, los arquitectos querían persuadir a Statler de que no había posibilidad de que la inversión fuera rentable dada la baja gama de precios. Sin embargo, este último presentó su propia solución, demostrando que si se ideaba hábilmente, la disposición de habitaciones, baños y conductos de fontanería en todo el edificio no sería mucho más cara que si se hicieran varios baños públicos grandes. Y, sin duda, involucraría costos operativos más bajos en beneficio de los huéspedes. Por lo tanto, las habitaciones se distribuyeron en una disposición idéntica en cada piso, con dos baños construidos uno al lado del otro y conectados con un conducto común. Además, Statler hizo colocar espejos sobre los lavabos que podían quitarse para permitir el acceso al conducto en caso de reparaciones o trabajos de mantenimiento necesarios. Los conductos también albergaban la tubería del sistema de calefacción de la habitación y el cableado eléctrico. Desde entonces, este sistema se ha convertido en la práctica estándar en la construcción de edificios de varios pisos, conocido en todas las escuelas de arquitectura como el Conducto de Fontanería Statler (the Statler Plumbing Shaft).[15]

Statler Buffalo Hotel
(Fuente: Then and Now)

Además, Statler asumía que para un huésped, una habitación debería ser un lugar de relajación con todas las comodidades posibles. Por lo tanto, además de los baños privados, introdujo innovaciones pioneras que con el tiempo se convirtieron en estándar en la industria hotelera. Cada habitación estaba amue-blada de la misma manera: una cama, un escritorio con un cajón, una silla y un armario de tamaño completo con perchas. Statler hizo uso de tecnología de vanguardia. Hizo instalar interruptores de luz (también para la iluminación dentro de los armarios), lámparas en los escritorios y, por primera vez en la historia, instaló teléfonos en cada habitación. Además, introdujo novedades como un colgador de baño para persuadir al huésped a usar la toalla más de una vez, un espejo grande, un kit de costura con aguja e hilos, artículos de papelería (pluma, tinta y hojas de papel), un periódico matutino gratuito, formularios de lavandería y formularios de telégrafos.

Cuando era recepcionista en el Hotel McLure, Statler notó que a veces a los huéspedes les costaba trabajo meter la llave en la cerradura de la puerta; por lo tanto, la diseñó de tal manera que el ojo de la cerradura estaba ubicado sobre la perilla de la puerta. Hizo que las puertas fueran cortadas en la parte inferior para dejar un espacio que permitiera al personal deslizar un periódico gratuito en la habitación todas las mañanas.

Statler separó claramente las diferentes funciones utilitarias en el edificio. Las habitaciones de los huéspedes estaban ubicadas en la parte central del edificio, desde el primer piso hasta el último piso, donde situó las llamadas habitaciones de muestra, es decir, habitaciones donde los visitantes del hotel podían mostrar sus mercancías. Otros espacios públicos, como salones de baile y restaurantes, se encontraban en el primer y segundo piso para dar más privacidad a sus usuarios y aislarlos del ruido de los visitantes que pasaban por la zona de recepción. Le dio una importancia enorme a la cocina del hotel, que "sacó" del sótano (como era la práctica en esos días) y la colocó en el centro mismo, en el mismo piso en el que se encontraba el restaurante principal. Las salidas de la cocina se dirigían en tres direcciones diferentes, es decir, hacia el restaurante, hacia la cafetería y hacia el área de alojamiento para el personal de servicio de habitaciones. Esta solución redujo el número de empleados necesarios y les permitió atender a un mayor número de huéspedes más rápidamente. Aunque muchos hoteleros esperaban que Statler sufriera una derrota financiera, el hotel resultó ser un gran éxito. Sus innovaciones prácticas impresionaron no solo a los banqueros, que le proporcionaron más fondos para expandir el establecimiento con 450 habitaciones adicionales, sino principalmente a los visitantes que acudían en gran número, entusiasmados con la idea de un baño en cada habitación.

Su oficina también fue visitada por autoridades y líderes de otras ciudades de los EE. UU., persuadiéndolo de construir un hotel similar en sus áreas. El primero fue Cleveland, Ohio. Basándose en la experiencia previa en los campos de construcción, funcionalidad y gestión, Statler ideó planes para el nuevo establecimiento. Esta vez, con un fuerte énfasis en la estética y la apariencia de los interiores. Dijo: *"No hay un centímetro de espacio desperdiciado en mi hotel original en Buffalo; ni siquiera una gran escalera. Ahora construyo el mejor hotel del mundo".*[16] Así, contrató al arquitecto George B. Post y al diseñador de interiores Louis Rorimer para crear un edificio impresionante en estilo renacentista italiano. El resultado final resultó ser una obra maestra que estableció un nuevo estándar en la industria y le dio fama mundial a Statler. El 19 de octubre de 1912, se inauguró el segundo Hotel Statler en el 1127 de la Avenida Euclid en Cleveland, con dieciséis pisos, 700 habitaciones, un gran salón de baile, una original Sala de Terraza, una cafetería y un restaurante, e incluso su propio transmisor de radio.[17]

Pensando en sus próximos hoteles, Statler se interesó por ofertas de dos ciudades en particular. Pittsburgh, Pensilvania, le hizo una propuesta para renovar su Hotel William Penn o, alternativamente, para demolerlo y levantar uno nuevo. Por su parte, Detroit, Michigan, lo tentó presentándole evidencia del sustancial crecimiento industrial de la ciudad. Statler compró boletos para un tren a Pittsburgh y para un barco que se dirigía a Detroit, e invitó a periodistas. Frente a las cámaras, lanzó una moneda y ganó el barco a Detroit. Todo fue un buen truco publicitario; sin embargo, nunca nadie le preguntó qué lado de la moneda representaba a cada ciudad. Y así, Detroit se convirtió en la ubicación del tercer hotel de Statler. El edificio en 1539 Washington Boulevard, esta vez construido en estilo colonial inglés, fue diseñado por el mismo equipo que se contrató en Cleveland. Originalmente, el hotel tenía 700 habitaciones, igualmente distribuidas en quince pisos. Fue construido en dieciocho meses y costó 3.5 millones de dólares, mientras que los primeros huéspedes fueron recibidos el 6 de febrero de 1915.[18] Después de unos años, ambos hoteles, el de Cleveland y el de Detroit, se ampliaron para albergar 300 habitaciones más, convirtiéndose en los primeros establecimientos fuera de la ciudad de Nueva York en tener más de mil habitaciones. Desde entonces, "*Mil habitaciones, mil baños*" se ha convertido en el tamaño estándar para un hotel ampliamente publicitado en el país.

En este punto, Statler tuvo que empezar a pensar y actuar como un director de una cadena de hoteles. Primero, implementó la estandarización de equipos y mobiliario, eligiendo los mejores proveedores para sus establecimientos. Compró cubiertos marcados con el monograma de la letra S en cantidades más grandes a un precio más bajo. Su propio diseño de porcelana se implementó en todos sus hoteles, mientras que los cubiertos se limitaron a un tamaño y forma, un cuchillo, un cuchillo de mantequilla y cucharas. Copas y otros tipos de cristalería se manejaron de la misma manera. Implementó muebles de un solo tamaño,

Statler Hotel en Detroit
(Fuente: Library of Congress)

especialmente camas, que limitó a dos opciones: un tamaño de cama doble estándar y un tamaño de cama individual estándar. Las colchas, cortinas y alfombras tenían un patrón similar, para que pudieran ser llevados de una habitación a otra si era necesario. Statler desafió el tradicional ribete de tres pulgadas de ancho en las colchas que marcaba el lado superior del inferior, terminado con un ribete de una pulgada de ancho. Esto se debió a que, según él, el personal de limpieza perdía tiempo al hacer la cama, ya que había casos en los que accidentalmente vestían la cama al revés. Por lo tanto, introdujo ribetes de igual ancho en ambos lados de la ropa de cama. Además, hizo que las sábanas fueran con un ribete de dos pulgadas de ancho para las camas dobles y un ribete de una pulgada de ancho para las camas individuales. Esto permitió a una ama de llaves saber de inmediato qué cubierta estaba destinada a qué tipo de cama. Statler también fue el primero en implementar conductos de lavandería que dirigían la ropa sucia a la sala de lavandería desde cada piso.

Statler creía en probar todo lo que se pudiera probar. Si iba a comprar para sus hoteles sábanas o toallas, por ejemplo, las haría volver a lavar en la lavandería hasta que empezaran a deshilacharse y desgastarse. Luego, elegiría las que resultaran más duraderas. En sus experimentos de cocina modelo, también se realizaron durante meses en un esfuerzo por idear más de 1.5 mil recetas que debían mantenerse en secreto en todos los hoteles de la compañía. Su otra invención fue un sistema de cinco llaves para habitaciones de huéspedes. La más simple se le daba a un huésped del hotel para abrir la puerta de su habitación; la segunda era para la ama de llaves, que podía entrar en todas las habitaciones de su área (generalmente comprendía dieciséis habitaciones) usando la misma llave; la tercera era para el recepcionista de la planta, permitiéndole acceder a todas las habitaciones en un piso determinado; el gerente del hotel tenía la cuarta llave, con la que podía abrir todas las puertas del edificio; por último, la quinta, llamada llave de emergencia, almacenada en una caja fuerte, estaba destinada a situaciones de emergencia y abría o cerraba todas las puertas, incluso aquellas cerradas desde el interior con la llave todavía en la cerradura. Era necesario para abrir la puerta de una habitación en caso de que algo le sucediera a un huésped. También fue útil para encerrar a los viajeros que se negaban a pagar sus cuentas o violaban las reglas del hotel. Algunas otras comodidades aplicadas en sus hoteles incluyen luces de lectura sobre la cama o listas de precios mostradas en cada habitación.

Statler demostró ser un maestro de la eficiencia maximizada y los costos minimizados. Esto se manifestó tanto en las negociaciones de precios para compras a granel como en las políticas adecuadas de gestión de residuos. Los residuos de jabón se presionaban de nuevo en barras para ser utilizados por el personal y en la lavandería, mientras que las botellas vacías se vendían de nuevo a los fabricantes de vidrio. La compañía también tenía su propia imprenta donde se imprimían los menús o las cajas de cerillas con su marca. Además, Statler analizaba cada paso del personal en detalle, de modo que el menor número posible de empleados pudiera lograr los mejores resultados. Desarrolló métodos para un servicio al cliente más eficiente, por ejemplo, la mejor manera de llevar el equipaje o la forma más rápida de hacer una cama. Él mismo nunca usaría su apellido al firmar. Cuando tenía que firmar cientos de facturas, cartas, menús, etc., usaba la forma más corta, es decir, E.M.

Statler solía venir a Detroit para una inspección no anunciada, aunque ya estaba ideando un plan para su cuarto hotel. Escogió St. Louis, Missouri, después de que un grupo de banqueros locales que deseaban un hotel moderno en su ciudad le recordara al Inside Inn. El hotel de veintitrés pisos con 650 habitaciones en el 822 de la Avenida Washington en St. Louis abrió el 10 de noviembre de 1917. Fue la primera instalación de alojamiento en los EE. UU. en tener aire acondicionado. Además, se caracterizaba por espacios públicos lujosamente amueblados, una recepción con arcadas en el primer piso, una biblioteca de 1500 libros y un salón de baile de dos pisos en la parte superior. La revista *World Hotel* llamó al hotel "el palacio público de Statler".[19]

Mientras tanto, en diciembre de 1916, Statler firmó un contrato de arrendamiento para el Pennsylvania Hotel que se fundaría en la Séptima Avenida en Nueva York por un período de veintiún años. La posibilidad de dirigir esta instalación le costó un millón de dólares al año. Diseñado por la compañía McKim, Mead & White, el Pennsylvania abrió sus puertas el 25 de enero de 1919. Este movimiento le permitió a Statler hacer realidad su sueño de tener su propio hotel en Nueva York. Con 2200 habitaciones (cada una con baño privado), fue el hotel más grande del mundo en ese momento. El establecimiento tenía suficiente espacio para albergar hasta siete puntos de venta de catering diferentes y una vasta cocina que podía preparar comidas para dos mil personas.[20] Además, el Pennsylvania fue el primer hotel en ofrecer servicios médicos a sus huéspedes y empleados, incluyendo una sala de tratamiento, exámenes de rayos X, citas nocturnas con un médico y un dentista.[21] También se aplicó allí un dispositivo recién inventado llamado el Servidor. Era una especie de armario de cuerpo entero montado en las puertas de las habitaciones dentro del cual el cliente colocaba ropa sucia o ropa para planchar. Esto permitía al personal de limpieza de cada piso recogerlos y devolverlos sin entrar en la habitación.[22] Con el tiempo, el Servidor también se utilizó para entregar muchos otros artículos a los huéspedes sin tener que molestarlos.

Un año después, Statler adquirió otro terreno para un hotel. Estaba situado en el 107 de la Avenida en Buffalo, en el lugar de la antigua residencia del presidente de EE. UU., Millard Fillmore. El nuevo establecimiento estaba destinado como regalo del hotelero para su ciudad 'adoptiva', en cuya construcción planeaba gastar hasta ocho millones de dólares. Además, para asegurar el éxito y convertir el hotel en el centro de la vida social en Buffalo, compró su rival directo, el Hotel Iroquois, y lo cerró. El diseño arquitectónico y los muebles fueron ideados por su equipo de confianza, Post y Rorimer, que crearon un edificio imponente con 1100 habitaciones, un salón de baile, cuatro restaurantes, un salón de té, una cafetería, una piscina, un baño turco y una peluquería con veinticuatro estaciones de trabajo.[23] El 19 de mayo de 1923, se inauguró el sexto establecimiento de la cadena Statler Hotels y el segundo en Buffalo, posteriormente aclamado como el más lujoso de todos sus establecimientos. El nombre del antiguo hotel de Statler en la misma ciudad fue cambiado a Hotel Buffalo.

Hotel Pennsylvania en Nueva York
(Fuente: Archi/Maps)

Finalmente, Boston, Massachusetts, también tuvo un hotel Statler. El terreno costó 450 mil dólares y el proyecto completo ascendió a 14 millones de dólares. El hotel se lanzó el 10 de marzo de 1927. Con sus catorce pisos y 1.3 mil habitaciones, se convirtió en el hotel más grande de Nueva Inglaterra. Los precios por noche oscilaban entre 2.5 y 5 dólares. Por primera vez, cada habitación estaba equipada con una radio, más tarde incluida en todos los hoteles previamente fundados de la cadena. Además de la radio, se agregaron muchas otras funciones innovadoras para mejorar la comodidad de los huéspedes, como un dispensador de agua helada, un reposacabezas con luz de lectura o un indicador de presencia, luego reemplazado por el letrero de *"No molestar"*. En cada piso, había un miembro del personal atendiendo solicitudes, manejando correo, telegramas, entregando llaves y realizando otras tareas típicas de un conserje moderno. En el decimocuarto piso, se estableció un hospital de renombre con su propia sala de operaciones y una sala de otorrinolaringología.[24]

Ellsworth Statler murió inesperadamente de neumonía en su apartamento en el Pennsylvania Hotel el 16 de abril de 1928. Fue enterrado en el cementerio de Kensico en Valhalla, condado de Westchester.[25] La empresa Statler Hotels fue asumida por la segunda esposa de Statler, Alice Seidler Statler, su exsecretaria a quien se casó en 1927 (su primera esposa murió un año y seis meses antes). Gracias a fundamentos sustanciales, ella logró llevar la empresa a través de la Gran Recesión que dejó arruinada a la industria hotelera (cuatro de cada cinco hoteles en el país quebraron). Sin embargo, a pesar de mantener una estabilidad financiera relativa, los hoteles parecían 'desgastados' y se agotaron las ideas para nuevas innovaciones. El punto de inflexión no ocurrió hasta 1938, cuando el hotel William Penn en Pittsburgh fue arrendado y convertido en un Statler. Cuando en 1943, se abrió otro hotel en Washington, D.C., había otras dos cadenas hoteleras importantes en el mercado, a saber, Hilton y Sheraton. Y, sin embargo, desde la década de 1920, ninguna de ellas había establecido ninguna instalación desde cero, ya que ambas simplemente gestionaban negocios hoteleros en edificios ya existentes. Más tarde, Alice Statler cortó cintas en inauguraciones de establecimientos en Los Ángeles (1952) y Hartford (1954).[26] Sin embargo, el 27 de octubre de 1954, decidió vender los diez hoteles en operación y uno en Dallas que estaba en construcción a Conrad Hilton. Con un valor de 111 millones de dólares, esta compra fue la mayor transacción en el mercado inmobiliario.[27] La cadena de Hilton Hotels, con 16200 habitaciones, aumentó en 10400 unidades. En enero de 1958, todos los hoteles adquiridos se convirtieron en Statler Hilton Hotels. Este cambio de nombre resultó ser el principio del fin del antiguo imperio hotelero de Statler.

Ellsworth Statler fue un constructor de hoteles. No podía imaginar brindar servicios en base a estructuras preexistentes. Aunque no tenía ninguna educación técnica, sabía más sobre el diseño y la construcción de hoteles que la mayoría de los arquitectos. Siempre estudiaba los planos en profundidad y sostenía largos debates con los diseñadores sobre la implementación de sus conceptos antes de decidir finalmente que se había logrado el resultado final. Dibujaba planos de lavanderías, cocinas y salas de almacenamiento de ropa de cama por sí mismo. A menudo experimentaba en un intento por crear la instalación perfecta en la que los huéspedes pudieran ser atendidos a gran escala de la manera más perfecta posible. Además, supervisaba personalmente los sitios de construcción de sus hoteles. Según los medios, la clase media nunca habría entrado en un vestíbulo de hotel si no fuera por el típico hotel estadounidense de Statler. De hecho, su intención era crear un hotel que ofreciera el máximo confort a un precio razonable, asequible para un visitante común. Statler nunca prestó mucha atención a los millonarios. Su perspectiva sobre el negocio hotelero se basaba en deseos y necesidades realistas de comerciantes viajeros y grupos teatrales. Statler dijo: *"La gente no quiere lujos. Un vendedor de zapatos y un príncipe viajero quieren básicamente lo mismo cuando están en la carretera: buena comida, una cama cómoda y limpieza. Y eso es lo que propongo darles. Lo demás es solo glaseado de pastel"*.[28]

Statler construyó su negocio basándose en el siguiente principio: "el huésped debe estar satisfecho". En consecuencia, el personal del hotel debía asegurarse de que los viajeros obtuvieran todo lo que pedían. Sin importar cuán extraña fuera esa solicitud. Statler escribió: *"Un hotel tiene una sola cosa que vender. Esa única cosa es el servicio. El hotel que vende mal servicio es un mal hotel. El hotel que vende buen servicio es un buen hotel. El objetivo del Hotel Statler es vender a sus huéspedes el mejor servicio del mundo"*.[29] La política oficial de huéspedes de la empresa se especificó en el Código de Servicio de Statler (Statler Service Code), un folleto de veintidós páginas que cada empleado debía leer y seguir sus pautas en el trabajo diario.

La capacidad para mantener la satisfacción de los huéspedes en el nivel adecuado se determinó desde las primeras etapas de selección de los miembros del personal. En 1917, Statler escribió en sus instrucciones para los gerentes: *"A partir de esta fecha se les instruye a emplear solo a personas de buen carácter, alegres y agradables, que sonríen con facilidad y frecuencia. Esto debería aplicarse a todos los trabajos en la casa, pero por ahora insistiré solo en las personas que entran en contacto con los huéspedes... Si es necesario limpiar la casa, hazlo. No protestes. Deshazte de los gruñones y de las personas que no pueden controlar sus temperamentos, y de las personas que actúan como si siempre estuvieran bajo una carga de problemas y sintiéndose apenadas por sí mismas. No puedes cambiar a ese tipo de persona; no puedes hacer nada rentable con ellos, así que deshazte de él. Deja que el otro tipo lo tenga y contrata a alguien que pueda ser enseñado"*.[30]

Enfatizando que *"El cliente siempre tiene razón"*, Statler exigía un rendimiento excelente de sus empleados, pero también se preocupaba por sus necesidades. Trataba de inculcar un sentido de orgullo en el lugar de trabajo y les aseguraba que eran parte de una familia. Una forma en que mantenía buenas relaciones con ellos era emitir (varias veces al mes) un boletín informativo sobre el funcionamiento diario del hotel, eventos y la opinión de la sociedad sobre el hotel. Además, Statler fue el primer hotelero en asegurarse de que sus empleados tuvieran una jornada laboral de seis horas, vacaciones pagadas, atención médica gratuita, seguro de salud y seguro de accidentes. También implementó un esquema de reparto de beneficios entre todos los empleados, una política muy radical en ese momento.

Ellsworth Statler también fue un filántropo. Aunque interrumpió su educación en segundo grado, una de sus ambiciones de toda la vida fue utilizar la educación para abrir la puerta al éxito para las generaciones más jóvenes. Contribuyó significativamente al programa educativo de la Asociación Hotelera Americana a principios de la década de 1920 y financió la creación de la School of Hotel Administration en la Universidad Cornell. Después de su muerte, según su testamento, se estableció la Statler Foundation (dirigida por Alice Statler durante treinta y cinco años) con el objetivo de apoyar proyectos y programas educativos. El principal beneficiario de la fundación fue Cornell, que recibió un apoyo estimado en más de diez millones de dólares. Gracias a estos fondos, entre otras cosas, se estableció el hotel Statler Inn de cincuenta habitaciones en las instalaciones de la universidad, un banco de pruebas para aspirantes a hoteleros, y el Edificio Ellsworth Statler nombrado en honor al padre de la industria hotelera moderna, quien solía decir: "*La vida es servicio. El que progresa es el que le brinda a su prójimo un poco más, un servicio un poco mejor*".[31]

Algunas de las directrices que Ellsworth Statler incluyó en su Código de Servicio Statler:

• El Hotel Statler se opera principalmente en beneficio y conveniencia de sus huéspedes. Sin huéspedes, no podría haber Hotel Statler.
• Los nuevos clientes son tan valiosos para nosotros como los clientes antiguos, recuérdalo. Asegúrate de hacer tu parte para que él quiera regresar aquí, con su familia y sus amigos.
• Nunca seas agudo, punzante o fresco. El huésped paga tu salario y el mío. Él es tu benefactor inmediato.
• Los juicios rápidos sobre las personas a menudo son defectuosos.
• Ningún empleado de este hotel tiene el privilegio de discutir algún punto con un huésped. Debe resolver el asunto de inmediato para la satisfacción del huésped o llamar a su superior para resolverlo. Las discusiones no tienen cabida en el Hotel Statler.

• El servicio del hotel, es decir, el servicio del Hotel Statler, significa el límite de atención cortés y eficiente de cada empleado particular a cada huésped particular.
• Haz que todos sientan que por su dinero queremos brindarle un servicio más sincero de lo que jamás haya recibido en algún hotel.
• En todas las discusiones menores entre empleados de Statler y huéspedes, desde el punto de vista del huésped y el nuestro, el empleado está completamente equivocado.
• Cualquier empleado de Statler lo suficientemente sabio y discreto como para merecer propinas es lo suficientemente sabio y discreto como para brindar un servicio similar ya sea que se le dé propina o no.
• Cualquier empleado de Statler que no brinde servicio o que no agradezca al huésped que le da algo no cumple con los estándares de Statler. Agradeceremos a cualquier huésped que nos informe de un caso así.

Fuente: "*The Statler Service Codes*", The Rotarian, March 1913, Vol. III., 29–31.

7

Oscar Tschirky

Oscar de Waldorf

Su persona era conocida en el mundo no por su apellido, sino por el hotel en el que trabajó durante más de medio siglo. Aunque nunca fue jefe de cocina e incluso nunca cocinó en casa porque su esposa no lo dejaba acercarse a los fogones, se convirtió en el símbolo de la gastronomía de más alto nivel. En el Waldorf-Astoria se le ofreció un prestigioso puesto como gerente del hotel, pero él prefirió seguir siendo el sencillo Oscar de Waldorf, para seguir cuidando la satisfacción de sus huéspedes. ¿Acaso sospechaba en ese entonces que se convertiría en el *maître d'hôtel* más famoso en la historia de la hotelería?

Oscar Tschirky nació el 28 de septiembre de 1866 en Le Locle, en el cantón de Neuchatel, Suiza. Sus padres provenían de una parte de Suiza donde se hablaba alemán; su padre August (1825-1890) era de Saint Gall, mientras que su madre Antoinette, de soltera Fassbind (1832-1925), era de Lucerna.[1] Dos años después, la familia Tschirky, con sus dos hijos (Oscar tenía un hermano mayor, Brutus, de diez años), se trasladó a Chaux-de-Fonds, donde August fue contratado como agente de barcos de vapor en la French Line (Compagnie Transatlantique). En esa época, la ciudad ya era famosa por sus artesanos que fabricaban relojes.

Oscar Tschirky, 1866-1950
(Fuente: The Cook Book by Oscar of the Waldorf)

Cuando Oscar alcanzó la edad adecuada, él y su hermano fueron enviados a una granja en Friburgo, en la parte occidental del país, considerada, junto con sus numerosos monasterios, la capital del catolicismo suizo. Allí, el joven Tschirky asistió a una escuela católica, donde desarrolló un particular interés por aprender idiomas extranjeros. Dado que Friburgo también vivía del turismo, a Oscar le gustaba pararse en puestos de souvenirs, escuchando atentamente las conversaciones de visitantes que hablaban inglés y francés. En la granja, también probó suerte en la carpintería y, aunque sintió que no era la forma de ganarse la vida, se convirtió en su pasatiempo durante muchos años.

A la edad de catorce años, sus padres decidieron que era hora de que Oscar empezara a ganar dinero. Así que encontró trabajo en una confitería, donde trabajaba después de la escuela. En ese momento, Brutus se fue a Nueva York, desde donde enviaba cartas describiendo América como un país lleno de oportunidades. Sus historias fueron lo suficientemente convincentes como para que la familia Tschirky decidiera abandonar Suiza y mudarse a Estados Unidos. El padre de Oscar tuvo que cerrar todos sus asuntos comerciales en Chaux-de-Fonds, así que primero, en la primavera de 1883, puso a su esposa e hijo a bordo del vapor *La France*, que los llevó a Nueva York. Él mismo se unió a ellos unos meses después.[2]

Oscar pisó suelo estadounidense el 13 de mayo de 1883. Ese mismo día, con la ayuda de su hermano, solicitó la ciudadanía y consiguió trabajo como mozo de un restaurante en el hotel Hoffman House, en la calle 25. Inicialmente, le ofrecieron un salario mensual de 18 dólares con la posibilidad de ascender a camarero más adelante. Hoffman House, que en ese momento pertenecía a Ned Stokes, era un establecimiento de renombre. El bar era particularmente popular entre magnates financieros de Wall Street, industriales, banqueros y actores. Oscar estaba comprometido en cumplir con sus deberes, lo que no escapó a la atención de la dirección, que estaba satisfecha con el progreso del joven empleado. Por esta razón, con el tiempo, se le permitió atender a clientes de estatus cada vez más alto, como el presidente Ulysses Grant y el general William Sherman. Después de cinco meses, Stokes ascendió a Oscar a camarero, y poco después, también le ofreció un trabajo adicional como mayordomo en su yate privado durante las partidas de póker los domingos. Al mismo tiempo, anunció entre los jugadores que el ganador del juego final siempre compartiría su premio con el joven mayordomo. La primera vez, Oscar ganó 49 dólares, que en ese momento fue la propina más grande que había recibido.[3]

Oscar pasó cuatro años en Hoffman House aprendiendo el negocio de la hospitalidad desde abajo, bajo la atenta mirada de Stokes. Trabajó tanto en el establecimiento, donde lo ascendieron a camarero en eventos privados y a barman en el famoso bar del hotel, como en un yate. Aunque le gustaba Hoffman House, decidió solicitar trabajo en el cercano restaurante Delmonico's. En ese momento, era el lugar de comida más famoso para los ciudadanos más ricos de Nueva York, ofreciendo la mejor cocina y un servicio inigualable. Poco después, Oscar fue contratado y comenzó a trabajar sirviendo en el café de caballeros. Pronto lo trasladaron al restaurante principal. Tres meses sirviendo allí fueron suficientes para llamar la atención del estricto gerente de Delmonico's, el Sr. Tillman, quien lo ascendió a camarero encargado de atender a los clientes en salas privadas. Este fue un gran paso adelante en la carrera de Oscar, tanto en términos de prestigio como de remuneración. Junto con solo otros tres camareros, servía en cenas para seis personas y banquetes para cincuenta o cien invitados por igual. Más tarde, después de que el gerente de turno, el Sr. Mehler, se fue, Tschirky ocupó su puesto y también se le encomendó supervisar el departamento de catering. Antes de cumplir los veintiún años, su situación financiera ya era lo suficientemente buena como para permitir que su madre cerrara su salón de peluquería y viviera con su salario junto con su padre. Así demostró la tesis de que Estados Unidos era un país lleno de oportunidades.

Oscar aún vivía con sus padres en la casa de la calle 29. En su ruta diaria a Delmonico's, pasaba por un restaurante en la Tercera Avenida dirigido por un alemán llamado Bertish. Un día, vio a través del cristal a una hermosa chica rubia en la caja registradora. Su nombre era Sophie Bertish, la hermana del dueño. Fue por ella que él cada vez más se detenía en ese establecimiento para desayunar. Su conocimiento se convirtió en amor y luego en matrimonio, que celebraron el 18 de septiembre de 1887. Inmediatamente después, la joven pareja compró una casa en la calle 36, y los padres de Tschirky se mudaron con ellos. Con el tiempo, nacieron tres nuevos miembros de la familia, los hijos August y Leopold, y la hija Lulu Clover.[4]

Oscar Tschirky trabajó en Delmonico's durante seis años y sabía que sería difícil lograr más en ese lugar. Estaba impulsado por nuevos desafíos. En 1890, durante un paseo por la Avenida Madison, en la esquina de la calle 33, donde había estado la mansión del multimillonario de Nueva York John Jacob Astor III desde siempre, notó un gran agujero en el suelo. Se enteró por los periódicos de que su hijo William Waldorf Astor planeaba abrir un hotel de lujo en ese mismo lugar. Y aunque en ese momento el edificio no existía, Oscar ya estaba seguro de que presentaría su solicitud de empleo allí. En ese momento, el hombre que representaba los intereses de Astor, que se había mudado a Inglaterra, era Charles A. Peabody, un frecuente cliente de Delmonico's. Prometió que si los planes se materializaban y se designaba al gerente del hotel, Tschirky sería la primera persona en saberlo. Y Peabody cumplió su palabra, entregándole más tarde una tarjeta con el nombre de George C. Boldt. Sin embargo, siendo un hotelero bien versado que dirigía con éxito su hotel en Filadelfia, Boldt adoptó un enfoque muy profesional. Si Tschirky iba a unirse al equipo de este establecimiento excepcional que estaba creando, tendría que presentar recomendaciones de algunos individuos más destacados de Nueva York. Para Oscar, esto no fue una tarea especialmente difícil, ya que al final de la semana recopiló diez páginas con firmas de varias personas prominentes de la ciudad a las que había tenido el placer de servir en Hoffman House y Delmonico's.[5] Boldt quedó muy impresionado con las referencias obtenidas e informó que tan pronto como llegara la fecha de inauguración del Waldorf, firmaría un contrato con él. Oscar sabía que aún tenía algo de tiempo que no quería perder. Le pidió a su exjefe de Hoffman House, Ned Stokes, que lo contratara por un tiempo en uno de sus bares cerca de la bolsa de valores en la calle Broad. Él lo conocía como el lugar de encuentro para la futura clientela del Waldorf, los hombres de negocios. Por lo tanto, valdría la pena conocerlos e intentar entender su mundo. Aunque sorprendido al enterarse de que Tschirky abandonaba un restaurante tan prestigioso como Delmonico's, Stokes estuvo de acuerdo. Oscar trabajó allí hasta diciembre de 1892, cuando recibió una carta de Boldt que decía lo siguiente: *"Vamos a abrir el Waldorf a principios de marzo. Y tenemos mucho que hacer para estar listos a tiempo. Te necesito ahora. Tu contrato está hecho desde el 1 de enero de 1893. (...) Recibirás 250 dólares al mes durante los primeros seis meses. Después de eso, un aumento proporcional si todo es satisfactorio. Eres la primera persona contratada para el Waldorf, Oscar."*[6] Haber firmado el contrato, el primer día del nuevo año, Oscar Tschirky asumió el cargo de jefe de camareros.

Desde el principio, él especificaba con Boldt todas las cosas relacionadas con el servicio de catering en ese hotel hipermoderno. Y fue todo un desafío, ya que era esencial garantizar que la cocina y varios restaurantes estuvieran correctamente planificados, equipados y operados para atender a los huéspedes de 450 habitaciones, además de otros tantos invitados externos al hotel. Además, estos iban a ser huéspedes de alta categoría, miembros de la élite social, esperando lujo inigualable, una cocina servida en ningún otro lugar y el mejor servicio posible. Fue Oscar quien se encargó de la contratación y formación de varios cientos de empleados del restaurante. También ideó el menú para un banquete formal el 14 de marzo de 1893, para celebrar la apertura del Hotel Waldorf combinado con una acción benéfica del Club 400 de Nueva York, por la cual recibió las mejores críticas de los asistentes. Sin embargo, más tarde, la dirección del hotel tuvo que enfrentarse a una baja asistencia en la temporada de verano debido a que los neoyorquinos abandonaban la ciudad. En ese momento, Boldt le presentó a Oscar una descripción de la esencia de la hotelería exclusiva, diciendo: *"Debemos hacer de este hotel un refugio para los acomodados. Lleno de lujo y comodidad. Siempre hay personas dispuestas a pagar por estos privilegios. Solo dales la oportunidad. Haz que el Waldorf sea tan conveniente y cómodo que nunca vayan a otro lugar. Haz eso, y podemos superar el verano".*[7] Y consistentemente siguieron en esta dirección, Boldt como el comandante y Tschirky, de veintisiete años, como el que cumplía sus órdenes. Fue en ese momento que Oscar perdió públicamente su nombre. Dado que era difícil de pronunciar, simplemente lo llamaban Oscar, y con el tiempo, se le conoció en el mundo como Oscar del Waldorf. Y pasó a la historia con este apodo.

El hotel sobrevivió no solo ese verano, sino también los que vinieron después. Cuando en noviembre de 1897, se creó el Hotel Astoria junto al Waldorf y se unió bajo el dominio de Boldt, Oscar asumió la gestión de los nuevos restaurantes. La asistencia a las instalaciones en ambos edificios superó sus sueños más salvajes. También se prestó mucha atención a un bar rectangular, que se llenaba de personas de negocios todas las noches, así como al Palm Garden, donde se servía el té de la tarde.

Oscar pasaba la mayor parte de su tiempo en el hotel. Además de las responsabilidades diarias durante su turno, organizaba suntuosas cenas y grandes banquetes, cuyo menú él mismo creaba. Los huéspedes siempre estaban muy impresionados por los platos servidos, dándole crédito por prepararlos con sus propias manos. Oscar tuvo que negarse este mérito a lo largo de su vida. Afirmaba: *"Aunque puede que haya contribuido un poco a añadir esto y aquello a un plato para hacerlo más apetitoso, en realidad nunca he cocinado nada más difícil de preparar que un plato de huevos revueltos. (...) Durante más de cincuenta años he servido las obras maestras de algunos de los mejores chefs del mundo y he planificado muchas fiestas verdaderamente dignas de los dioses. Pero nunca he cocinado realmente ninguna parte de ellas".*[8] Y, sin embargo, Oscar Tschirky se convirtió en una autoridad culinaria acreditada por descubrir o popularizar muchas especialidades que dominan los restaurantes de todo el mundo hasta el día de hoy. Es ciertamente el padre de la Ensalada Waldorf hecha con manzana, apio, nueces, pasas y mayonesa. Además, popularizó los Huevos Benedictinos, es decir, huevos pochados servidos sobre una tostada con tocino y salsa holandesa. Sin embargo, este nombre no proviene del monasterio de San Benito, sino del nombre del corredor de bolsa retirado Lemuel Benedict, quien en una mañana de 1894 corrió al Hotel Waldorf embriagado, exigiendo ese plato para el desayuno.[9] Oscar quedó encantado con esta combinación y decidió introducir el plato en el menú del desayuno, con la única modificación de que el tocino fuera reemplazado por jamón. Otro origen interesante es el de su postre llamado Cantaloupe Lillian Russell. Una noche, esta actriz estadounidense apareció en el hotel, acompañada por Diamond Jim. No podía decidir qué postre quería. Primero quería helado, luego el cantalupo (una variedad de melón), para finalmente ceder a la sugerencia de su invitado y pedir ambos. El camarero desapareció en la cocina y al momento regresó con un melón dorado tallado elegantemente y lleno de helado de vainilla. Esta combinación se consolidó en cafés, convirtiéndose en el postre más popular en los Estados Unidos justo después del Pastel Americano.

A principios del siglo XX, Oscar Tschirky se había convertido no solo en un hotelero conocido, sino también en una figura aclamada en el país. El periódico *Star Herald* lo llamó *"amigo de los gourmets y epicúreos, confidente de la alta sociedad"*[10], mientras que otros lo consideraban *"un artista que ha compuesto sonatas en sopas, sinfonías en ensaladas, minuetos en salsas, letras en platos principales. Ha presidido los destinos de mucho más de un millón de personas al año; es decir, sus estómagos".*[11] Convertía cada comida en nada menos que una obra maestra destinada a dejar una impresión duradera en la memoria de cada invitado. Uno de ellos fue el famoso mago Malini, que se detuvo en el Waldorf-Astoria cuando visitaba Nueva York. Decidió entretener a Oscar y, con el uso de sus habilidades "mágicas", sacó un huevo de su boca. Sin sorprenderse, este último dijo: *"No es nada. Del huevo produciré una tortilla que no puede ser igualada en magia".*[12] Efectivamente, conjuró una tortilla que satisfacía perfectamente los gustos de Malini.

Tschirky era un hombre excepcionalmente laborioso. Además de dirigir al equipo, que comprendía casi mil empleados del restaurante del hotel, dirigía una escuela para camareros, la única en ese momento; compartía directrices en cuanto a cocinar y servir comidas en la prensa; como experto culinario, presentaba su opinión sobre casos tratados por la Corte Federal. Oscar también contribuyó a la introducción de varias innovaciones en el hotel. Una de ellas era un bar móvil, es decir, un carrito con ruedas que transportaba bebidas y accesorios, manejado por un barman a través de un salón para que pudiera preparar bebidas junto a un huésped específico utilizando ingredientes que él o ella eligiera. A menudo se usaba también para servir té. Otra novedad en el Waldorf-Astoria era un arroyo de truchas. Un amigo de Oscar, Frank Seaman, siendo un apasionado pescador, le dio a Oscar la idea de crear en la sala de parrillas del hotel un arroyo artificial con truchas. Este concepto fue muy bien recibido por los huéspedes, ya que les permitía pescar un pez ellos mismos, que luego era asado por un cocinero. Tschirky también encontró una forma de manejar a los huéspedes indeseados al introducir en el hotel una cuerda de terciopelo rojo. Su papel consistía en bloquearles el acceso a lugares o eventos a los que no tuvieran una invitación específica.

En 1912, como prueba de gran respeto y confianza, y en reconocimiento a su contribución, George Boldt propuso a Oscar el cargo de gerente del hotel. Sin embargo, este amablemente declinó la oferta. Más tarde, explicó su decisión a periodistas desconcertados: *"Cuando empecé a trabajar para el Sr. Boldt en el nuevo Hotel Waldorf, nos dijo a todos que nos estaba pagando para llevar a cabo sus órdenes. No estaba buscando consejo. Esperaba simplemente que los hombres que había seleccionado estuvieran preparados para llevar a cabo sus planes. Y eso fue todo lo que hice".*[13] No se convirtió en el gerente del hotel después de la muerte de Boldt en diciembre de 1916 y, dos años después, después de que el Waldorf-Astoria fuera tomado por el dúo Lucius Boomer-T. Coleman du Pont, aún cumplía sus funciones como *maître d'hôtel.* Continuó haciéndolo de tal manera que muchos huéspedes destacados insistían en que él los atendiera personalmente. Entre ellos, había familias reales, presidentes, ministros, diplomáticos, hombres de negocios, personas de cultura y celebridades. Muchas figuras famosas se convirtieron en sus amigos cercanos. Cuando en 1924, se fue con su esposa de viaje por Europa, en cada ciudad más grande, otros hoteleros lo agasajaban con un banquete suntuoso. Incluso fue invitado a palacios reales y se organizaron cenas en su honor. También recibió condecoraciones de otros países. El príncipe rumano Karl le otorgó la Orden de la Corona por el servicio perfecto, la cortesía y la supervisión inteligente de la cocina del príncipe durante su estancia en Nueva York. En reconocimiento a un mérito similar, el rey Alberto de Bélgica le otorgó la Orden de la Corona, mientras que la República Francesa le otorgó la medalla y el título de Caballero de la Orden del Mérito Agrícola en reconocimiento a su *"interés constante y cortesía hacia los ciudadanos franceses que viajan en América y en particular por sus incansables esfuerzos en el entretenimiento de las personas francesas que han visitado el Waldorf-Astoria".*[14]

La historia de la vida de Oscar también tiene momentos particularmente deprimentes. Uno de ellos fue la introducción de la prohibición en los EE. UU. en 1919, que hizo ilegal la venta de alcohol, entre otras cosas. En un solo día, Tschirky tuvo que vaciar las bodegas de vino del hotel y luego crear recetas para otras bebidas para compensar la caída de ingresos del bar, al menos en parte. No obstante, el verdadero golpe fue el anuncio el 21 de diciembre de 1928 de que el Waldorf-Astoria sería vendido. El hotel que fue toda su vida iba a ser demolido. Esto se debió a que Lucius Boomer concluyó que la situación del hotel ya no era atractiva en ese momento, y la instalación de más de treinta años destacaba entre los hoteles recién construidos en cuanto a mobiliario. El Waldorf-Astoria cerró oficialmente el 3 de mayo de 1929. Poco después, el edificio fue demolido para dar paso al Empire State Building. Sin embargo, la tradición del Waldorf-Astoria no se desvaneció, ya que el 1 de octubre de 1931, Boomer abrió un nuevo hotel de

Oscar con su personal está celebrando el fin de la prohibición.
(Fuente: The Waldorf-Astoria)

lujo con el mismo nombre (para el cual preservó sus derechos de antemano), situado en Park Alley entre la calle 49 y la calle 50. Con cuarenta y dos pisos y 2200 habitaciones, fue el hotel más grande del mundo en ese momento.[15] Oscar Tschirky regresó a su posición y trajo a tantos ex compañeros de trabajo como pudo. A pesar de su edad, no era un hombre inactivo, ya que trabajaba doce horas al día.

El 7 de octubre de 1937, el Waldorf-Astoria fue el anfitrión del único banquete no supervisado por Oscar. Fue organizado por Lucius Boomer con motivo del quincuagésimo aniversario del matrimonio del Sr. y la Sra. Tschirky. A las 10:00 p.m., se transmitió un mensaje por radio del presidente de los Estados Unidos, Franklin Delano Roosevelt, con los mejores deseos para su viejo amigo y su esposa.[16] Cuando dos años después murió Sophie Tschirky, Oscar se mudó al hotel permanentemente. El 6 de noviembre de 1950, en su granja de New Paltz, mientras jugaba a las damas con su hijo August, sufrió un ataque al corazón y falleció a las 9:00 p.m.[17] Fue enterrado en el Cementerio Rural de New Paltz en el condado de Ulster.[18]

Además de recuerdos, Oscar Tschirky dejó una cantidad significativa de menús (más de diez mil ítems) que había estado recolectando desde el principio de su empleo en el Waldorf-Astoria. Junto con sus recuerdos personales, fueron entregados a la School of Hotel Administration en la Universidad Cornell.[19] Oscar también fue autor de los libros *"The Cook Book by Oscar of the Waldorf"* y

"100 Famous Cocktails". Su mansión en New Paltz fue comprada por la Société Culinaire Philanthropique y funcionó durante mucho tiempo como un hogar de ancianos para chefs retirados.[20]

Oscar Tschirky fue la marca distintiva de un servicio excelente con una contribución significativa al éxito del Waldorf-Astoria. Él dijo: *"Mi vida ha sido un viaje continuo entre el chef, la cocina y el comedor, con muchos desvíos a otras partes de la casa"*. Para él, este hotel era su hogar y el mundo entero; amaba la profesión de hotelero por encima de todo, convirtiéndose en un maestro de su oficio. *"Cualquiera que quiera conocer a fondo el negocio hotelero debe comenzar en la puerta trasera, donde entran los paquetes y la comida, y salen la basura y los desperdicios. Debe abrirse paso cuidadosamente desde esa puerta trasera hasta la cocina, desde la habitación más barata hasta las suites más finas. Entré en mi profesión por la puerta trasera del Hoffman House, literalmente"*.[21] Este fue el consejo que Oscar Tschirky dio a los futuros hoteleros.

8

Charles Baehler

Potentado hotelero de Egipto

Fue un hotelero suizo que hizo carrera fuera de su país. Como joven con ambiciones, llegó a Egipto, donde primero perfeccionó sus habilidades de gestión y luego progresivamente arrendó o adquirió propiedades existentes, bien ubicadas, y se esforzó por hacerlas inversiones rentables. Con el tiempo, lideró el grupo hotelero más grande al sur del Mar Mediterráneo, convirtiéndose en el *"rey no coronado de los hoteles egipcios"*.

Charles Albert Baehler nació el 10 de junio de 1868 en Thun, en el cantón de Berna, Suiza. Era hijo de Karl Gottlieb y Sylvie Louise Baehler, de soltera Guignard.[1] Después de graduarse de una escuela de contabilidad, de acuerdo con su educación, comenzó a trabajar en una tienda de artículos coloniales. Más tarde, llevó los libros en instalaciones hoteleras, primero en el Oberland bernés y luego en Italia y Baden-Baden, Alemania. En octubre de 1889, llegó a El Cairo, Egipto, donde fue contratado en el famoso Shepheard's Hotel. Sus primeras responsabilidades fueron poner en orden los documentos financieros del establecimiento.[2]

Charles Baehler, 1868-1937
(Fuente: TIMEA)

El Shepheard's fue uno de los primeros hoteles refinados de Egipto, que obtuvo reconocimiento mundial mucho antes que el Savoy en Londres o el Ritz en París. Debe su nombre al marinero inglés de la flota mercante Samuel Shepheard (1816-1866), que provenía de Preston Capes, condado de Northamptonshire en East Midlands. Durante uno de sus viajes, fue acusado de insubordinación por el capitán y desembarcó en Suez, África. En lugar de abordar otro barco que navegara hacia Inglaterra, llegó a El Cairo y en 1842 encontró trabajo en el British Hotel (Hôtel des Anglais) dirigido por el Sr. Hill. Seis años después, cuando el establecimiento se trasladó al distrito de Ezbekiyya, se le llamó informalmente Shepheard's, ya que Hill le vendió sus acciones. El negocio de la hospitalidad floreció y el nuevo propietario ganó la aclamación del Jedive de Egipto Abbas, quien le regaló el Palacio Bey Alfi en los Jardines de Ezbekiyya. El establecimiento se adaptó para ofrecer servicios de hotel y bajo el nombre oficial de Shepheard's dio la bienvenida a sus primeros huéspedes en julio de 1851. Samuel Shepheard lo dirigió durante nueve años antes de venderlo finalmente en 1860 y regresar a Inglaterra, donde falleció seis años después.[3] El Shepheard's se convirtió en una parada popular para todas las figuras prominentes, ricas y famosas que visitaban El Cairo. Ofrecía un nivel incomparable de comodidad, con iluminación eléctrica alimentada por su propio generador, máquinas de lavandería a vapor y acceso a la cocina francesa.

Baehler manejó las finanzas del hotel lo suficientemente hábilmente como para que el chef le confiara la dirección de todo el establecimiento. Inmediatamente después, el joven gerente comenzó obras de remodelación en el hotel en 1891, que continuaron durante seis meses. Como resultado, el edificio ganó, entre otras cosas, una espaciosa terraza a ambos lados de la entrada principal con vistas a una bulliciosa calle donde toda la élite social se reunía en mesas de mimbre.

Con el tiempo, resultó que Baehler no solo tenía la ambición y la experiencia adecuada, sino también mucha suerte, ya que ganó 40 mil francos en oro dos veces en la Lotería Nacional Francesa.[4] Este dinero le permitió encontrar accionistas y fundar la Egyptian Hotels Company en 1897 (otra con un nombre similar fue fundada en 1899 por George Nungovich), que luego se expandió con los hoteles Shepheard's y el Gezira Palace en El Cairo, en ese momento propiedad de la empresa belga llamada Compagnie Internationale des Wagons-Lits. En 1896, se casó con Marie Anne Thérèse Flood, con quien tuvo dos hijos, Charles Gaston y Charly.

Diseñado por el arquitecto francés Alfred Chapon, el Palacio Al Gezirah fue construido originalmente en 1868 para el virrey de Egipto Ismail Pasha y sus invitados, monarcas europeos que llegaron para la inauguración festiva del Canal de Suez en 1869. Once años después, debido a las deudas del monarca, el establecimiento fue tomado por las autoridades estatales. En 1889, el Palacio Gezira fue comprado por el pachá griego Paul Draneht y el comandante Ernesto Emanuele Oblieght, quienes luego lo incorporaron a la Societe de Domaine de Ghezirah (Compañía de Tierras de Gezira) fundada en Francia en 1892, que supervisaba la ejecución de varios proyectos urbanos en la Isla de Gezira.[5] También se decidió

Gezira Palace
(Fuente: Travelers in the Middle East Archive)

que el palacio se transformara en un hotel de lujo, que recibió a sus primeros huéspedes en octubre de 1893. Finalmente, el 23 de marzo de 1897, el Palacio Gezira se convirtió en parte de la Egyptian Hotels Company (EHC).[6]

En 1904, Charles Baehler asumió el control de la EHC, y un año después (1905), fundó otra empresa, la Upper Egypt Hotels Company, que poseía hoteles de lujo al sur de El Cairo: el Hotel Karnak en Luxor y el Grand Hotel, el Cataract y el Savoy en Asuán. La empresa también tenía a otros hoteleros de Egipto en su junta, a saber, George Nungovich y Ferdinand Pagnon. Este último, aunque solo tenía una participación minoritaria en la Upper Egypt Hotels, era dueño de tres de los cuatro establecimientos incluidos.

Albert Ferdinand Pagnon nació el 1 de enero de 1847 en Bourgoin, Francia. En 1855, se fue a Egipto con sus padres, que tenían un hotel en Ismailia, cerca de Port Said. Después de la muerte de su padre en 1868, Ferdinand se hizo cargo del negocio familiar. Más tarde, cuando dirigía el Hotel Victoria en Venecia, John Cook, el hijo del famoso Thomas Cook, el fundador de la primera agencia de viajes del mundo, Thomas Cook & Son, lo persuadió para que regresara a Egipto y sirviera a los clientes de la agencia a bordo de barcos que navegaban por el Nilo. Dada la creciente demanda de viajes a este país y la insuficiente cantidad de hoteles decentes en el sur de Egipto, Thomas Cook & Son se lanzó a construir nuevos establecimientos. El primero fue el Hotel Luxor, que comenzó a funcionar en 1877. En primer lugar, Ferdinand Pagnon se convirtió en su gerente y en 1889, habiendo recibido de John Cook un préstamo para comprar el Luxor, se convirtió en su único propietario. Debido a la alta demanda, la instalación se expandió varias veces. En 1890, además de habitaciones que podían alojar a 120 personas, ofrecía un restaurante, una sala de billar, canchas de tenis, jardines exuberantes y también su propia empresa que suministraba productos no solo en las mesas del hotel sino también en los barcos de vapor de la compañía. En los años siguientes, Pagnon construyó más hoteles, financiados por la familia Cook, que él mismo arrendaba. En 1892, estableció el Hotel Karnak en Luxor con cincuenta habitaciones, y dos años después, compró el Grand Hotel situado junto a un puerto en Asuán, una instalación de tamaño mediano, menos pretenciosa y menos costosa, pero igual de cómoda. Inmediatamente después, John Cook adquirió otro terreno en Asuán, en una colina con vistas al primer catarata del Nilo. Allí, construyó un nuevo hotel de lujo llamado Cataract. Este proyecto fue diseñado por el arquitecto inglés Henri Favarger, creador de planos para, entre otros, el Hotel Mena House en Giza. El edificio de dos pisos con dos alas simétricas albergaba salones espaciosos con balcones, un restaurante de estilo morisco, una sala de billar y una biblioteca, mientras que fuera de la fachada principal había una veranda cubierta que servía como lugar de encuentro para los huéspedes. En el interior, el establecimiento cumplía con los más altos estándares de calidad de servicio (entre otros, criadas inglesas, un médico y un sacerdote a pedido) y tecnología contemporánea (como instalaciones sanitarias, agua corriente filtrada y electricidad). Estaba equipado de manera elegante, con atención a cada detalle más pequeño. El Hotel Cataract abrió oficialmente el 3 de enero de 1900 y pronto recibió elogios de los visitantes. Se hizo tan popular que, para dar cabida a todos sus huéspedes, se tuvieron que instalar tiendas de campaña. En 1902, se tomó la decisión de agregar un tercer piso con sesenta apartamentos más, lo que llevó a un total de 220 habitaciones.

En 1905, Ferdinand Pagnon incorporó los tres hoteles a la recién fundada Upper Egypt Hotels Company.[7] En 1905, Baehler agregó a la UEH otro establecimiento de lujo en Asuán, el Savoy Hotel, situado en el extremo norte de Elephantine, una isla en el Nilo. Desde el momento de su apertura el 20 de enero de 1900, fue propiedad de la Anglo-American Company, la competencia directa de Thomas Cook & Son en el mercado de cruceros en barco de vapor por el Nilo. El hotel estaba ubicado en un edificio de tres pisos de estilo palaciego con forma de búmeran. Tenía habitaciones para ochenta personas, un restaurante, un bar, una sala para mujeres y una sala de billar. Otro activo significativo de esta instalación era un extraordinario jardín lleno de pequeños árboles de Parkinsonia, poinsetias moradas, oleandros y crisantemos, que debían regarse a diario.[8]

Los establecimientos en el sur de Egipto registraron una ocupación lo suficientemente alta como para que Baehler decidiera crear un hotel completemente nuevo en Luxor, destinado a operar bajo el patrocinio de Upper Egypt Hotels. Todo el trabajo fue supervisado por Ferdinand Pagnon, mientras que el proyecto y la construcción fueron responsabilidad de Leon Stienon, arquitecto y Cónsul General de los Países Bajos, y la empresa italiana llamada G. Garozzo &

Sons of Egypt. El establecimiento llamado Winter Palace inauguró su operación el 19 de enero de 1907 con un picnic organizado en el Valle de los Reyes al otro lado del Nilo. Este evento fue cubierto extensamente en *The Egyptian Gazette.*[9] En los días siguientes, el Winter Palace estuvo completamente reservado, siendo sus primeros huéspedes más eminentes, entre otros, el Obispo de Madrás, el Conde de Brujas, el egiptólogo francés Gaston Maspero, el abogado e inventor estadounidense Theodore Davis y el Príncipe Djemil Toussoun. Según muchos visitantes, el establecimiento eclipsaba a todos los hoteles que operaban en esa parte del mundo en ese momento con su encanto. Lamentablemente, el Winter Palace fue el último 'palacio' de Pagnon, ya que murió de neumonía en 1909. Un año antes, otro accionista de Upper Egypt Hotels también falleció, George Nungovich.

En 1907, Charles volvió a casarse, esta vez con Auguste Elisabeth Flood, con quien tuvo a su hijo René August.[10] Luego, en 1908, adquirió más tierras en la isla de Gezira en El Cairo con la intención de crear un moderno distrito urbano llamado Zamalek, y un año después, compró a la empresa suiza Bucher-Durrer AG el Hotel Semiramis e lo incorporó a la Egyptian Hotels Company. El Semiramis era un hotel nuevo ubicado en un elegante distrito de El Cairo llamado Kasr El-Doubara, que comenzó a operar el 7 de febrero de 1907. Este edificio de seis pisos de estilo eduardiano con 112 habitaciones fue diseñado por el ingeniero italiano Tuilo Pavris. Se destacaba especialmente por su fachada de color blanco nieve que daba al Nilo, numerosas logias y balcones, y un jardín en la azotea inspirado en los jardines colgantes de la legendaria reina asiria Semiramis en Babilonia. Poco

Winter Palace Hotel en Luxor
(Fuente: Winter Palace Luxor)

después de adquirir el hotel, Baehler nombró al Sr. Wirth como gerente, y luego aumentó la capacidad de la instalación agregando cincuenta habitaciones más.[11]

Antes del estallido de la Primera Guerra Mundial, Egipto se convirtió en un destino popular para los europeos, incluidos los alemanes, a quienes Charles Baehler alentaba entusiásticamente a utilizar sus hoteles. Desarrolló una amistad especialmente cercana con el director de un banco alemán, lo que no pasó desapercibido para la inteligencia británica. Como resultado, después de que estallara la guerra, fue acusado de simpatizar con los alemanes y el Imperio Otomano, y fue deportado a Inglaterra en 1916, donde fue encarcelado en Brixton. Eventualmente, Baehler fue liberado por falta de evidencia, pero no se le permitió regresar a Egipto. Permaneció en Suiza hasta el final de la guerra y no regresó a El Cairo hasta principios de la década de 1920.[12]

En 1925, Charles Bahler asumió la dirección de los establecimientos de la compañía Les Grands Hotels d'Égypte, anteriormente George Nungovich Egyptian Hotels Company. De esta manera, su imperio se expandió con, entre otros, el Continental-Savoy en El Cairo, el Hotel Mena House en Giza, el Grand Hotel en Heluan y el San Stefano en Alejandría.[13] Más tarde, en los años 1927-29, Baehler inició desarrollos en el distrito de Zamalek. Como resultado, se creó la moderna zona centro de El Cairo con el Pasaje Baehler, con lujosas boutiques y galerías, así como los Edificios Baehler y las Mansiones Baehler con 130 suites de lujo y setenta y dos tiendas. Sin embargo, la ejecución de esta empresa, que era una copia de la famosa Rue de Rivoli parisina, requirió que se sacrificara el Hotel Savoy, y así fue demolido. A cambio, Charles Baehler estableció en 1928 en Kasr el Nil un nuevo hotel pequeño, el Metropolitan (posteriormente renombrado Cosmopolitan), diseñado en estilo neoclásico por el italiano Alphonse Sasso.[14]

Al mismo tiempo, una de las ricas e influyentes familias judías en Europa llamada Mosseri, que poseía bancos en El Cairo y Alejandría, y tenía acciones en, entre otras, Egyptian Hotels Company, decidió construir un hotel moderno en Jerusalén. Esta ciudad estaba ubicada en el vecino estado de Palestina, que estaba bajo administración británica desde 1922. Ezra Mosseri convenció a varios hombres de negocios egipcios y judíos ricos de todo el mundo para que respaldaran su idea, contribuyendo financieramente a Palestine Hotels Ltd. fundada en 1929. A continuación, la compañía compró casi 4.5 acres de tierra en Julian Road de la Iglesia Ortodoxa Griega. Un arquitecto suizo de Lucerna llamado Emil Voigt diseñó el hotel en colaboración con el arquitecto local Benjamin Chaik y el diseñador de interiores G.H. Hufschmid. Como resultado, se formó un edificio de planta rectangular, con una entrada central y dos pabellones de piedra caliza rosa local.[15] El nombre del hotel, King David, hacía referencia a la historia de hace tres mil años, y por lo tanto, el diseño interior del edificio de seis pisos con 200 habitaciones y sesenta baños hacía referencia a la Biblia y a las antiguas culturas del Medio Oriente, utilizando motivos egipcios, asirios, hititas y fenicios. Toda la organización de la operación y gestión del hotel fue confiada a Baehler.[16] Él enviaba alimentos en un tren dedicado que iba desde El Cairo, reclutaba empleados y camareros de Egipto y Sudán, y luego los vestía con una jellabiya (una prenda tradicional de los hombres árabes), guantes blancos y un fez rojo (un sombrero cilíndrico sin pico). Baehler inauguró el King David en enero de 1931 con una fiesta festiva, a la que invitó a más de 500 invitados destacados. Desde el principio, el establecimiento se ganó el nombre del hotel más prestigioso del país con un servicio de clase mundial, convirtiéndose en todo un símbolo de Jerusalén.

Llegó un momento en que Charles Baehler tenía vínculos comerciales con todos los grandes hoteles de Egipto y era considerado una autoridad indiscutible en la industria. También tuvo un impacto inmenso en la formación profesional al fundar la primera escuela del país para hoteleros, l'École Baehler, comúnmente llamada la Escuela Beduina. Era consciente de que para asegurar un personal adecuado para sus hoteles, debía capacitarlo. Muchas personas de la industria hotelera suiza pasaron por las estructuras de la escuela. Louis Souter de Montreux hizo su carrera en el Cathay Hotel en Shanghái. Hans F. Elmiger, nieto de Maximilian Alphons Pfyffer von Altishofen, más tarde se convirtió en el director del Grand Hotel en Lucerna, mientras que Joseph II Seiler, hijo de Alexander II, trabajó en el King David Hotel en Jerusalén. A su vez, Anton Badrutt-Töndury sirvió primero durante dieciséis años como gerente en cinco hoteles en Egipto, luego dirigió el Palace Hotel en Lucerna y finalmente se convirtió en el director

King David Hotel en Jerusalem 1934
(Fuente: Library of Congress)

del Engadiner Kulm en St. Moritz.[17]

En su vida privada, a Baehler le fue bien también. Vivió con su tercera esposa, Madeleine Damster, y sus hijos Raoul y Simone en la Villa Red Court en la calle Hassan Sabry (anteriormente calle Gabalaya) en El Cairo. Era un ávido coleccionista de obras de arte, un atleta, un entusiasta de las carreras de caballos (con su propio establo) y de los perros San Bernardo. Una vez al año, visitaba Suiza donde se alojaba en el castillo Neu-Habsburg en Meggen, a orillas del lago de Lucerna. Lamentablemente, durante una de sus visitas a su tierra natal, lo llevaron al hospital en Lucerna con síntomas de apendicitis aguda, donde murió el 12 de septiembre de 1937 debido a complicaciones postoperatorias.[18] Su muerte fue un gran golpe para toda la industria turística y hotelera de Egipto. Más tarde, El Cairo erigió un monumento en su memoria no solo como un destacado hotelero, sino también como el hombre que transformó la zona céntrica de esta metrópoli.

9

Lucius Boomer

El padrino del segundo Waldorf-Astoria

Fue uno de los hoteleros más destacados en los Estados Unidos, que reunió a su alrededor los hoteles más importantes y grandes de su tiempo. Reconocido como pionero en el enfoque científico de la gestión hotelera, así como un maestro en contabilidad de costos y eficiencia operativa. Asumió el riesgo de reactivar desde cero la institución que era el Waldorf-Astoria y salió victorioso. A pesar de las condiciones desfavorables, logró introducir la modernidad en una nueva era para el hotel, sin destruir sus tradiciones. El Waldorf-Astoria de Boomer sigue siendo hasta hoy un icono de Nueva York y un símbolo de la hotelería de lujo a nivel mundial.

Lucius Messenger Boomer nació el 22 de agosto de 1878 en Poughkeepsie, Nueva York. Fue el mayor de los cuatro hijos (sus hermanos fueron Harrison, Bertha y Ruth) de Lucius S. Boomer (1851-1897) y Berthaldine S. Sterling (1850-1935). Su padre, un ingeniero, trabajaba en la industria del acero en Chicago, mientras que su madre se encargaba de los asuntos domésticos. Toda la familia formaba parte de la Koreshan Unity, una secta religioso-científica fundada en 1870 por el doctor Cyrus R. Teed, quien sirvió como cirujano durante la Guerra Civil. Supuestamente, tuvo una visión de una mujer hermosa que le reveló todos los secretos del mundo. Después de este evento, Teed cambió su nombre a Koresh y, proclamándose a sí mismo como el séptimo mesías (considerando a Cristo como el sexto), gradualmente

Lucius Boomer, 1878-1947
(Fuente: Fabian Bachrach)

adquirió más simpatizantes. Los Koresh se dedicaron a la alquimia, intentando descubrir un método para transformar el plomo en oro (la piedra filosofal) y encontrar el remedio para todas las dolencias (panacea) y la inmortalidad. Además, creían en la reencarnación y la igualdad de género, y suscribían la teoría de la Tierra Hueca, afirmando que la Tierra, e incluso todo el universo, está contenido en una esfera cóncava gigante. Fundaron la primera comunidad en Chicago donde, viviendo en comunidad, compartirían los frutos de su trabajo.[1] Seguramente bajo la influencia de la fe de los Koresh, Lucius recibió el segundo nombre de Messenger. El joven Boomer recibió educación asistiendo a varias escuelas públicas y privadas. En 1893, Cyrus Teed compró tierras en Estero, Florida, con la intención de crear allí la comuna ideal de la Nueva Jerusalén. La madre de Lucius, Berthaldine, y sus dos hermanas formaron parte del primer grupo de Koresh que se trasladó allí. El gurú la tituló matrona y le confió la tarea de dirigir la comunidad.

Lucius y su hermano menor Harry se quedaron con su padre en Chicago. Además de estudiar, tocaban en la banda de la comunidad; Lucius tocaba el violín, mientras que Harry tocaba el cornet. De vez en cuando, visitaban a su madre en Estero. En los años 1896-97, también participaron en investigaciones geológicas en Nápoles, Florida, cuyo objetivo era demostrar la tesis Koresh sobre la superficie de la Tierra siendo cóncava. Su participación se interrumpió a principios de marzo de 1897 después de que llegara un telegrama desde Chicago, informando sobre la repentina muerte de su padre.[2]

Inmediatamente después, Lucius ingresó a un curso de derecho en la Universidad de Chicago y fundó un periódico diario en Eaglewood, Illinois. Lamentablemente, el negocio fracasó y el dinero que dejó su padre fue apenas suficiente para cubrir dos meses de vida y nada más. Abandonó el curso universitario y consiguió un trabajo como taquígrafo en la oficina de ferrocarriles Illinois Central por 60 dólares al mes.

A los diecinueve años, consciente de los fríos inviernos anteriores en Chicago, Lucius decidió pasar esa época del año en el cálido Florida. Allí, en la ciudad de St. Augustine, le ofrecieron el puesto de contador en un hotel llamado Ponce de Leon, propiedad del famoso hotelero Henry Flagler.[3] En ese momento, el hermano menor de Lucius, Harry, se unió al ejército y participó en la Guerra hispanoamericana. Murió en un hospital militar en Texas (1898) como resultado de heridas sufridas. Asimismo, durante su estancia en Florida, Lucius Boomer terminó en el hospital después de contraer fiebre tifoidea. Uno de los otros pacientes allí era Joseph P. Greaves, el director del Oriental Hotel en el complejo Manhattan Beach en Long Island, quien le ofreció a Boomer un trabajo en la despensa del hotel. Durante los tres años siguientes, Lucius transportaba barriles en el Oriental en verano, mientras que en otoño, regresaba a St. Augustine para atender sus responsabilidades contables. Pasaba días enteros mirando números, aprendiendo sobre el funcionamiento del hotel, y estudiaba libros de derecho por la noche. Lentamente, empezó a darse cuenta de que quería vincular su futuro con el negocio hotelero.[4]

Aunque Flagler ascendió a Boomer al cargo de principal oficial contable; sin embargo, este aceptó el puesto de gerente del Queens-Royal Hotel en la localidad turística de Niagara-on-the-Lake en Canadá. Inaugurado en 1868, Queens-Royal Hotel era el establecimiento más lujoso de la zona, que albergaba no solo a turistas adinerados sino también a cabezas coronadas, el duque y la duquesa de York, y el rey Jorge V y la reina María.[5] Luego, a la edad de veintisiete años, Lucius Boomer ya era el gerente del Royal Muskoka Hotel en el Distrito de Muskoka, Canadá. Era un edificio relativamente nuevo, situado de manera pintoresca en una colina, rodeado de bosques junto al lago Rosseau. Se construyó en 1901 para la Navigation Muskoka Company, una empresa que poseía una gran flota de barcos de vapor que navegaban por las vías fluviales interiores de América del Norte. El Royal Muskoka Hotel lo anunciaba como el centro turístico más grande, elegante y cómodo de Canadá. El gigantesco edificio de tres pisos con una característica rotonda, dos torres y numerosas alas albergaba 350 habitaciones con baño, restaurantes, un bar, su propia panadería, una sala de billar, una oficina de correos y una oficina de telégrafos, un quiosco, una peluquería y un salón de belleza. Además, el hotel ofrecía a sus huéspedes numerosas atracciones al aire libre, como un campo de golf de nueve hoyos, canchas de tenis, un establo de caballos y un puerto deportivo con yates, y un crucero en barco de vapor por los lagos cercanos.[6] Boomer trabajó en el Royal Muskoka durante tres años, adquiriendo experiencia en la gestión de un gran hotel con numeroso personal y alta ocupación.

Otra etapa en su carrera hotelera fue la ciudad de Nueva York. Cuando la prensa nacional elogió al Plaza Hotel, inaugurado el 1 de octubre de 1907, considerándolo el hotel más grande del mundo, Lucius Boomer solicitó un trabajo allí. Le dieron el puesto de secretario, convirtiéndose así en la mano derecha del gerente del hotel, Fred Sterr.[7] En 1909, decidió emprender su propio camino. Junto con otro empleado del Plaza, Henry L. Merry, fundó una empresa de gestión hotelera llamada Merry & Boomer Co.[8] Su primer esfuerzo conjunto fue el Hotel Lenox en Boston. Este edificio Beaux-Arts de once pisos, construido en 1900 por 1.1 millones de dólares, era el edificio más alto de la ciudad. El Lenox contaba, entre otras cosas, con 300 habitaciones, todas con teléfono, 200 baños, un atrio con palmeras y un jardín en la azotea. Luego, inmediatamente después de la apertura en junio de 1909, se hicieron cargo de la gestión del Hotel Nassau en Long Beach, Nueva York, con 350 habitaciones y un casino.[9] Su "supervisión" del Nassau continuó hasta noviembre de 1912, cuando finalmente decidieron que no podían prestar la debida atención al recién adquirido Hotel Taft en New Haven, Connecticut. La instalación, propiedad de Horace Taft (hermano del presidente estadounidense William Howard Taft) y diseñada por F. M. Andrews & Company, inauguró su funcionamiento el 1 de enero de 1912, ofreciendo a sus huéspedes 333 habitaciones modernas, tres restaurantes, un salón de baile, una sala de lectura, un bar, un café para mujeres y un salón de peluquería. Con sus doce pisos, era el edificio más alto de la ciudad en ese momento; más tarde fue visitado por huéspedes eminentes como el médico Albert Einstein, el presidente Woodrow Wilson o el jugador de béisbol de todos los tiempos George "Babe" Ruth. Debido a la proximidad del Teatro Shubert, donde se estrenaron muchas obras de teatro (antes de ser adaptadas en Broadway), también se alojaron allí conocidos actores y celebridades por la noche.[10]

Sin embargo, un verdadero desafío para Lucius Boomer fue el Hotel McAlpin, establecido en 1912 en Manhattan, Nueva York. Fue recomendado para el puesto de gerente por uno de los accionistas, Charles P. Taft (hijo del presidente), quien quedó impresionado por su trabajo en el Taft. El contrato con Boomer fue firmado por el principal inversor, el general Edwin Augustus McAlpin, quien también era dueño de una fábrica de tabaco y varios terrenos en Manhattan. La construcción y el amueblamiento del Hotel McAlpin, diseñado por el destacado arquitecto Frank Mills Andrews, costaron 15 millones de dólares.

El McAlpin, 1912
(Fuente: Library of Congress)

El 29 de diciembre de 1912, tuvo lugar la apertura del hotel más grande del mundo en ese momento. Este edificio de 25 pisos con 1.5 mil habitaciones podía alojar a 2.5 mil huéspedes atendidos por 1.5 mil empleados. Además, había cinco grandes restaurantes (Terra Cotta Grill, Men's Cafe, Mezzanine Restaurant, Blue Bird Room y Winter Garden en la azotea), un piso dedicado a mujeres, otro piso dedicado a hombres con un bar y mesas de juego, y otro piso para huéspedes de habla hispana con personal que hablaba este idioma, un mini hospital totalmente equipado con médicos y enfermeras, baños turcos y una piscina en el penúltimo piso, una peluquería y un salón de belleza, una oficina de agencia de viajes, una sala de fumadores y una sucursal bancaria. El hotel también estaba equipado con tecnología de vanguardia, con doce ascensores hidráulicos, generadores de energía propios y teléfonos en cada habitación. En un artículo para la revista estadounidense *The Telephony,* incluso se destacó que "*El Hotel McAlpin tiene más teléfonos que muchas de las ciudades circundantes de Nueva York*".[11] Bajo la dirección de Boomer, el hotel se convirtió en una inversión exitosa, principalmente gracias a una planificación perfecta, la gestión del personal y un sistema de contabilidad propio implementado para un mejor control de costos.

En mayo de 1915, Boomer & Merry adquirieron otro hotel en Long Beach, llamado Trouville Hotel & Restaurant, mientras que en octubre, se hicieron cargo de la gestión de un restaurante llamado Café Savarin situado en el sótano del Edificio Equitable. Más tarde, el 22 de noviembre de 1916, Boomer compró el Hotel Claridge en Times Square en Nueva York (en la esquina de Broadway y la calle 44). Este establecimiento fue construido en 1912 por George Rector y inicialmente se llamó Rector Hotel. Lamentablemente, después de dos años, su primer propietario se declaró en quiebra. El Rector fue tomado por las empresas Thompson-Starrett Company de Nueva York y D.H. Burnham & Co. de Chicago por 1.7 millones de dólares, quienes luego lo rebautizaron como el Claridge.[12] Fueron estas compañías las que Lucius Boomer compró y luego fundó Hotel Claridge Inc. El capital que recaudó de actividades anteriores fue suficiente para que adquiriera en el mismo año (1916) una nueva casa en Estero para su madre, a la que llamó Mirasol Grove. Con su pintoresca ubicación justo en el río Bend, tenía su propio puerto deportivo, una pista de tenis y un huerto de cítricos. Berthaldine Boomer vivió allí con su hija hasta que falleció por un ataque al corazón el 11 de junio de 1935. La hermana de Lucius, Bertha, murió atropellada por un camión en 1941. Su hermana menor, Ruth, se casó con un arquitecto de Filadelfia, con quien tuvo un hijo.[13]

En 1917, Lucius Boomer recibió una oferta inusual que, como hotelero, no pudo rechazar. Uno de los accionistas de los hoteles McAlpin y Claridge, el empresario y político Thomas Coleman du Pont, se dirigió a él con la proposición: "*Boomer, compraré el Waldorf si lo diriges*".[14] Este hotel se formó mediante la combinación de dos establecimientos financiados por miembros de la familia Astor. Primero, en 1893, se inauguró el Waldorf en Nueva York, propiedad de William Waldorf; cuatro años después, se erigió el Astoria como un edificio adyacente, propiedad de John Jacob IV. Desde el principio, el Waldorf-Astoria fue arrendado y dirigido por George Boldt, gracias a quien obtuvo una gran aclamación como el mejor hotel del mundo. Lamentablemente, después de su muerte en 1916, su hijo George Jr. no se consideró capaz de dirigir el establecimiento. En consecuencia, el 3 de febrero de 1918, arrendó el Waldorf-Astoria a la recién fundada Boomer-du Pont Properties Corporation.[15] Lucius Boomer se convirtió en su presidente, mientras que nombró a Walton H. Marshall, gerente del hotel Vanderbilt en ese momento, para el cargo de director del hotel. Boomer revivió el Waldorf-Astoria: sus antiguos clientes regresaron, encontrando una vez más el conocido ambiente familiar en el establecimiento.

En noviembre de 1918, a petición del General John J. Pershing, Boomer, junto con el personal de la Cruz Roja, fue a Europa para crear una cadena de hoteles en Francia y Suiza destinados a servir como hospitales y hogares de convalecencia para los soldados estadounidenses.[16] Él mismo fue el gerente del Hotel du Louvre, inaugurado en París el 20 de diciembre, donde organizó y amuebló de antemano habitaciones, baños, un restaurante, un mostrador de información, un quiosco, una peluquería, así como puntos de venta que ofrecían servicios médicos y bancarios. Boomer cumplió su misión y, después de tres meses, regresó a su país. Desde entonces, la expansión de Boomer-du Pont Properties Corporation en el sector hotelero se aceleró. Ya en 1919, su cartera se amplió con tres hoteles más: el Bellevue-Stratford en Filadelfia, así como el Wallick y el Martinique en Nueva York.

El Bellevue-Stratford en Filadelfia también fue el "obra maestra" de George Boldt. Con 1090 habitaciones, este establecimiento comenzó a operar en 1904, y siete años después, se amplió para incluir, entre otras cosas, un salón de baile para dos mil invitados. Al igual que el Waldorf-Astoria, el Bellevue-Stratford fue clasificado como de primera categoría entre los hoteles de lujo en el mundo. Boomer arrendó el hotel de Boldt Jr. el 4 de junio de 1919 y nombró a J.P.A. O'Connor como gerente. Finalmente, en 1925, lo compró en su totalidad por 6.5 millones de dólares.[17] El Hotel Wallick en Nueva York fue adquirido en septiembre de 1919 de Schulte Realty Company, principalmente debido a su ubicación estratégica. Situado en la esquina de Broadway y la calle 43, el edificio de 400 habitaciones estaba destinado a servir como anexo del Hotel Claridge ubicado justo al lado. A partir de entonces, William Turner, el gerente del Claridge en ese momento, supervisaba ambos hoteles.[18] Asimismo, el Hotel Martinique, comprado por Boomer-du Pont el 2 de octubre del mismo año a la fideicomiso Horace S. Ely & Co. por cinco millones de dólares, estaba ubicado en Broadway (en la intersección con la calle 32). El Martinique, construido por Charles T. Wells para el desarrollador William R.H. Martin y abierto el 21 de diciembre de 1910, se consideraba uno de los hoteles más elegantes de Nueva York en términos de su equipamiento y mobiliario. Sus diecisiete pisos albergaban 600 habitaciones y 400 baños, dos salones de baile, una sala de parrilla y un restaurante de estilo renacentista francés. Más tarde, Boomer lo renombró como el Hotel Annex, ya que se convirtió en un anexo del cercano Hotel McAlpin.[19]

En 1920, el dúo Boomer-du Pont continuó expandiendo su base hotelera en Times Square. Primero, el 4 de mayo, compraron el Hotel Yates en la calle 43 oeste (147-151) a Alonso Hernby de Redlands. Diseñado por Archimedes Russell y inaugurado en 1892, el hotel tenía seis pisos con 250 habitaciones, un restaurante, un salón de banquetes y varias salas de conferencias más pequeñas.[20] A su vez, el 21 de mayo, se hicieron cargo del Hotel Woodstock, ubicado en la calle 43 oeste (127-139), también junto con tres edificios privados adyacentes. El Woodstock comenzó a recibir huéspedes el 12 de diciembre de 1903 (inicialmente bajo el nombre de Spalding Hotel), y ocho años después, fue completamente modernizado y su volumen aumentó a 365 habitaciones y 285 baños.[21] La intención de Boomer era derribar los edificios adyacentes y construir en ese lugar una nueva instalación que conectaría el Woodstock y el Claridge, formando el hotel más grande de Times Square.

El año 1920 también trajo cambios sustanciales en la vida privada de Lucius Boomer, ya que, a la edad de cuarenta y dos años, se casó con Georgia Sloane, una inmigrante noruega que dejó su país como Jorgine Slettede. Nació el 18 de agosto de 1887 en Lom, Noruega, en una familia pobre de Rolf Olsena Visdalen y Marit Johnsdatter Slettede. En 1903, a los dieciséis años, emprendió un viaje a Estados Unidos con su hermana mayor Mari con la esperanza de una vida mejor. Inicialmente, se mudó a la granja de su tío Ole en Fergus Falls, Minnesota, donde también trabajó para ganarse la vida. En 1905, fue aceptada como interna de enfermería en la Institución Mental de Minnesota en Minneapolis y más tarde, fue admitida en el College de Médicos y Cirujanos de la Universidad de Columbia en la ciudad de Nueva York. En 1915, se casó con el cirujano Richard Sloan, quien era miembro de la facultad local. Lamentablemente, seis meses después, quedó viuda. En 1917, ya conocida como Georgia, se le otorgó la ciudadanía estadounidense y el 11 de septiembre de 1920, se casó con Lucius Boomer. Los recién casados pasaron su luna de miel en Europa. Un año después, en octubre (1921), nació su hijo George Dupont, mientras que en 1926, tuvieron una hija a la que llamaron Bonita.[22]

En 1921, Boomer y Dupont, junto con algunos otros accionistas, crearon una nueva empresa llamada Capitol Hotel Company, que el 30 de junio de ese mismo año asumió la gestión del New Willard Hotel en Washington, D.C. En ese momento, el establecimiento ya tenía una historia de más de cien años. En 1816, el Coronel John Tayloe III mandó construir seis pequeños edificios en el 1401 de la Avenida Pennsylvania. Durante tres décadas, los arrendó a varios operadores que los utilizaron con fines de hospedaje bajo los nombres de Tennyson's Hotel

(Joshua Tennyson), Mansion House (John Strother), American House y City Hotel (Azriah Fuller). En 1847, las instalaciones del hijo de John Toyloe, Benjamin Ogle, fueron alquiladas por Henry Willard. Luego las combinó en un todo único, las expandió a edificios de cuatro pisos y lanzó el Williard's City Hotel. Finalmente, en 1864, Henry Willard lo compró, aunque el precio y la forma de pago (moneda de oro) tuvieron que ser especificados por la Corte Suprema, ya que las partes no podían ponerse de acuerdo en estos asuntos.[23] En los años siguientes, el hotel fue testigo de la toma de posesión de varios presidentes de EE. UU. En 1901, el antiguo Willard fue demolido y reemplazado por un nuevo hotel diseñado por el famoso arquitecto de hoteles Henry Janeway Hardenbergh. El edificio Beaux-Arts de 12 pisos se convirtió en uno de los primeros "rascacielos" en Washington, D.C.[24] Veinte años después, Boomer arrendó el hotel de su propietario en ese momento, la Virginia Hotel Company, y en 1925, lo remodeló nuevamente. Agregó 81 nuevas unidades residenciales con baños, mejoró el estándar de amueblamiento y cambió el diseño interior de las 369 habitaciones y suites creadas de antemano, así como del vestíbulo, el restaurante y el salón de baile. Además, aumentó el volumen de la cocina y la modernizó.

A principios de la década de 1920, entró en vigencia la ley seca, ratificada en 1919, que prohibía la venta, producción y transporte de alcohol en todo Estados Unidos. Esto afectó especialmente a las industrias de restaurantes y hoteles, para las cuales el consumo de licor siempre había sido una fuente lucrativa de ingresos. Obviamente, la ley seca favoreció la propagación de organizaciones criminales y el auge del comercio ilícito, pero los establecimientos legales no podían permitirse participar en tales prácticas. Por lo tanto, Lucius Boomer tuvo que implementar planes de contingencia en los establecimientos que estaba gestionando en ese

New Willard Hotel en Washington, 1922 (Fuente: Library of Congress)

momento, calculando las inversiones futuras teniendo en cuenta las nuevas regulaciones. Así, entre otras cosas, estableció una cooperación con el conocido restaurador neoyorquino Louis Sherry, que cerró su establecimiento en 1919 y abrió una tienda en la esquina de la Quinta Avenida y la calle 58 vendiendo dulces, helados y repostería hechos a mano. Inicialmente, Sherry suministró sus productos y brindó servicios de catering al Waldorf-Astoria, y luego le cedió a Boomer parte de sus acciones en Louis Sherry Inc.[25] El hotelero intentó implementar soluciones alternativas en los hoteles destinadas a compensar las pérdidas incurridas debido a la ley seca, como jardines en la azotea, una oferta ampliada de refrescos, puestos de dulces y espacio comercial para alquilar. Lamentablemente, Boomer tuvo que sacrificar el Claridge Hotel, ya que su gestión se volvió poco rentable. A diferencia de los grandes hoteles, como el Waldorf-Astoria o el McAlpin, el pequeño Claridge no podía mantenerse solo con los huéspedes del hotel, y solo en la calle 44 había hasta veintiún restaurantes compitiendo entre sí. Por esta razón, en mayo de 1923, se vendió por tres millones de dólares a Benjamin Winter, quien operaba en el mercado inmobiliario.[26] Además, Lucius Boomer confió el cargo de gerente de los hoteles McAlpin y Annex a Arthur L. Lee para involucrarse más en otros establecimientos.

En diciembre de 1924, Boomer-du Pont ingresó al mercado canadiense adquiriendo el Windsor Hotel en Montreal. Este establecimiento, que operaba desde enero de 1878, era considerado el primer gran hotel de Canadá. Diseñado por el arquitecto estadounidense William Boyington en el estilo Segundo Imperio, el Windsor originalmente tenía nueve pisos con 382 lujosas habitaciones, seis restaurantes, dos salones de baile y una sala de conciertos. Cuando, un cuarto de siglo después, la compañía con sede en Nueva York Hardenberg & Gilbert estaba completando planes para expandir el hotel agregando el North Annex, el 12 de enero de 1906, un incendio destruyó más de 100 habitaciones. En 1908, después de una modernización exhaustiva, el volumen del Windsor se aumentó con 368 habitaciones nuevas (750 en total), dos salones de baile más y un largo pasillo llamado Peacock Alley, al igual que en el Waldorf-Astoria.[27] En ese estado, el establecimiento fue adquirido por Boomer.

En 1926, falleció su asociado Louis Sherry, y en marzo de 1927, Louis Sherry Inc., una empresa que ya estaba completamente controlada en ese momento por Boomer-du Pont, adquirió un apartotel en la esquina de la Quinta Avenida y la calle 59 en Nueva York, que estaba en la fase final de construcción en ese momento. Se encontraba en el lugar del New Netherland erigido para William Waldorf Astor en 1872 y demolido en 1926 por su nuevo propietario y desarrollador Samuel Ketter Jacobs. El proyecto de este edificio fue ideado por los famosos arquitectos Leonard Schultze y Spencer Fullerton Weaver en cooperación con una firma llamada Buchman & Kahn. Lamentablemente, el 12 de abril de 1927, se desató un incendio en la parte superior de este edificio de 38 pisos. Las llamas ardieron durante doce horas, siendo visibles desde Long Island.[28] Afortunadamente, los daños no resultaron tan graves y la apertura programada para el 1 de octubre se pospuso solo un mes. Fue el primer apartotel en la colección de Boomer y, al mismo tiempo, el más alto del mundo. Lo llamó el Sherry-Netherland, combinando el emblema del antiguo establecimiento de Astor con el nombre Sherry, asociado con productos y servicios de alta calidad. El hotel contaba con 165 amplias suites, con solo una en cada piso, a partir del piso 24, que incluía varias habitaciones y una sala de estar. Debido a la prohibición, el hotel fue diseñado con un espacio para restaurante mucho más pequeño. Descrito en los medios como "*más que un lugar para vivir... una forma de vida*", el Sherry-Netherland ofrecía a sus residentes calidad fresca: reservas opcionales a largo plazo para una suite de lujo con servicios completos prestados por personal de limpieza, mayordomos, conserjes y personal de restaurante.[29] *The New York Times* informó en 1927 que se podía reservar una habitación o suite por una suma que oscilaba entre 1.6 y 6.5 mil dólares al mes, pero el establecimiento no carecía de huéspedes. Boomer explicó su popularidad de la siguiente manera: "*Las personas están cansadas de los problemas de la vida. Están empezando a ver que un experto puede resolver estos problemas mejor que ellos*". Estaba muy orgulloso del Sherry-Netherland, en el que implementó todo lo que había aprendido hasta ese momento.[30]

La década de 1920 no fue amable con el majestuoso Waldorf-Astoria. La prohibición hizo necesario cerrar bares y buscar fuentes de ingresos alternativas, como alquilar el espacio del hotel a tiendas, oficinas o salas de espera de la Baltimore & Ohio Railroad. Del mismo modo, su ubicación dejó de ser una ventaja, ya que la vida social se trasladó a una parte diferente de Manhattan, donde se fundaron cada vez más hoteles de vanguardia. Dadas las sustanciales tasas e impuestos y los altos costos laborales, dirigir el Waldorf-Astoria resultaba cada vez menos rentable. La primera palabra de que el hotel estaba a punto de ser vendido apareció en 1924, pero no fue hasta cuatro años después que el contrato se firmó. Precisamente el 20 de diciembre de 1928, Lucius Boomer vendió el Waldorf-Astoria por 13.5 millones de dólares. La otra parte de esta transacción estaba más preocupada por el terreno en el que quería erigir el Empire State Building una vez que el hotel fuera demolido. Como muestra de gratitud, la junta directiva de la empresa le vendió a Boomer el derecho al nombre Waldorf-Astoria por la suma simbólica de un dólar.[31] La propiedad estaba programada para ser entregada a sus nuevos propietarios el 4 de mayo de 1929.

El 1 de mayo de 1929, es decir, cuatro días antes del cierre, treinta y ocho organizaciones para las cuales el Waldorf-Astoria solía ser su "segunda casa" se reunieron en la "última cena" en el famoso salón de baile. Durante este evento se llevó a cabo una subasta en la que se pusieron a la venta la mayoría de los muebles, obras de arte y otros elementos de decoración del hotel. Se recaudó una suma de 500 mil dólares como resultado. Por otro lado, el 2 de mayo se anunció el Día del Empleado, con todo el ingreso entregado a los trabajadores salientes.[32]

Después de que el hotel cerró, Lucius Boomer fue con su familia a Florida a descansar. Allí, un día, recibió un telegrama de Louis J. Horowitz, presidente de la firma constructora Thompson-Starrett Co., presentándole una oferta que le pareció extrañamente familiar. "*Construiré el Waldorf-Astoria, si tú lo diriges*", escribió Horowitz.[33] Boomer abordó este proyecto con entusiasmo. Sabía que no se trataba solo de construir otro hotel, sino de transferir a este edificio moderno la reputación, el estilo y el ambiente de su predecesor. Por lo tanto, anunció que llevaría allí nuevamente a sus empleados clave, incluido el famoso *maître d'hôtel* Oscar Tschirky y el secretario Augustus Nulle. La recién creada Waldorf-Astoria Corporation decidió que la mejor ubicación para el nuevo hotel sería en la Quinta Avenida entre la calle 49 y la calle 50, inmediatamente junto a un distrito residencial de lujo, un centro comercial y lugares de entretenimiento. La suma de 42 millones de dólares para la construcción del Waldorf-Astoria fue aportada por un consorcio bancario que comprendía Hayden, Stone & Company, Hallgarten & Company, Kissel, Kinnicutt & Company y New York Central Railroad. Según el proyecto ideado por la aclamada firma de arquitectos Schultze & Weaver, fue el hotel más alto y uno de los más grandes del mundo en ese momento. La construcción del Waldorf-Astoria por sí sola fue todo un desafío para la empresa constructora, ya que primero tuvo que trasladar una central eléctrica situada allí que alimentaba la Grand Central Station y los edificios cercanos. Los primeros trabajos de construcción del hotel comenzaron el 6 de enero de 1930, y el 24 de marzo, el primer remache fue simbólicamente

Waldorf-Astoria, 1931
(Fuente: Wurtz Brothers / New York Public Library)

instalado en la estructura de acero del edificio. Finalmente, en la noche del 30 de septiembre de 1931, justo antes de la inauguración oficial del hotel, miles de neoyorquinos se reunieron en un gran salón de baile para escuchar en la radio al presidente de los Estados Unidos, Herbert Hoover, anunciando el lanzamiento del nuevo Waldorf-Astoria de la siguiente manera. *"Nuestros hoteles se han convertido en instituciones comunitarias. Son los puntos centrales de la hospitalidad cívica. (...) La apertura del nuevo Waldorf-Astoria es un evento en el desarrollo de los hoteles incluso en la ciudad de Nueva York. Es una contribución al mantenimiento del empleo y es una exhibición de coraje y confianza para toda la nación"*.[34] Estas palabras no fueron dejadas al azar, ya que el lanzamiento del hotel tuvo lugar en medio de la Gran Depresión. Lamentablemente, el asociado y amigo de Boomer durante muchos años, Thomas Coleman du Pont, no vivió lo suficiente para verlo, ya que falleció el 11 de septiembre de 1930.[35] Su puesto en la junta directiva de la Waldorf-Astoria Corporation fue ocupado por su hijo Francis V. du Pont.

El Waldorf-Astoria tenía cuarenta y dos pisos y 2150 habitaciones para huéspedes. Los primeros cuatro pisos albergaban espacios públicos, boutiques, restaurantes, bares y salones. Los pisos del 5 al 17 alojaban habitaciones para huéspedes, mientras que del 18 al 20 contenían salones privados del club; en los pisos del 21 al 27 se encontraban pequeñas suites para estancias temporales, mientras que en los del 28 al 42 se situaban suites lujosas y espaciosas. El establecimiento no estaría completo sin una réplica del legendario pasillo llamado Peacock Alley, que intentaba capturar el espíritu del original sin copiarlo directamente. En el hotel se adoptaron novedades técnicas, como paredes y puertas insonorizadas, aire acondicionado, teléfono y radio en cada habitación, o un sistema de sonido en todo el edificio para reproducir música. Cada habitación y suite tenía una atmósfera individual, más común en mansiones privadas que en hoteles. Los muebles y el diseño interior en general se caracterizaban por un estándar excelente que garantizaba confort total y perfección artística. En cuanto a la ejecución, el proyecto de construcción de este establecimiento resultó ser un gran éxito. Además, el Waldorf-Astoria logró mantener su prestigio y popularidad a pesar de la mala situación económica. Sin embargo, no fue hasta 1939 que el negocio hotelero comenzó a generar ganancias. Desde el momento de su apertura, Boomer había sido su gerente, y el 20 de febrero de 1945, asumió el cargo de presidente de la Waldorf-Astoria Corporation.

En la década de 1940, Lucius Boomer fue amigo del fundador de Pan America World Airways (conocida como Pan Am), Juan Terry Trippe, para el cual el Waldorf-Astoria prestaba sus servicios. Fue en ese hotel donde Pan Am alquiló las habitaciones 575, 577, 579 y 581 para sus oficinas corporativas por ocho mil dólares al año. En 1946, en la reunión anual de accionistas, Trippe anunció la fundación de un departamento de hoteles para complementar las actividades de transporte. Y así, se creó InterContinental Hotel Corporation con el objetivo previsto de buscar inversores y proporcionar apoyo en el diseño, financiamiento, construcción y gestión de hoteles individuales en varias partes del mundo. Estaba dirigido por Lucius Boomer, presidente de la junta directiva responsable del desarrollo de la cadena.[36] El primer hotel bajo la marca InterContinental abrió en 1946 en Belém, Brasil. Lamentablemente, Boomer no disfrutó de nuevos desafíos durante mucho tiempo. En el verano siguiente, fue con su familia de vacaciones a Noruega. El 26 de junio de 1947, murió repentinamente de un ataque al corazón en su camino a un valle conocido como Gudbrandsdalen, en el pueblo de Hamar.[37] Aunque el 12 de octubre de 1949, el hotel Waldorf-Astoria fue comprado por Conrad Hilton, Georgia Boomer continuó dirigiéndolo durante algunos años más.

Lucius Boomer fue uno de los mejores gerentes de hoteles en los Estados Unidos y ciertamente el primero que intentó aplicar un enfoque científico para dirigir hoteles, especialmente los grandes. Plasmó sus ideas en el libro titulado "*Hotel Management. Principles and Practice*", publicado en 1925 y luego traducido a muchos idiomas. En su opinión, un hotel moderno es una estructura tan compleja como una ciudad y, al mismo tiempo, está coordinado de manera estrecha como un motor de gasolina. Garantizar una eficiencia adecuada requiere vincular todos los elementos en un todo único, todo lo necesario para garantizar la máxima satisfacción de muchos huéspedes cuyas preferencias varían.[38] Henry Ford proporcionó la tecnología y la práctica para la producción en masa en una planta industrial, mientras que Boomer trató de aplicarlas en la industria hotelera. Los principios de estandarizar procesos, simplificar operaciones y monitorear las fuentes de suministro se pueden aplicar al trabajo de los gerentes de hoteles. Boomer escribió: "*Si alguien puede ser excusado por sentir que los métodos modernos de producción en cantidad y de trabajar con especificaciones rigurosas no son aplicables a su negocio, es el hotelero. Y sin embargo, solo adoptando con diligencia la Simplificación, un gran hotel metropolitano puede superar las desventajas de sus complejidades y existir en absoluto. Aunque la Simplificación es absolutamente esencial para nuestro éxito, no debe ser evidente para el cliente; él debe sentir que el servicio que recibe no es un servicio mecánico, sino individual. Las habitaciones, por ejemplo, no pueden ser uniformes como las celdas en una penitenciaría, aunque estén estandarizadas hasta un alto grado de lujo*".[39]

Lucius Boomer era capaz de detectar talentos hoteleros y era excelente para capacitar a la gerencia. Enseñó a su personal a ser complaciente con los huéspedes. Solía decir: "*Consigue un hotel. Baja y ponte en el vestíbulo. Pronto vendrán personas y te dirán cómo dirigir tu negocio. Luego, haz lo que te dicen*".[40] Por esta razón, instruyó a su personal sobre cómo identificar hábilmente lo que necesitaban los huéspedes; "¿Está bien la habitación, señor?" "¿Le gustaría champán, señor?" "¿Le gustaría más flores, señor?" "¿Le gustaría un desayuno en la cama, señor?" Si en la primera visita, un determinado huésped hace un comentario positivo sobre el patrón de una alfombra, cortinas o colchas, entonces el mismo patrón debía usarse en el suelo, en las ventanas o en la cama en su próxima visita. Estos temas siempre volvían durante las reuniones con los gerentes, y todo debía pulirse hasta el más mínimo detalle. Los huéspedes lo apreciaban. *"El equipamiento y servicio del dormitorio me recordaron las historias de Las mil y una noches*", escribió uno de ellos.[41]

Boomer introdujo numerosas innovaciones propias destinadas a mejorar el funcionamiento y el servicio del hotel, como una semana laboral de seis días, botones eléctricos en las habitaciones para llamar al servicio de habitaciones en cualquier momento, pisos dedicados solo a mujeres y empleados designados que hablaban el idioma de un huésped específico. Otra de sus ideas fue un sistema de tarjetas con sumas de cuentas individuales saldadas en la recepción que se anotaban bajo el nombre de un cliente dado. Gracias a esto, al hacer el check-out, recibían la factura de toda su estancia en poco tiempo, ya que lo único que el recepcionista tenía que hacer era totalizar los elementos individuales de la lista. Boomer siempre estaba a favor de contratar mujeres en la recepción y en la gerencia, ya que las consideraba *"maravillosamente equipadas para tratar a las personas como invitados"*.

Lucius Boomer aprendió a identificar las causas de la disipación en el hotel y eliminarlas en el curso de sus acciones diarias. Notó una disipación particularmente grande en la cocina y los restaurantes del Waldorf-Astoria dejados por su predecesor George Boldt. Boomer implementó cambios relevantes en los campos de planificación y monitoreo de suministros, simplificó el menú e introdujo su propio sistema contable que permitía clasificar los costos en categorías específicas y analizarlos adecuadamente. Por esta razón, contribuyó significativamente a la creación del Sistema Uniforme de Cuentas para Hoteles que sistematizó las reglas y procedimientos para la contabilidad hotelera. Su primera edición fue publicada en 1926 por la Asociación Hotelera de la Ciudad de Nueva York.

En 1920, la Asociación Hotelera Americana designó a Boomer para desarrollar estándares de enseñanza sobre la necesidad de satisfacer la creciente demanda de gerentes de hoteles y chefs. Su comité recomendó la fundación de una escuela que educara al personal de gestión hotelera en la Universidad de Cornell, que hoy es una de las principales escuelas de hotelería del mundo. No solo Boomer apoyó económicamente a la escuela, sino que también impartió conferencias.

Lucius Boomer se formó a sí mismo a lo largo de su vida para pensar en resultados en la categoría de números. Tuvo éxito en este negocio gracias a su suerte, buena salud, ambición, talento gerencial y habilidad para conciliar la imaginación con la contabilidad en bruto. Más tarde, en una de sus entrevistas, reveló el secreto de su éxito, diciendo: "*Me gustó el trabajo en el hotel tan pronto como empecé. Supongo que debo tener más o menos aptitud para ello. Trabajé duro. Eso es todo*".[42]

10

Albert Steigenberger

Embajador de la tradición alemana de grandes hoteles

Se convirtió en hotelero por casualidad, cuando, sin tener experiencia, decidió dirigir su primer hotel, adquirido por deudas. Que se haya convertido en un famoso hotelero se debe a una sabia asignación de capital, a sus propias ideas de gestión, al coraje para modernizar edificios históricos y a la habilidad para combinar historia y tradición con comodidad moderna. Esto le permitió crear uno de los grupos hoteleros más grandes de Alemania y hacer del apellido Steigenberger un símbolo de la hotelería de la más alta clase.

Albert Theodor Steigenberger nació el 3 de noviembre de 1889 en Deggendorf, Baja Baviera, un distrito del Imperio Alemán (actualmente Alemania). Sus padres, David Steigenberger y Elise, de soltera, Schauer, dirigían una tienda de telas en Deggendorf. Fue en el negocio familiar donde el joven Albert adquirió su experiencia básica como comerciante. En 1912, se fue a América, donde visitó empresas y aprendió las mejores prácticas comerciales que luego implementó gradualmente en Alemania después de su regreso. Primero, ordenó demoler paredes en la tienda para agregar doce ventanas grandes, y luego exhibió productos directamente en la calle, como había observado en los callejones de la ciudad de Nueva York. Más tarde, comenzó a operar también como industrial. Cuando se agotaron las provisiones de algodón durante la Primera Guerra Mundial, agregó un edificio de molino textil y utilizó la

Albert Steigenberger, 1889-1958
(Fuente: Tscheiar.ch)

ortiga como sustituto en el proceso de producción. Después de la guerra, la situación en el mercado volvió a la normalidad y el joven empresario ya tenía una nueva idea de negocio. Dado que la mayoría de los habitantes de Baviera aún iluminaban sus hogares con lámparas de queroseno, Albert y su hermano Georg, un hábil ingeniero que se casó con una millonaria (y luego se divorció de ella, igualmente), decidieron transformar el molino textil en una central hidroeléctrica. Este esfuerzo le permitió ganar su primer gran dinero. Durante los siguientes veinticinco años, Steigenberger vendió la electricidad que generaba en su planta a las redes eléctricas de Baviera.[1]

Al mismo tiempo, debido a la hiperinflación imperante en Alemania y la pérdida de valor de la marca, Albert Steigenberger buscaba otras formas de invertir su capital. Con este fin, fundó una empresa dedicada a transacciones inmobiliarias, y el aristócrata Johann Georg Graf von Preysing se convirtió en su socio. En 1924, su empresa ya poseía sesenta y tres edificios en Múnich, cuyo valor se estimaba en 38 millones de marcos. Lamentablemente, la repentina muerte del conde en el mismo año puso fin a su exitosa cooperación. A partir de entonces, Steigenberger tuvo que lidiar con el difícil mercado solo. En 1926, intercambió uno de los palacios burgueses en Múnich por el llamado Schloß Stroh ('Castillo de Paja') en Lichtentaler Allee en Baden. En ese momento, se casó con Gisela Keck, una hija de veintitrés años de un hotelero de Deggendorf, y pasaron su luna de miel en el Castillo de Paja.[2] El 7 de septiembre de 1926, nació su hijo Egon.

Mientras tanto, Steigenberger prestó 200 mil marcos al propietario del hotel llamado Europäischer Hof situado, igualmente, en Lichtentaler Allee en Baden. Lamentablemente, como consecuencia de la crisis global, las finanzas del establecimiento empeoraron hasta el punto de que se puso a la venta en una subasta. Como resultado, Steigenberger se enfrentaba a un dilema: o perdía su dinero o decidía comprar el hotel. Optó por la segunda opción y el 1 de abril de 1930, siguiendo el ejemplo de su suegro, a regañadientes, se convirtió en hotelero.

El Hotel Europäischer Hof, también conocido como Hotel de l'Europe, fue construido en los años 1838-40 en un terreno que albergaba una lavandería del vecindario siglos antes, y luego una curtiduría propiedad de Franz Xaver Maier. Cuando Baden se convirtió en un balneario de moda, Maier decidió que la ubicación junto a un balneario y un casino era perfecta para un hotel. Y no se equivocó, ya que su excelente instalación neoclásica de tres pisos y perfectamente amueblada fue visitada por clientes de toda Europa.[3] Dado que su propietario no tenía hijos, en 1865, su sobrino Otto Kah se convirtió en el sucesor de Europäischer Hof. Proveniente de una familia de posaderos, Kah adquirió una experiencia sustancial en hostelería en París y Londres. Regresó a Baden ya como un experto y construyó un nuevo ala con un restaurante. El hotel continuó teniendo

Hotel Europäischer Hof en Baden, también conocido como Hotel de l'Europe. (Fuente: Deutsche Hospitality)

altos registros de ocupación, alojando a figuras eminentes como la emperatriz de Austria Isabel, el canciller de Rusia Alexandr Gorchakov, los escritores Fiodor Dostoievski y Mikołaj Gogol, y los compositores Giacomo Rossini y Ferenc Liszt. En 1890, el hotel pasó a manos del sobrino de Kah, Otto Hillengass.[4]

Cuando en 1930, Albert Steigenerger tomó el control de Europäischer Hof, adoptó un enfoque altamente profesional para diagnosticar las razones detrás de su bajo rendimiento. La leyenda cuenta que todas las noches dormía en una habitación diferente para identificar personalmente cada defecto y corregirlo. De hecho, volteó el establecimiento de arriba abajo, lo renovó, organizó principalmente habitaciones para una persona; invirtió en comodidades y amenidades de vanguardia. Restauró Europäischer Hof a su antigua gloria y lo convirtió en la dirección número uno en Baden (el nombre se cambió a Baden-Baden en 1931).

La gestión hotelera absorbió tanto a Steigenberger que, solo unos años después, desarrolló interés en otro hotel de la ciudad. El establecimiento llamado Regina se construyó en 1890 y estaba situado cerca del casino, también. Lo compró gracias a un préstamo otorgado por Reinische Hypothekenbank. El edificio con los muebles le costó 220 mil marcos. Lamentablemente, Steigenberger no disfrutó del Hotel Regina por mucho tiempo. En 1938, durante las obras de modernización, el establecimiento fue tomado por el Alto Mando de las Fuerzas Armadas (*Oberkommando der Wehrmacht, OKW*), convirtiéndose así en la sede representativa del cuerpo de ejército Generalkommando en Oberrhein. Sin embargo, el astuto hotelero no perdió en esta situación, porque el Tercer Reich le pagó una compensación de 650 mil marcos solo por el edificio.[5] Ciertamente,

Albert Steigenberger invirtió parte de este dinero en la compra del hotel Frankfurter Hof en Frankfurt am Main en 1940. Cubrió el resto utilizando un préstamo otorgado por el Bankhaus August Lenz & Co.

En el siglo XVI, en el mismo lugar se encontraba una posada llamada Weisser Hirsch (Ciervo Blanco). En 1753, fue adquirida por la familia Gontard de Grenoble, que escapó de Francia y se refugió en Frankfurt antes de que comenzara la persecución de los hugonotes. En 1870, después de numerosos cambios de propiedad, el edificio histórico pero descuidado fue tomado por las autoridades municipales y demolido. Esto se debió a que, según el nuevo plan de desarrollo urbano para la zona del centro, se pretendía construir un hotel de lujo en la representativa Kaiserplatz (Plaza Imperial). Con este fin, en 1872, Leopold Sonnemann, un banquero, político, editor del Frankfurter Zeitung y mecenas de la cultura, junto con el concejal municipal Johann Wilhelm Pfaff, fundaron una sociedad anónima llamada Frankfurter Hotel AG. El diseño y la construcción del establecimiento fueron confiados a los arquitectos locales Karl Jonas Mylius y Alfred Friedrich Bluntschli, mientras que la tarea de diseñar y amueblar sus interiores fue encomendada al diseñador franco-suizo Horace Edouard Davinet, quien ya había amueblado algunos grandes hoteles en Suiza.[6] La obra del hotel llevó dos años y costó 4.75 millones de marcos. El resultado fue un exclusivo establecimiento de estilo renacentista con un característico patio con un pórtico. El Frankfurter Hof tenía 250 habitaciones y suites con 350 camas, veinte salones y un restaurante con capacidad para hasta 800 comensales.[7] Desde su apertura el 26 de junio de 1876, se implementaron las tecnologías más recientes en el hotel;

Hotel Frankfurter Hof
(Fuente: Archi/Maps)

primero, ascensores y calefacción a vapor, y a partir de 1891, un sistema telegráfico y el primer teléfono público de Frankfurt, mientras que un año después se instaló la iluminación eléctrica. Lamentablemente, a principios de la década de 1890, el hotel ya no operaba de acuerdo con las expectativas de sus propietarios. Por esta razón, en 1895, fue arrendado al famoso hotelero suizo César Ritz y luego comprado por él en 1899. El hombre designado como el nuevo gerente del Frankfurter Hof fue Georges Gottlob, quien dirigió con éxito el establecimiento durante treinta y tres años, hasta que estalló otra crisis. Entonces, la mayoría de las acciones de la empresa fueron adquiridas por Albert Steigenberger. Su experiencia permitió que el Frankfurter Hof obtuviera los primeros beneficios operativos después de solo un año bajo su dirección. Desafortunadamente, el último período de la Segunda Guerra Mundial no fue amable con el hotel y su dueño. El bombardeo británico a Frankfurt el 22 de marzo de 1944 niveló prácticamente toda la zona del centro y el Frankfurter Hof no fue una excepción. Más tarde, Steigenberger anunció: *"Un centro de la cultura hotelera alemana conocido en todo el mundo y visitado con entusiasmo ha sido destruido"*. Sin embargo, la fachada principal del edificio sobrevivió al bombardeo, probablemente debido a su buen diseño.[8]

Como parte de la compensación, a Albert Steingenberger se le concedió el hotel Vier Jahreszeiten (Cuatro Estaciones) en Wiesbaden en arriendo, que también fue bombardeado en febrero de 1945. Luego, se hizo cargo del Hotel Monopol-Metropole situado junto a la estación de tren principal de Frankfurt. El edificio fue construido y abierto el 7 de enero de 1906 por un suizo llamado Franz Herrlein. El hotel contaba con 110 habitaciones, algunas de ellas con baño privado y teléfono, un ascensor, salones elegantes, un restaurante y una vinoteca. Sobrevivió casi intacto a la guerra y Steigenberger estaba listo para reabrirlo. Lamentablemente, el establecimiento fue confiscado por el gobierno militar estadounidense y utilizado para sus propios fines. En esta situación, un hombre común se desmoronaría, pero no Steigenberger. Tenía un enfoque optimista y una actitud de guerrero. Con la ayuda de los bancos, emprendió la ardua tarea de reconstruir el Frankfurter Hof y, en la primavera de 1948, volvió a abrir con veinte camas improvisadas. Con el tiempo, aumentó progresivamente el área de las habitaciones de 130 a 150 pies cuadrados a más de 190 pies cuadrados, instaló baños con inodoros en cada una de ellas, compró muebles en el extranjero y coleccionó apasionadamente tapices y alfombras antiguas. Cuando el Frankfurter Hof fue completamente reconstruido en 1953, se convirtió en el hotel líder de la ciudad. Fue allí donde Steigenberger trasladó la sede de su empresa. En mayo de 1949, en las zonas de ocupación controladas por los estadounidenses, franceses y británicos, se fundó un nuevo estado: la República Federal de Alemania. Los gobiernos militares de los Aliados entregaron oficialmente su poder a las nuevas autoridades políticas en toda Alemania Occidental. En ese momento, el hotel Monopol-Metropole con sede en Frankfurt fue devuelto a Steigenberger. En el mismo año, otra joya se incluyó en su colección, a saber, el histórico pero algo deteriorado Hotel Badischer Hof en Baden-Baden.

El edificio que albergaba el Badischer Hof era antiguamente un monasterio fundado en 1630 por el margrave Wilhelm para los Capuchinos. Los monjes residieron allí hasta el año 1803, cuando las autoridades tomaron posesión de la tierra con las estructuras existentes. El príncipe Karl Friedrich quería atraer turistas a Baden; sin embargo, para lograrlo, la ciudad necesitaba un hotel de buena calidad. Comenzaron a buscar un inversionista adecuado para este proyecto. En 1807, la antigua propiedad del monasterio se vendió en una subasta por 13 mil gulden a un conocido editor llamado Johann Friedrich Cott y a Johann Ludwig Klüber, un abogado y publicista. El arquitecto del hotel, Friedrich Weinbrenner, lo remodeló de manera impresionante basándose en el edificio existente. Agregó el tercer piso a la estructura de dos pisos, rodeando el patio del monasterio con una galería y coronándolo con un techo de cristal sostenido por dieciocho columnas dóricas. Arriba, ubicó un comedor, desde el cual una escalera conducía a otros pisos con cien habitaciones, salones y una sala de lectura. Edificios separados que anteriormente eran de utilidad albergaban baños (veintiséis con bañeras individuales y dos piscinas para todos los huéspedes), así como establos con treinta y tres cajas para caballos. A su vez, la antigua iglesia se convirtió en un salón de baile, un casino y una sala de billar. Se prestó mucha atención al parque ajardinado con numerosas especies de árboles, como el arce plateado, el abedul enano, olivos, acacias, el ciprés de América y muchos otros. El Badischer Hof se volvió popular entre los turistas que visitaban Baden y disfrutó de una excelente reputación. En 1830, fue adquirido por un hotelero llamado Joseph Smith por 65 mil gulden, y después de su muerte, pasó de un heredero a otro. Primero, se le dio a su esposa y su segundo esposo Martin Hotz, y luego a su hija Marie, quien se casó con Emil Duppresoir. Renovaron el hotel y nombraron a Franz Ziegler como director, quien dirigió el negocio de manera grandiosa durante muchos años. En 1900, el Badischer Hof fue vendido por el yerno de los Duppresoirs, el barón von Diesburg. El edificio sobrevivió a los bombardeos de la Segunda Guerra Mundial y fue convertido primero en un hospital militar y luego en un centro administrativo para las fuerzas francesas que ocupaban la zona.[9] Lamentablemente, el 1 de octubre de 1949, se desató un incendio en el hotel, devastando por completo el restaurante y el techo. En esta condición, el establecimiento fue tomado por Albert Steigenberger. En muy poco tiempo, lo renovó y modernizó, y el 27 de mayo de 1950, el completamente nuevo Badischer Hof celebró su reapertura.

En 1950, Albert Steigenberger logró adquirir el 50 por ciento de las acciones de otro hotel renombrado con una rica historia, el Ritter's Park en Bad Homburg. Construido en Kaiser-Friedrich-Promenade 69 en los años 1854–56 según el proyecto ideado por Edmund Heusinger von Waldegg, primero sirvió como residencia de Georg Deininger, el dueño de un restaurante de spa. En 1883, el edificio fue tomado por Konrad Ritter, quien comenzó a utilizarlo para brindar servicios de hotel. Con el tiempo, el Ritter's Park Hotel se expandió gradualmente, absorbiendo propiedades adyacentes; en 1892, el Hotel des Anglais situado junto a él en la calle Kisseleff 13, y en 1909, las villas en Kaiser-Friedrich-Promenade 71–75. El arquitecto Louis Jacobi dio a todos estos establecimientos un estilo uniforme, convirtiéndolos en un espacioso hotel palaciego con spa, jardines, terrazas, establos y garajes.[10] El Ritter's Park Hotel se convirtió en el lugar de ocio favorito de muchos huéspedes ilustres, incluido el emperador alemán Guillermo II. Después de que Konrad falleciera en 1921, su hijo Karl Ritter asumió el cargo de gerente del hotel. En su apogeo, el establecimiento contaba con 220 habitaciones, 230 camas para huéspedes, 50 camas para el personal y 67 baños, 12 de ellos con agua mineral. Sin embargo, la Gran Depresión seguida de la Segunda Guerra Mundial no fomentaron el crecimiento del turismo. Las tasas de ocupación del hotel cayeron al punto de que su propietario se encontró en una situación financiera complicada. Finalmente, en 1942, Karl Ritter lo vendió por 60 mil marcos al Reich alemán, que utilizó el complejo como casa de vacaciones propiedad del estado para las tropas de las Waffen-SS.[11] Después de la guerra, los estadounidenses reactivaron el hotel, que en 1948 volvió a admitir huéspedes. Durante cinco años, Albert Steigenberger fue copropietario y operador del Ritter's Park Hotel, y en 1956, compró todo el establecimiento.

En 1951, Albert Steigenberger convirtió su negocio en una sociedad anónima, permaneciendo como su principal accionista. En ese momento, su hijo Egon se unió al negocio como su estrecho colaborador. Anteriormente, se graduó de la escuela interna de la abadía de Ettal dirigida por los benedictinos, a unos seis kilómetros de Garmisch-Partenkirchen, mientras adquiría experiencia como hotelero durante su pasantía en Estados Unidos y América del Sur. Sin embargo, para ayudar a su padre, decidió abandonar sus estudios de economía en la Universidad de Heidelberg. Cuando en 1954, Albert Steigenberger compró el histórico Park Hotel en Düsseldorf, Egon fue designado como gerente. La parte central de este hotel fue construida en 1902 para albergar una exposición industrial-comercial. El proyecto original fue creado por arquitectos de la firma Kayser & von Großheim y Max Wöhler. Diez años después, el Park Hotel se expandió para incluir dos alas, la norte y la sur.[12]

En 1954, Albert Steigenberger compró su antiguo hotel, el Regina en Baden, de nuevo por 650 mil marcos, y destinó 2.5 millones de marcos para una renovación general supervisada por los arquitectos Gallas y Plattner. También invirtió millones en modernizar el Palasthotel Mannheimer Hof en Mannheim y el Grand Hotel Axelmannstein en Bad Reichenhall, ambos de los cuales agregó a su imperio en 1956. El Palasthotel Mannheimer Hof operó desde el 8 de junio de 1929, mientras que el Grand Hotel Axelmannstein fue construido en 1909 por el hotelero Alois Seethaler sobre los cimientos de las instalaciones termales demolidas de Ernst Rink en 1846. Steigenberger lo adquirió parcialmente destruido después de un bombardeo en 1945.[13]

El año 1957 estuvo lleno de nuevas compras. Primero, Albert Steigenberger compró el Hotel Graf Zeppelin en Stuttgart. En funcionamiento desde 1931, este hotel urbano con 140 habitaciones fue diseñado por Paul Bonatz y construido con piedra natural. Su nombre provenía de un conde alemán, Ferdinand von Zeppelin, el constructor del famoso dirigible de estructura reticulada. Sin embargo, no fue hasta agosto de 1957 que Steigenberger concluyó un contrato que podría proclamarse fácilmente como el contrato de su vida. En circunstancias extrañas y en condiciones inusualmente atractivas, se convirtió en el propietario de siete instalaciones y más de 55 acres de tierra. El contrato incluía cinco hoteles, una casa de huéspedes y una granja en Obersalzberg y Berchtesgaden. Para comprender mejor el trasfondo de esta venta, vale la pena conocer la historia de la región en la que estaban ubicados.

Grand Hotel Axelmannstein en Bad Reichenhall
(Fuente: Ernst Baumann)

El más antiguo de estos establecimientos fue el Hotel Platterhof, ubicado en un lado de la montaña en Obersalzberg, en los Alpes de Salzburgo. El 10 de septiembre de 1877, Mauritia Mayer (1833-1897) compró una antigua granja a Johann Hofreiter por 13,5 mil marcos. Gracias al apoyo financiero de sus amigos, logró remodelar la primitiva cabaña de piedra y amueblarla para hacerla accesible a los turistas bajo el nombre de Moritz Guest House en 1878. En los años que siguieron, el edificio fue creciendo progresivamente. En 1882, Mayer estableció una estructura llamada Hoher Göll y lanzó un restaurante en el edificio. Más tarde, se construyeron nuevas alas (1884) y una parte administrativa (1885). Otros edificios de la granja también se convirtieron en habitaciones para huéspedes (1886), y luego se rediseñó el Hoher Göll (1888). La Moritz Guest House contribuyó al crecimiento de la industria turística en la región, atrayendo visitantes durante todo el año. Después de que Maurita Mayer falleció, el edificio fue heredado por su hermana menor Antonia, quien lo administró hasta 1919 bajo un nuevo nombre: el Mountain Kurhaus Obersalzberg, para finalmente venderlo. En 1920, los nuevos propietarios del hostal lo arrendaron a un antiguo ciclista llamado Bruno Büchner, y el establecimiento continuó ofreciendo servicios de alojamiento. En el verano de 1925, uno de sus huéspedes fue Adolf Hitler, liberado de prisión, aunque se registró bajo el nombre de Hugo Wolf. Hitler volvería más tarde a Obersalzberg muchas veces, alojándose en una pequeña cabaña llamada Kampfhäusl, situada en las instalaciones del hostal. Fue allí donde completó la Parte Dos de su manuscrito *"Mein Kampf"*. A partir de 1928, reservaría una casa de vacaciones de dos pisos llamada Haus Wachenfeld, ubicada cerca. Asimismo, en 1928, Bruno Büchner compró la instalación previamente arrendada y la renombró Hotel Platterhof. Cuando Adolf Hitler se convirtió en Canciller del Reich en 1934, los nazis adquirieron Haus Wachenfeld y lo expandieron para crear para su líder una residencia privada, el Berghof. Estaba rodeado por casi 2.5 mil acres de tierra, cercada y vigilada, que pertenecía a NSDAP, mientras que la tierra adyacente se convirtió en un área de acceso restringido. Dado que esta zona también incluía el Hotel Platterhof, Bruno Büchner se encontró en apuros financieros. Además, se hicieron numerosas afirmaciones difamatorias sobre él a propósito, la mayoría de las cuales eran falsas, y fue deliberadamente involucrado en conspiraciones; supuestamente, se decía que servía alimentos en mal estado a sus huéspedes, maltrataba a su hija adoptiva Brigitte o escondía un pasado criminal. Todas estas intrigas tenían como objetivo justificar el cierre del hotel, que finalmente tuvo lugar el 20 de junio de 1936. Büchner recibió solo una pequeña compensación de 260 mil marcos y se vio obligado a abandonar Obersalzberg.[14] En los años que siguieron, el Platterhof fue renovado, equipado con 200 camas y conectado a otros edificios y refugios mediante corredores subterráneos. Se convirtió en un refugio tranquilo para altos dignatarios nazis, oficiales militares y tropas de las SS que custodiaban la sede de su líder. También albergaba recepciones y bailes suntuosos para las élites alemanas.

Otros personajes eminentes del Tercer Reich siguieron a Hitler a Obersalzberg y construyeron sus villas cerca de Berghof, como Hermann Goering, Heinrich Himmler, etc. El arquitecto jefe del Führer (más tarde también Ministro de Armamentos y Producción de Guerra) Albert Speer estableció allí una casa y un estudio llamados Landhaus Speer en 1939. A su vez, el secretario personal de Hitler, Martin Bormann, construyó toda una granja conocida como Gutshof Obersalzberg. Los agricultores criaban allí caballos, ganado, cerdos e incluso abejas. La intención de Bormann era abastecer la mansión Berghof, los propietarios de tierras cercanos y los cuarteles militares con alimentos. Con el tiempo, resultó que el duro clima alpino no era propicio para los animales y la granja registraba una baja producción.

Los numerosos huéspedes que visitaban a Hitler en su residencia se alojaban en hoteles en la cercana ciudad de Berchtesgaden. Los dignatarios tenían habitaciones preparadas para ellos en el lujoso Hotel Berchtesgadener Hof. Construido en 1898 como Grand-Hotel Kaiserin Auguste-Viktoria, pronto se convirtió en el lugar favorito de descanso de la aristocracia europea. En 1936, el hotel fue tomado por Martin Bormann, quien ordenó que se remodelara, se equipara con 157 camas adicionales y se renombrara como Berchtesgadener Hof.[15] Otros establecimientos de alojamiento populares, aunque más jóvenes y pequeños, en Berchtesgaden que servían a los nazis eran el Hotel Bellevue y el Hotel Deutsches Haus.

Durante la Segunda Guerra Mundial, el Obersalzberg era un área estrictamente patrullada, ya que junto con el Wolf's Lair en Görlitz, Prusia Oriental, el Berghof era el lugar donde Adolf Hitler pasaría la mayor parte de su tiempo (387 días en total). Por esta razón, los Aliados enviaron su fuerza aérea a esta tierra y la bombardearon el 25 de abril de 1945, como resultado de lo cual el Berghof sufrió graves daños y la mayor parte de sus interiores se perdieron en el fuego. La destrucción fue completada por los lugareños que saquearon las ruinas y las vastas estructuras subterráneas construidas debajo de todo el complejo.[16] Después de que cesaron las operaciones militares, toda la zona, incluido Berchtesgaden, fue tomada por el Ejército de los EE. UU. En 1945, el Berchtesgadener Hof dejó de operar. A su vez, en 1952, los estadounidenses reconstruyeron el Platterhof destruido y cambiaron su nombre a Hotel General Walker. Del mismo modo, renombraron el antiguo estudio Landhaus Speer a Evergreen Hotel y convirtieron la villa cercana Göllhäusl en una casa de huéspedes con 28 camas. Toda la zona se convirtió en un centro de recreación para las tropas estacionadas. El Estado

Libre de Baviera, restablecido después de la guerra, recibió del Gobierno Federal de Alemania en Bonn una compensación de 600 mil marcos por cada año de ocupación estadounidense en el Obersalzberg. Por lo tanto, no sorprende que las autoridades de Baviera entraran en pánico cuando recibieron un mensaje en 1957 anunciando planes para evacuar todas las tropas estadounidenses de la tierra. Eran conscientes de que, por un lado, la fuente de dinero estable que fluía al registro de la tierra se secaría, mientras que, por otro lado, se quedarían con hoteles que no podrían gestionar por sí mismos. Esta noticia fue difundida por Donald Curtis, un administrador de propiedades civiles estadounidense, y Karl Theodor Jacob, administrador de distrito de Berchtesgaden. En ese momento, el subdirector del Ministerio de Finanzas de Baviera, el Dr. Fritz Freudling, argumentó que estos establecimientos deberían venderse lo antes posible; Albert Steigenberger, un experimentado hotelero, parecía ser el comprador ideal para esta transacción. Aseguró que los hoteles serían modernizados y gestionados a un nivel adecuadamente alto, y que el turismo en la región se revitalizaría. El 1 de agosto de 1957, el Estado Libre de Baviera, representado por el Ministro de Finanzas del SPD, Friedrich Zietsch, vendió siete instalaciones a Steigenberger KG, específicamente, tres hoteles en Berchtesgaden: el Berchtesgadener Hof, el Bellevue y el Deutches Haus; el Hotel Platterhof, el Evergreen Hotel (Landhaus Speer), la casa de huéspedes Göllhäusl y la granja Gutshof en el Obersalzberg. El contrato se firmó apresuradamente y en secreto. El Departamento del Tesoro no informó al público de su intención de vender las propiedades y negoció condiciones solo con Steigenberger KG. Y estas condiciones fueron inusualmente atractivas para el comprador. Todas las instalaciones, incluidos los terrenos en los que se encontraban, se vendieron por una suma ridícula de tres millones de marcos pagaderos en diez cuotas anuales de 300 mil marcos cada una con un interés del dos por ciento. Además, las autoridades de Baviera asumieron la carga de cualquier costo de transacción e impuestos relacionados. Además, también cedieron la compenssación de Bonn al hotelero, que debía pagarse hasta que los estadounidenses entregaran los establecimientos. Así, formalmente, Steigenberger debía pagar por los hoteles una cuota anual de 300 mil marcos mientras recibía 600 mil marcos como compensación al mismo tiempo. Esto significaba que en el transcurso de diez años, podría alcanzar un excedente de tres millones de marcos sin siquiera participar en este proyecto y sin gastar ni un solo marco en él. El 29 de octubre de 1957, después de una sesión secreta, el parlamento en Múnich aprobó el contrato de venta.[17] Sin embargo, más tarde, ambas partes en este acuerdo demostraron ser incapaces de cumplir con sus disposiciones.

En 1958, Albert Steigenberger adquirió el 95 por ciento de las acciones de otro hotel, el Duisburger Hof en Duisburg. Este lujoso establecimiento construido en

1927 en pleno centro, frente a la Ópera Alemana por iniciativa de Karl Jarres, le costó siete millones de marcos. La empresa arquitectónica Pfeifer & Großmann diseñó el edificio de cinco pisos con una fachada blanca para albergar 200 habitaciones con 240 camas.[18] Lamentablemente, fue la última adquisición de Albert Steigenberger, ya que falleció en un hospital de Frankfurt el 19 de octubre de 1958.

Egon Steigenberger se convirtió en el sucesor natural del imperio creado por su padre, que, además de hoteles, también incluía restaurantes en Frankfurt y Stuttgart, una bodega de vinos en Frankfurt, así como una fábrica de algodón y ropa interior en Offenburg. El joven Steigenberger tenía una visión de cómo expandir la empresa y quería fortalecerla para enfrentar desafíos futuros, como el transporte aéreo, la internacionalización y el turismo vacacional. Sin embargo, antes de eso, tuvo que enfrentarse a la decisión tomada por el gobierno alemán, que retuvo el pago de la compensación por las instalaciones en Berchtesgaden que habían sido tomadas desde 1958. Curtis y Jacob resultaron ser malos informantes: los estadounidenses no se iban a ninguna parte (no abandonaron la zona hasta 1995). Por esta razón, Egon llevó el caso a los tribunales, exigiendo que la compensación se incrementara a 1.2 millones de marcos por impedirle gestionar sus hoteles. El proceso fue procesado por tribunales de varias instancias y terminó en 1967 con la anulación completa del contrato. El tribunal cuestionó el precio de compra excesivamente bajo de la propiedad, valorado por expertos en aproximadamente 30 millones de marcos (la reconstrucción del Platterhof solo costó a los estadounidenses 50 millones de marcos). Al mismo tiempo, se revelaron varios hechos inconvenientes. Poco después de la firma del contrato, Donald Curtis ocupó un alto cargo en Steigenberger KG, mientras que Karl Theodor Jacob, como gobernador y también presidente del banco local Berchtesgadener Kreissparkasse, adquirió el Hotel Deutsches Haus (el único establecimiento que los estadounidenses devolvieron en 1963) de la corporación por una suma simbólica de 150 mil marcos. Además, el secretario del Tesoro, el Dr. Joseph Panholzer, recibió del hotelero un cheque por 250 mil marcos, supuestamente como donación para la reconstrucción de la Residenz de Múnich, el antiguo palacio real de los monarcas bávaros.[19]

Egon Steigenberger comenzó valientemente a implementar su plan de acción. En 1960, abrió un restaurante en el aeropuerto de Ren-Men en Frankfurt y tres años después, comenzó a expandir su negocio hotelero más allá de las fronteras alemanas adquiriendo el Hotel Quirinale en Roma. Más tarde, agregó a la cadena instalaciones en Santa Lucía en el Caribe, Scheveningen en los Países Bajos y su primer hotel en el aeropuerto en Frankfurt (1969).[20] En 1970, Steigenberger en cooperación con la agencia de viajes TUI creó un nuevo concepto de hotel: el

Albert Steigenberger con su hijo Egon.
(Fuente: Die Geschichte der Steigenberger Hotel Group)

Robinson Club, es decir, hoteles y resorts de vacaciones con numerosas actividades, incluidos eventos culturales y entretenimiento, deportes y tratamientos de salud y bienestar. Los prototipos se fundaron en el Bosque Bávaro en Lam y Grafenau, y el 1 de enero de 1971, se inauguró un hotel en la isla de Fuerteventura (Islas Canarias). En el transcurso de una década, se fundaron numerosos establecimientos del Robinson Club tanto en estaciones de salud alemanas (Bad Kissingen y Bad Neuenahr), como en todo el Mediterráneo y en los Alpes.[21]

Para asegurarse de que sus hoteles contaran con un personal excelente, Egon Steigenberger adquirió en 1972 una escuela de hotelería en Bad Reichenhall. Además, fundó subsidiarias destinadas a gestionar toda la cadena, a saber, Frankof-Kellerei en Hochheim am Main (vino), H*E*A*D GmbH (mobiliario y equipamiento hotelero) y Steigenberger Consulting GmbH (servicios de consultoría para la industria hotelera y turística).[22] En 1980, Steigenberger Consulting GmbH obtuvo nuevos hoteles en Berlín, Baden-Baden y Bonn en Alemania, así como en Davos y Gstaad-Saanen en Suiza.

Cuando el 4 de enero de 1985 falleció Egon Steigenberger en Ruhpolding, la corporación que se convirtió en una sociedad anónima comprendía veintiocho hoteles bajo el nombre de Steigenberger, así como numerosas instalaciones del Robinson Club. Hasta el 99.6 por ciento de las acciones pasaron a manos de la viuda Anne-Marie Steigenberger y las hijas Christine, Claudia y Bettina. La compañía no estaba listada en la bolsa de valores, por lo que otras cadenas hoteleras o fondos de inversión no podían adquirir el control mayoritario y la familia podía gestionar hoteles de acuerdo con su filosofía de gestión. Y lo hicieron a gran escala. Primero, en 1989, vendieron a TUI todas las acciones en Robinson Club y en 1991, iniciaron su propia estrategia para muchas marcas. Fue entonces cuando apareció en el mercado la nueva marca de tres estrellas InterCityHotel con la primera instalación fundada en Frankfurt, Alemania. Un año después, en Speyer, se inauguró otro hotel de la marca Steigenberger de dos estrellas, Esprix Hotels, un concepto que aseguraba comodidades sin extras innecesarios. A su vez, en 1993, un hotel en Jena inauguró el Steigenberger Maxx Hotel, caracterizado por un ambiente informal y una comodidad nostálgica al estilo estadounidense. En resumen, la década de 1990 fue un período de la mayor expansión de la empresa, ya que tomó el control o abrió cuarenta hoteles nuevos, incluido el segundo en el aeropuerto de Frankfurt, específicamente, el Steigenberger Esprix Hotel Frankfurt Airport. La marca InterCityHotels se convirtió en una cadena de dieciséis hoteles, con sus primeros complejos turísticos en el Mar Báltico. Se estima que en 2003, hasta 5446 empleados generaron unos ingresos anuales de 441.3 millones de euros. Un año después, las marcas se consolidaron y todos los establecimientos Steigenberger Esprix y Steigenberger Maxx se convirtieron en parte de la marca Steigenberger Hotels & Resorts o la marca InterCityHotel, según su ubicación y categoría.

En 2005, Steigenberger Hotels AG celebró su septuagésimo quinto aniversario, convirtiéndose en el negocio familiar más antiguo de Alemania. Más tarde, abrió el primer hotel en Italia, el Steigenberger Hotel Therme Meran y el Steigenberger Hotel de Saxe en Dresde (178 habitaciones), el Steigenberger Strandhotel Zingst (121 habitaciones) en la costa del Mar Báltico y el Steigenberger Hotel Treudelberg (135 habitaciones) en Hamburgo.

Finalmente, el 20 de agosto de 2009, los Steigenberger vendieron todas sus acciones al conglomerado turístico egipcio líder con sede en El Cairo, Travco Group International Holding S.A.E. Su propietario, Hamed El Chiaty, que tenía a su disposición una flota de barcos en el Nilo y cuarenta y tres hoteles operando bajo las marcas Jaz, Iberotel y Sol Y Mar (10.5 mil habitaciones en total), expandió su negocio con 78 hoteles más, específicamente, Steigenberger Hotels & Resorts e InterCityHotels, con un total de 13 mil habitaciones. Sin embargo, estos no incluyeron tres instalaciones que los Steigenberger mantuvieron para sí mismos, a saber, el antiguo buque insignia Frankfurter Hof y el Steigenberger Airport Hotel en Frankfurt, Alemania, y el Belvedere en Davos, Suiza.[23] A su vez, a principios de 2020, los hoteles Steigenberger centrados en Deutsche Hospitality fueron adquiridos por el grupo chino Huazhu por 700 millones de euros[24].

Albert Steigenberger fue un profesional autodidacta. A diferencia de otros aclamados hoteleros de esa época, no pasó por todos los escalones de la carrera hotelera. Nunca fue cocinero, camarero o recepcionista; ingresó al negocio directamente, sin tener conocimiento alguno. Y esto resultó ser su ventaja. Degustando la industria hotelera a su manera, desarrolló su propia receta para el éxito. Adquirió edificios de valor histórico, dañados o deteriorados, cuyos dueños anteriores ya no podían atender, y no tuvo miedo de dar millones para modernizar estos edificios, que luego administraba él mismo. En sus transformaciones, combinó hábilmente la tradición y un estilo chic conservador con tecnologías de vanguardia. Esto le permitió restaurar sus hoteles a su antigua gloria, ya que volvieron a atraer a los huéspedes y comenzaron a generar ganancias. Además, Steigenberger respondió rápidamente a las tendencias cambiantes del mercado. Por ejemplo, para garantizar un mayor confort, organizó habitaciones individuales espaciosas. Sin embargo, luego en verano, cuando el hotel comenzó a recibir parejas viajeras y resultó que no había suficientes habitaciones dobles, introdujo sofás cama convertibles. Por lo tanto, una habitación podía servir tanto a un huésped soltero como a una pareja, según la temporada. Vale la pena agregar que el hotelero llenó hábilmente sus establecimientos de huéspedes extranjeros gracias a su cooperación con las principales agencias de viajes, como Touropa, American Express Company y Thomas Cook. En 1954, el Frankfurter Hof solo, con sus 523 camas, tenía una ocupación del 94 por ciento, el 75 por ciento de los cuales eran visitantes extranjeros.

Albert Steigenberger colocó la tecnología de vanguardia y la innovación en primer lugar. Esto no se trataba solo de mejorar la comodidad de los huéspedes mediante, entre otras cosas, radios de mesa de noche o televisores que algunas suites ofrecían. El objetivo principal de estas soluciones tecnológicas era reducir los costos operativos y disminuir la cantidad de personal; por ejemplo, las cafeteras de vanguardia permitían reducir la cantidad de café de 0.25 a 0.2 onzas. Aplicado en varias instalaciones, con el tiempo, esto resultó en ahorros bastante sustanciales, que se utilizaron para la compra, por ejemplo, de tapices, muebles antiguos o pinturas. Steigenberger administraba sus hoteles gracias a información relevante. Todos los días alrededor del mediodía, informes de todas las instalaciones llegaban a su escritorio, especificando tasas de ocupación, ingresos de alojamiento y restaurantes, e incluso el diseño de mesas en un restaurante o las cuentas pendientes de los huéspedes. Además, el quinto día de cada mes, los directores de hotel le enviaban por correo declaraciones financieras detallando ingresos, costos de personal, bienes y energía, así como pérdidas operativas, y si hubiera desviaciones significativas de los estándares establecidos, debían presentar una explicación relevante.

Albert Steigenberger fue el primer hotelero alemán en restaurar con éxito muchos grandes hoteles a su antigua gloria y combinarlos en una cadena. Aunque implementó estándares y métodos de gestión uniformes en ellos, aún mantenía sus tradiciones y carácter únicos. Estas son precisamente las características que siguen siendo el engranaje capital de Steigenberger Hotels hasta el día de hoy.

11

Ernest Henderson

El hombre que creó Sheraton

Algunos lo llamaban bárbaro cuando tomaba posesión de hoteles famosos y cambiaba sus nombres. Otros, en cambio, lo llamaron "el doctor de los hoteles" cuando efectivamente enderezaba otros establecimientos. Se decía de él que *"los tontos van a donde los ángeles temen pisar"*, y a pesar de eso, seguía demostrando que podía aprovechar perfectamente las oportunidades. Ernest Henderson es sin duda una figura controvertida. Él mismo repetía varias veces que no era hotelero de corazón y que dirigir este tipo de establecimientos para venderlos por mucho más de lo que costaron era una buena forma de ganar dinero. Sin embargo, vale la pena acercarse a la historia del hombre que en cierto momento creó la cadena hotelera más grande del mundo y brindó a la sociedad viajera una buena calidad de servicio hotelero.

Ernest Henderson, 1897-1967
(Fuente: Library of Congress)

Ernest Henderson nació el 7 de marzo de 1897 en Chestnut Hill, en las afueras de Boston. Fue el quinto de seis hijos (Hildegard, Gerard, George, Edith, Ernest y Frances) de Ernest Flagg y Berta Hendersons. Su padre, originario de Staten Island, Nueva York, se graduó de Harvard en 1883; obtuvo el título de doctor en filosofía en la Universidad de Berlín en 1890 y un doctorado en literatura en la Academia Trinity de Boston en 1904.[1] La madre de Ernest, nacida en Inglaterra, tres cuartas partes británica y una cuarta parte alemana, provenía de la familia aristocrática von Bunsen.[2] Los Henderson vivían prácticamente de maleta en maleta, mudándose entre

Boston, Cambridge, Washington, D.C., Dublín en el estado de Nueva Hampshire (donde tenían una casa de verano) y países europeos (como Inglaterra, Alemania y Francia). Las largas estancias en el viejo continente resultaron en las publicaciones históricas de su padre, como "*A Short History of Germany*", "*A History of Germany in the Middle Ages*" o "*Symbol and Satire in the French Revolution*".[3] Ernest Jr. se graduó de la Noble & Greenough School en Boston. Además, asistió a la escuela secundaria exclusiva para chicas Le Petit Lycée des Jeunes Filles en la ciudad francesa de Versalles y, a la edad de dieciséis años, asistió a la principal escuela técnica en Hanover, Alemania. En ese momento, su padre esperaba que se convirtiera en ingeniero eléctrico.

En julio de 1914, un día antes del estallido de la Primera Guerra Mundial, la familia Henderson regresó de Hanover a EE. UU., y en el otoño, el joven Ernest comenzó a estudiar en Harvard. En la residencia estudiantil, conoció a un compañero de cuarto llamado Robert Lowell Moore, un hábil técnico con algunas invenciones en su haber (entre otras, un prototipo de automóvil llamado Metz), quien más tarde se convirtió en su socio comercial durante muchos años. Su primera empresa conjunta en la universidad fue una asociación que se ocupaba de comprar vehículos Ford usados o dañados, convertirlos en camiones y revenderlos a buen precio. Este lucrativo negocio operó durante dos años y medio, hasta que Estados Unidos ingresó a la Primera Guerra Mundial; Henderson se alistó en la Marina de EE. UU. y navegó por las aguas costeras de Francia e Italia sirviendo como operador de radio y electricista.

En 1918, regresó a su país natal y comenzó a trabajar, primero en General Electric en Schenectady, y luego en el Instituto Tecnológico de Massachusetts. Sin embargo, como trabajar en un empleo regular resultó insatisfactorio, decidió volver a emprender su propio negocio. Con su hermano George y el amigo Robert Moore, por la suma de 1000 dólares, abrió la compañía Henderson Brothers en Boston. Inicialmente, comerciaban con divisas, otorgaban préstamos y luego, aprovechando la debilidad de la marca alemana, se dedicaron a la importación a gran escala de diversos productos de Europa, principalmente de Alemania (binoculares, linternas, cubiertos, maquinillas de afeitar, utensilios de aluminio, trajes de hombre hechos de fibra de papel o pastores alemanes). El capital de la compañía creció y Henderson continuó buscando nuevas oportunidades en el mercado. Creía profundamente que algún día sería mencionado como el jefe de una de las mayores corporaciones estadounidenses y trabajaba consistentemente en esa dirección. Su vida privada también cambió sustancialmente, ya que el 18 de junio de 1923 se casó con Mary Stephens de Wheeling, Virginia Occidental, quien cambió su nombre a Molly Henderson. En los años siguientes, los

Henderson tuvieron cinco hijos (Ernest Flagg III, Victoria, Mary, Augusta y Barclay).[4]

Otra empresa de los tres socios fue la World Radio Corporation, bajo la cual utilizaban piezas importadas del extranjero para ensamblar y vender receptores de radio, que, debido a sus bajos precios, tenían bastante demanda. Para el año 1925, WRC había abierto más de 35 tiendas y generaba un millón de dólares al año. Henderson también supo utilizar hábilmente la situación en el mercado durante la Gran Depresión. En 1931, estableció una pequeña empresa de inversión llamada grandemente World Investment Trust (posteriormente rebautizada como Investment Trust of Boston) y adquirió acciones por poco dinero de empresas cotizadas en bolsa fuertemente afectadas por la crisis. Cuando se hizo cargo del bloque de control de los fondos de inversión Beacon Participations Inc., Atlantic Securities y Standard Investing Corporation, y utilizó sus activos, ya tenía el control de bienes raíces por valor de veinte millones de dólares.[5]

El verdadero avance en su negocio ocurrió en 1933, cuando adquirió el Continental Hotel en Cambridge. La construcción del edificio costó un millón de dólares, aunque Henderson pagó tres veces menos por ello, incluyendo 25 mil dólares en efectivo y el resto a crédito. Presumiendo de 150 habitaciones, un salón de baile y un garaje adyacente, la operación del establecimiento comenzó desafortunadamente el día en que se estrelló el mercado de valores (1929) y después, no pudo financiarse a sí mismo. Después de realizar un análisis profundo de sus resultados y actividad operativa, Henderson sabía que la única oportunidad para devolver la salud al hotel era implementar un estricto control de costos.

Hotel Continental en Cambridge
(Fuente: Boston Public Library)

Rápidamente comenzó a corregir los errores identificados, convirtiendo el Continental en uno de los hoteles más rentables de ese tamaño en el país y pagando rápidamente el préstamo.[6] La experiencia adquirida le reveló un inmenso potencial y grandes posibilidades en el negocio hotelero en el futuro. Creía que los hoteles serían los primeros en recuperarse de la recesión, y comenzó a buscar más establecimientos. Cuando en 1937 adquirió el Stonehaven Hotel de 200 habitaciones en Springfield, Massachusetts (construido en 1900 como un edificio de apartamentos de lujo), al principio implementó sus soluciones del Continental; sin embargo, confió el puesto de gerente del hotel a Elmer Boswell, quien ocupó ese cargo hasta ese momento. Ese hombre resultó ser el activo más valioso de la compañía: bajo su liderazgo, el Stonehaven prosperó y los ingresos que generó ayudaron en la adquisición de otros dos hoteles en 1939, a saber, el Lee House de 250 habitaciones en Washington, D.C., y el Sheraton en Boston. Este último fue construido en 1923 por Bay State Road Company. Según *The Boston Globe*, era un "*edificio de apartamentos moderno de ocho pisos, a prueba de fuego, en el centro de uno de los distritos más exclusivos y altamente restringidos de Boston*". Lo más probable es que los desarrolladores eligieran el nombre 'Sheraton' para hacer referencia al estilo de muebles popularizado por el famoso ébano inglés Thomas Sheraton a principios del siglo XIX. El edificio de estilo federal con decoraciones neoclásicas sutiles fue diseñado por la misma firma de arquitectos que creó el Ritz-Carlton original de Boston. El edificio en forma de H albergaba 132 suites, cada una compuesta por una o dos habitaciones con baño. El Sheraton brindaba alojamiento principalmente a huéspedes de alto nivel durante estancias prolongadas, que contaban con la atención de un conserje, personal de limpieza y personal de restaurante. El hotel también cumplía funciones sociales, albergando, entre otras cosas, noches de baile los fines de semana en el club nocturno de la azotea.[7]

Con tres hoteles ya a su disposición (ya que el Continental se vendió en el ínterin), Henderson y Moore comenzaron a pensar en crear una gran cadena y reflexionaron sobre un nombre para ella. Dado que la eliminación de la gigantesca estructura metálica con el letrero eléctrico SHERATON del techo del hotel de Boston resultó muy costosa, no tuvieron mucha elección. Por lo tanto, los establecimientos en Springfield y Washington se convirtieron en Sheratons. Los nombres de todos los demás hoteles que se adquirieron posteriormente se cambiaron de la misma manera, incluso aquellos con muchos años de tradición.

En 1941, se añadió a la cadena el renombrado Copley Plaza, considerado una institución de Boston y, al mismo tiempo, uno de los principales hoteles del país. Nombrado en honor al gran pintor estadounidense John Singleton Copley, se erigió en el antiguo sitio del Museo de Bellas Artes de Boston. El edificio Beaux-

Hotel Sheraton en Boston, posteriormente renombrado Shelton.
(Fuente: BU Photography)

Arts de siete pisos en forma de E fue diseñado por Henry Janeway Hardenburgh, el arquitecto que creó, entre otros, el Plaza Hotel de Nueva York y el Willard Hotel en Washington, D.C. Costó 5.5 millones de dólares construirlo. La gran inauguración del Copley Plaza celebrada en agosto de 1912 atrajo a estrellas, personajes destacados y dignatarios, incluido, entre otros, el alcalde de Boston, John F. Fitzgerald, abuelo del futuro presidente de los Estados Unidos, John F. Kennedy.[8] Según Henderson, esta compra lo colocó en la principal "liga hotelera". La instalación fue completamente modernizada. A un costo de 60 mil dólares, su restaurante se trasladó a un piso inferior para aumentar la velocidad y eficiencia del personal de espera; además, se puso en funcionamiento un bar de cócteles para generar beneficios. El hotel también recibió mobiliario nuevo y decoración interior. Finalmente, también se cambió el nombre, de Copley Plaza a Sheraton-Plaza, provocando una gran indignación en los medios de comunicación.

El siguiente hotel que se compró, en el mismo año, fue el Beaconsfield en Brooklyn, seguido por el Bancroft en Worcester que se adquirió en 1942. Situado en Beacon Boulevard, el Beaconsfield era propiedad originalmente de la prominente familia de los Whitney. El espacioso edificio de estilo colonial de tres pisos tenía 200 habitaciones, varios restaurantes, una cuadra y un garaje con capacidad para hasta sesenta autos. Las instalaciones también contaban con un gran parque y una pista de tenis.[9] El hotel fue embargado después de la Gran Depresión y Henderson pagó solo 360 mil dólares por él (25 mil en efectivo y el resto en hipoteca). En el transcurso de tres años, hizo que la instalación comenzara a generar suficiente dinero para permitirle pagar el préstamo y venderlo por 1.25 millones de dólares.[10] A su vez, el Bancroft se inauguró en 1913 como el hotel más elegante de Worcester. Fue construido por 1.2 millones de dólares por un empresario de Niagara Falls llamado Frank A. Dudley y fue administrado por United Hotels Company. El proyecto de este edificio Beaux-Arts fue ideado por la firma de arquitectos Esenwein & Johnson de Buffalo. Inicialmente, tenía 320 habitaciones, pero en 1926 se expandió para albergar 500 habitaciones.[11] El hotel llevaba el nombre de un distinguido historiador y político local, George Bancroft[12]; por lo tanto, cuando Henderson, como de costumbre, lo renombró Sheraton, la prensa criticó: *"Bárbaros del Este profanan la memoria del ciudadano más grande de Worcester"*.

La adquisición de cada uno de los establecimientos agregados a la cadena siempre seguía un escenario probado. Para mejorar los resultados de un hotel dado y adaptarlo a los estándares de Sheraton, Henderson designaba a los llamados escuadrones voladores, es decir, grupos de expertos encargados de áreas específicas del hotel. El programa de reparación comenzaría con una inspección general del edificio y un análisis de costos. Había un objetivo: buscar formas de ahorrar dinero. Los expertos técnicos Fred Mills y Fred Kummer tenían la tarea de identificar y eliminar pérdidas relacionadas con dispositivos e instalaciones en el establecimiento (como carbón excesivamente caro o consumo excesivo de agua, alguien había conectado tuberías de agua). Incluso se convirtió en una costumbre quitar las bombillas si no se usaban. Henderson escribió una vez: *"Ya no es posible mantener todas las costosas tradiciones que una vez dictó el sentimiento"*. Elmer Boswell era el encargado de inspeccionar los recursos humanos. Siempre se reunía con el personal actual y explicaba las mejoras planificadas, analizaba la nómina y la eficiencia del personal, y también cambiaba los horarios. También estaba a cargo de áreas inaccesibles para los huéspedes (cocinas, almacenes, comedores, baños, vestuarios), ya que sabía que estos lugares tendían a estar descuidados y que la modernización de un establecimiento dado debía comenzar desde allí. Sabía por experiencia que se podían obtener resultados satisfactorios solo si se garantizaban condiciones de trabajo adecuadas para los empleados. Posteriormente, se abordaron otras partes de un hotel, un área manejada por Mary Kennedy, jefa del departamento de decoración, que era responsable de la apariencia general y las decoraciones del establecimiento (colores, diseño de habitaciones, mobiliario, decoraciones, etc.). Otros agentes de cambio involucrados fueron Frank Petrie, que proporcionó un entrenamiento intensivo para los empleados, y Bus Smith del departamento de ventas, que buscaba clientes locales dispuestos a organizar bodas, banquetes, conferencias, reuniones de negocios, etc. Henderson creía que un dólar de mejoras debería generar dos dólares de valor.[13]

Como resultado de la rápida expansión de Sheraton, en 1943, se lanzó una campaña publicitaria nacional, siendo su primer eslogan, "Siempre Pruebe Sheraton Primero". El logotipo de la cadena se colocó en cajas de cerillas, toallas, vajilla, cristalería, y así sucesivamente. En 1945, Sheraton fue la primera cadena de hoteles en ingresar a la Bolsa de Nueva York, y un año después, ya estaba capitalizando la próspera industria hotelera (con tasas de ocupación del 95 por ciento) para comprar el interés controlador en la cadena de restaurantes Thompson's Spa de Boston por un millón de dólares. Su creador fue Charles Eaton, quien en 1882 abrió su primer puesto de refrescos en la calle Washington. El nombre "Thomson" en el logotipo de la marca hacía referencia al apellido de soltera de su esposa, mientras que "Spa" hacía referencia a una ubicación en Bélgica donde se promovieron por primera vez las propiedades saludables del agua mineral. Su idea de un bar sin alcohol resultó ser un éxito instantáneo y después de solo seis meses, la compañía comenzó a generar ganancias. Eaton expandió progresivamente su menú para incluir más artículos: sándwiches, pasteles, bocadillos y comidas, mientras que las noticias sobre su excelente calidad se difundieron rápidamente entre los habitantes de Boston. La revista *Baking Technology* proclamó a Thompson's Spa como "la mejor casa de comidas del mundo". Este éxito también se debió a las buenas relaciones con la prensa, campañas promocionales excelentemente planificadas (por ejemplo, un termómetro gigante instalado afuera que mostraba la temperatura en toda la ciudad de Boston), la lealtad de los empleados tratados por los propietarios como miembros de la familia, así como sistemas operativos innovadores e inventos mecánicos que mejoraron el servicio. En 1916, entre diez mil y doce mil clientes pasaban por el restaurante a diario. Obviamente, satisfacer una demanda tan alta requería un mayor número de instalaciones. En el apogeo de su expansión, el imperio de Eaton comprendía diez ubicaciones en diferentes partes de Boston. Sin embargo, después de su muerte en 1917, resultó que los sucesores no podían cooperar y la compañía empezó a perder gradualmente su importancia en el mercado de restaurantes. Henderson compró Thomson's Spa en 1946 con la esperanza de que su conocimiento de los servicios de catering de hoteles le permitiera salvar la empresa en problemas. Lamentablemente, esta línea de negocios se convirtió en uno de los mayores desafíos a los que tuvo que enfrentarse. Incapaz de lidiar con el problema, primero contrató a Exchange Buffet Corporation para administrar sus restaurantes y, finalmente, en 1949, le vendió toda la cadena de Thomson's Spa.[14]

En 1948, Standard Equities Corporation, propietaria de los hoteles Sheraton, absorbió la fallida U.S. Realty and Improvement Company, formando así una nueva entidad: Sheraton Corporation of America.[15] Como resultado, Henderson recibió una inyección financiera sustancial (en forma de propiedades inmobiliarias en Boston y Nueva York por valor de 14 millones de dólares), lo que le permitió ingresar al mercado internacional adquiriendo dos empresas canadienses. La primera fue Cardy Hotels Corporation, fundada por el experimentado hotelero Vernon G. Cardy (1886-1976). Sus inicios se remontan a 1945, cuando Cardy se convirtió en dueño de su primer establecimiento: el Hotel Mount Royal en Montreal, comprado a Aldéric Raymond. En los años siguientes, se sumaron otros seis hoteles a Cardy Hotels: el King Edward en Toronto, el General Brock en Niagara Falls, el Royal Connaught en Hamilton, el Prince Edward en Windsor, el Alpine Inn en St. Marguerite y el Bigwin Inn en Muskoka.[16] Cardy decidió vincular su futuro con su otra gran pasión: la cría de pura sangre. La cuadra que fundó lo hizo famoso en el mundo de los deportes ecuestres.[17] Por lo tanto, el 30 de diciembre de 1949, vendió sus Cardy Hotels a Sheraton por 4.8 millones de dólares.[18] Otra propiedad canadiense adquirida por Henderson fue el hotel más grande de Montreal, el Laurentien. Situado en la esquina del Bulevar Dorchester y la calle Peel, este establecimiento fue diseñado en estilo modernista por el arquitecto local Charles Davis Goodman y tuvo su inauguración festiva el 20 de marzo de 1948.[19] Allí, en sus veintitrés pisos y su área total de más de un millón de pies cuadrados, se alojaban hasta 1004 habitaciones. Después de dirigirlo durante algunos años, Sheraton vendió el Laurentien a Canadian Pacific por ocho millones de dólares en 1969; en 1978, fue demolido.[20]

Henderson no se detuvo en la adquisición de establecimientos famosos que luego rebautizó como Sheraton. Ya en la década de 1940, agregó a su cadena los siguientes hoteles: el Russell en Nueva York, el Kimball en Springfield, el Belvedere en Baltimore y el Providence Biltmore en Providence. Luego, en 1950, compró el Gibson Hotel en Cincinnati; en 1951, adquirió el Westin Book Cadillac en Detroit y en 1952 los hoteles Carlton y Wardman Park en Washington. El año que fue particularmente abundante en adquisiciones fue 1954, cuando la etiqueta Sheraton se puso en el Astor y el McAlpin en Nueva York, el Blackstone en Chicago, el Ten Eyck en Albany, el Langham Huntington en Pasadena, el Town House en Los Ángeles, el Palace Hotel en San Francisco y el French Lick Springs en el condado de Orange. En 1955, la cadena se expandió con los siguientes hoteles: el Jefferson en St. Louis, el Mayflower en Akron y el Lincoln en Indianápolis. Debe enfatizarse que Henderson no estaba particularmente emocionalmente invertido en sus instalaciones. Al comprar nuevas, no dudaba en vender otras si veía la oportunidad de ganar mucho dinero.

En mayo de 1956, Henderson realizó otra compra espectacular. Por la suma de 30 millones de dólares, adquirió una cadena de veintidós hoteles Eppley, que operaban en seis estados bajo los auspicios de la Eppley Hotel Company.[21] Fundada en 1917 por Eugene C. Eppley (1884-1958), en ese momento, se consideraba el grupo hotelero más grande y antiguo en manos privadas. Su cartera incluía hoteles como, entre otros, el William Penn (1500 habitaciones) en Pittsburgh, el Seelbach (500 habitaciones) en Louisville, el Capital en Lincoln, el Fontenelle (350 habitaciones) en Omaha, el Warrior en Sioux City o el Tallcorn (123 habitaciones) en Marshalltown.[22] Gracias a esta adquisición, la cadena Sheraton se expandió en 5,400 habitaciones, alcanzando un total de 24,360 habitaciones en cincuenta y cuatro hoteles en los Estados Unidos y Canadá.[23]

Durante veinte años, Henderson desarrolló su cadena mediante la compra de hoteles ya en funcionamiento. Hizo todo lo posible para hacerlos más rentables rediseñando sus interiores, cambiando sus muebles, modernizándolos y renovándolos, e introduciendo estándares de servicio probados. Se esperaba que se volvieran más eficientes y atrajeran a un mayor número de huéspedes. Sin embargo, en marzo de 1957, comenzó a abrirse camino en una área completamente nueva al inaugurar en Filadelfia un hotel completamente nuevo. Construido por 16 millones de dólares, el Philadelphia-Sheraton de 1000 habitaciones estaba equipado con todas las mejores comodidades de la época y tenía un espacio para banquetes para tres mil invitados.[24] Este movimiento fue impulsado por números puros, ya que en 1954 se aprobó una nueva ley fiscal que garantizaba muchas ventajas fiscales para nuevas inversiones. Esto pretendía alentar a los empresarios a hacer crecer sus negocios, incluida la creación de nuevos empleos. Según la legislación adoptada, al construir un hotel, Henderson podía solicitar deducciones por depreciación. De esta manera, a menudo reducía su ingreso imponible total y el dinero que ahorraba lo invertía en una mayor expansión. Por lo tanto, justo después de la apertura de la instalación en Filadelfia, se construyeron otros cinco hoteles en Dallas, Binghamton, Portland, Chicago y Baltimore.

En 1958, también se agregó a la cadena el Ambassador Hotel en Nueva York, cambiando su nombre a Sheraton-East, mientras que un año después, Henderson se hizo cargo de las primeras instalaciones fuera de América del Norte, específicamente, cuatro hoteles en Honolulu, Hawái, que pertenecían a la Matson Navigation Company: el Moana Hotel, el Surfrider, el Royal Hawaiian y el Princes Kaiulani.[25] En 1961, apareció un Sheraton en Tel Aviv, Israel, en Puerto Rico y en Jamaica, mientras que en 1963, se abrió el primer hotel en Sudamérica en Venezuela bajo el nombre de Macuto Sheraton. Henderson también comenzó a construir moteles, cada vez más populares en la sociedad. En 1960, por una suma de 12 millones de dólares, abrió en West Side, Manhattan, el Sheraton Motor Inn de 432 habitaciones proclamado el motel más alto del mundo (veinte pisos). También fue el primer hombre en la industria en introducir estacionamiento gratuito en todas sus instalaciones. En ese momento, Sheraton, que tenía la

Sheraton Motor Inn en Nueva York. (Fuente: University of Wisconsin-Milwaukee Libraries)

mayoría de los hoteles, competía por el título de la cadena hotelera más grande con Hilton, que tenía más habitaciones. Para mejorar su posición en el mercado, a principios de la década de 1960, Henderson decidió cambiar el método de expansión al gestionar hoteles bajo su propia marca, pero propiedad de otra persona. En 1962, siguiendo la tendencia en el negocio, formó una división de franquicias.

Sheraton también implementó sus propias innovaciones en la industria hotelera, especialmente tecnológicas. En 1948, se convirtió en la primera cadena en utilizar el sistema de telex para la red de reservas. En 1958, como la primera empresa en la industria, instituyó un sistema automatizado de reservas electrónicas, seguido en 1967 por su versión actualizada, Reservatron II, que era un sistema informático para reservas personalizadas. En 1970, fue la primera empresa en introducir un sistema gratuito de números 800 que permitía a los clientes acceder directamente a las reservas.

Desde principios de la década de 1960, la situación de Sheraton cambió drásticamente. Competidores más jóvenes ingresaron al mercado, mientras que la mayoría de los hoteles de Henderson ya estaban envejeciendo (en promedio, cada uno tenía treinta años) y requerían renovación. Además, sus ubicaciones resultaron menos atractivas de lo que solían ser. De 1962 a 1967, el valor de las acciones de la Sheraton Corporation cayó de 22 dólares a 9 dólares. En ese momento, la International Telephone & Telegraph Corporation mostró interés en la industria hotelera, y en 1966 adquirió la Airport Parking Company of America, que tenía ocho hoteles con la marca Holiday Inn.[26] En 1967, ITT también comenzó a negociar la compra de la cadena Sheraton. Desafortunadamente, Ernest Henderson no vivió lo suficiente para ver la conclusión de esta transacción. Sufrió un ataque al corazón en su casa de verano en Dublín y falleció el 6 de septiembre de 1967 en el Hospital General de Massachusetts.[27] Un año antes de su muerte, a la edad de sesenta y nueve años, Henderson se volvió a casar. Su elegida fue Faryl Finn, una directora de publicidad de 25 años en Sheraton-Boston. Después de su fallecimiento, la responsabilidad del imperio Sheraton con 154 hoteles recayó en su hijo Ernest Flag Henderson III, quien en 1963 ocupó el cargo de presidente de la compañía cuando Robert Moore se retiró. Finalmente, en octubre de 1968, la International Telephone & Telegraph Corporation acordó pagar 35 dólares por una acción y se convirtió en propietaria de la Sheraton Corporation of America. Ernest Henderson III fue despedido y el cargo de presidente fue ocupado por Philip L. Lowe.[28]

Ernest Henderson construyó su cadena basándose en sus propios métodos probados y eficientes. Fue un maestro de la auto-disciplina, increíblemente organizado y, sobre todo, un experto financiero. Después de cada compra de hotel, siempre lo analizaba meticulosamente en términos de la base imponible, para que mediante la aplicación de la depreciación más alta posible redujera los impuestos y utilizara los fondos obtenidos para nuevas inversiones. Dominó el arte de "curar" hoteles en declive y convertirlos en establecimientos altamente rentables. Decía que cada dólar gastado en mejora debía rendir dos dólares. No dudaba en comprar y vender la misma instalación varias veces si la transacción era beneficiosa. Se estima que en los años 1945-1960, Henderson vendió de treinta a cuarenta hoteles, en su mayoría con altas ganancias.

"Encontrar formas de medir resultados", respondía Henderson cuando le preguntaban sobre la razón detrás del éxito de Sheraton. Las instalaciones adquiridas generaron ahorros de inmediato, alcanzando tasas de ocupación que estaban muy por encima del promedio de la industria, mientras que las ganancias que generaban se invertían en un crecimiento continuo. Con el tiempo, Henderson seleccionó veintidós categorías en la operación hotelera que permitían mejorar los resultados. Este programa se llamó "Operación Pay Dirt" y aportó un ahorro anual de entre 50 mil y 200 mil dólares. En el negocio de la restauración, implementó un sistema central para suministrar instalaciones con productos y materias primas, así como un método para planificar su cantidad adecuadamente con fines de reducción de pérdidas.

En cuanto a la actividad operativa, Henderson supervisaba de cerca las relaciones con los huéspedes del hotel. Siempre apreciaba las críticas; por esta razón, introdujo la costumbre de dejar cuestionarios de evaluación en las habitaciones. Su premisa era que un huésped sabe más sobre cómo dirigir un hotel que el personal directivo y puede decirles cómo hacerlo mediante un cuestionario. Recopilaba cientos de comentarios, que luego utilizaba de manera constructiva en la mejora continua de los servicios. Además, contrataba a "clientes misteriosos" profesionales encargados de observar discretamente al personal realizando sus tareas diarias y evaluando su trabajo según los criterios recibidos.

Según Henderson, la gestión hotelera depende principalmente de las habilidades del gerente. Él mismo afirmaba que no era un experto en la industria hotelera y por eso seleccionaba a las personas adecuadas y les daba total libertad. A menudo contrataba a personas que trabajaban anteriormente como gerentes en las instalaciones que adquiría si estaban debidamente calificadas y cualificadas, pero a menudo no se les daba la oportunidad de demostrar su valía bajo el propietario anterior.

Les proporcionaba recursos adecuados, los motivaba, les enseñaba a tomar decisiones basadas en números, hechos e información, y no en sentimientos. Los animaba a sumergirse en la auto-disciplina, la moralidad y la confiabilidad. Henderson solía decir: "*El objetivo principal es operar los hoteles Sheraton de la manera más eficiente posible para producir ganancias máximas consistentes con los más altos estándares de ética comercial. Esto significa reconocer los derechos de los trabajadores que hacen posible el éxito, así como cumplir con la obligación de brindar un servicio excepcional al público*".[29] Henderson era muy consciente de que una empresa tan grande era susceptible a numerosos delitos; para crear un cierto grado de resistencia corporativa, al menos ante los más maliciosos, desarrolló sus propios Diez Mandamientos. Era una colección de principios fundamentales de "no debes" dedicados a todos los relacionados con Sheraton.

Entre los famosos hoteleros que contribuyeron al crecimiento de esta industria, se menciona a Ernest Henderson de manera bastante reluctante. Esto se justifica en parte. No introdujo nuevos estándares de comodidad o innovaciones en diseño y servicio. Aunque en un momento fue la cadena hotelera más grande del mundo, Sheraton operaba en solo diez países. La expansión internacional de la empresa se retrasó y, en este aspecto, fue significativamente inferior a los competidores Hilton International o InterContinental Hotels. Henderson fue principalmente un capitalista capaz de crear nueva riqueza, navegando hábilmente en el mercado nmobiliario y listo para comprar o vender un hotel si el precio era el adecuado.

En su vida privada, Henderson dedicó mucho tiempo a su pasatiempo. Coleccionaba monedas, escribía poemas y canciones, era un ardiente operador de radio y narrador, y, sobre todo, un hombre de familia. También se desempeñó como jefe de la Universidad del Noreste, el Boston College y la Universidad de Boston. Tenía una fuerte presencia en las Cámaras de Comercio de Boston y Estados Unidos, y fue miembro fundador del Consejo de Asuntos Mundiales y presidente del World Trade Center en Nueva Inglaterra.

Los Diez Mandamientos de Henderson:

1. No arrojarás tu peso alrededor, por irresistible que sea el deseo de hacerlo.
2. No aceptarás regalos de aquellos que buscan tus favores. Cuídate de aquellos que traen obsequios.
3. No permitirás que tus esposas satisfagan el deseo de decorar hoteles Sheraton. Que las esposas entreguen a sus esposos lo que legítimamente les pertenece, pero a Mary Kennedy (diseñadora corporativa de Sheraton) lo que está en su dominio.
4. No deshonrarás una reserva confirmada, para que tus días no sean cortos en el trabajo que tu empresa te ha dado.
5. No darás órdenes a un subordinado sin dejar completamente claro el propósito exacto de ello.
6. Recordarás debidamente que las virtudes de aquellos que dirigen pequeños hoteles pueden ser los vicios de aquellos que guían establecimientos más grandes.
7. No exigirás la última "gota de sangre" al llevar a cabo una transacción comercial.
8. No permitirás la fuga de esos grados Fahrenheit fugaces tan esenciales para el deleite del cliente cuando se expone a exquisiteces en un menú de hotel. Que persiga un tormento interminable al personal de cocina que permite que se hiervan frijoles más allá de un límite especificado.
9. No tomarás decisiones basadas en un 'sentimiento' de que alguna acción puede ser necesaria.
10. No explotarás como una petardo cuando un subordinado caiga en error, no sea que seas tú quien haya errado al no proporcionar una guía adecuada.

Fuente: E. Henderson, *The World of Mr. Sheraton*, Popular Library 1962, 173-180.

12

Charles Forte

Barón de la hotelería británica

En la historia de la hotelería británica, probablemente no haya una persona más destacada que el Lord Charles Forte. *The Daily Mail* escribió que *"aunque era italiano de origen, su nombre y la empresa que creó se convirtieron en una parte inolvidable de la vida británica, como los huevos con tocino, el té de las cinco o Marks and Spencer"*.[1] Forte pasó de ser dueño de un bar de leche en Londres a liderar un imperio mundial de hoteles y restaurantes, que incluía ochocientos hoteles de diversas categorías, así como restaurantes de carretera de las marcas Little Chef y Happy Eater. Desafortunadamente, también le tocó ver cómo toda esa riqueza pasaba a manos ajenas durante su vida.

Charles Forte, o más bien, Carmine Forte, nació el 26 de noviembre de 1908 en el pueblo de montaña de Mortale (hoy en día Monforte) en la región de Abruzos, Italia, donde los antepasados de su familia habían vivido durante cinco siglos.[2] Cultivaban la tierra, criaban ovejas y caballos. Su padre, Rocco Forte, era demasiado ambicioso para vivir en el campo como granjero, así que se fue a América, donde trabajó en una fábrica en Pittsburgh. Sin embargo, unos años después, regresó a su pueblo natal, construyó una casa y, en 1905, se casó con su prima lejana, Maria Luigia Forte. Seis años después, Rocco decidió emigrar nuevamente. Esta vez, convencido por su primo Pacificio, fue a Escocia. Allí, trabajó primero en su tienda en Loanhead (cerca de Edimburgo) y luego abrió su propio establecimiento, el Savoy Cafe en Alloa.

Charles Forte, 1908-2007
(Fuente: National Portrait Gallery)

El negocio creció a un ritmo tan rápido que en 1913, Forte pudo traer a Escocia a su esposa y a sus dos hijos, Charles y Giulio. Más tarde, la familia Forte creció aún más con el nacimiento de su hija Anna y su hijo Michaela.

El joven Charles asistió primero a la Academia de Alloa, luego estudió en el St. Joseph's College en Dumfries, y luego fue enviado a Roma, donde en el transcurso de cuatro años se graduó de los Collegios Scheppers y Liceo Mamiani. Mientras estudiaba en Italia, su padre lanzaba nuevos cafés en Alva y Kincardine, así como un almacén de chocolate y cigarrillos en Alloa. Al regresar a Escocia a la edad de diecisiete años, Charles comenzó a aprender los fundamentos de la industria de las cafeterías junto a su tío Dominic en un establecimiento llamado Ice Cream Parlor en Weston-super-Mare, en Somerset. En ese momento, toda la familia Forte se mudó al sur y comenzó a construir una cadena de establecimientos a lo largo de la costa inglesa. Cuando Charles Forte tenía veintiún años, se convirtió en el gerente del café Venetian Lounge en Brighton y, siendo totalmente responsable de él, lo convirtió en un negocio altamente rentable en doce meses.[3]

En 1934, Charles Forte leyó en el periódico *Evening Standard* un artículo sobre un australiano que abrió un bar de leche en la calle Fleet, en Londres. Intrigado por la idea, fue a evaluar el establecimiento. A pesar de que solo se servían batidos, helados y leche en vasos, estaba lleno de clientes y el personal era eficiente. Finalmente, Forte decidió hacer una propuesta comercial a su propietario, Hugh D. Macintosh. Por una contribución de dos mil libras y la mitad de las acciones en este proyecto, podría mejorar significativamente las ganancias del bar agregando, por ejemplo, sándwiches, postres de helado, pasteles o café en el menú. Sin embargo, Macintosh no quería renunciar a su concepto original y no aceptó la cooperación.[4] Sin dejarse intimidar por su negativa, con gran ambición y fe en su propia capacidad, Forte decidió lanzar su propio establecimiento. En 1935, por 400 libras que ahorró y cuatro mil libras más que tomó prestadas de la familia y el banco, abrió su primer bar de leche en la calle Upper Regent, en Londres, bajo el nombre de The Meadow Bar. Años después, resultó ser un hito muy necesario para Charles Forte. En su autobiografía, Forte explicó el origen de su emprendimiento, cuyo éxito se debió en gran medida a una fusión de innovación y atención al detalle. Antes de decidir la ubicación de su establecimiento, Forte analizaba cuántas personas pasaban por allí para poder estimar la probabilidad de pagar la tarifa de arrendamiento, que era de mil libras por año. Decidió realizar esta transacción; sin embargo, sus estimaciones resultaron ser incorrectas. El proyecto parecía condenado al fracaso, ya que no lograba atraer a suficientes clientes dispuestos a utilizar la oferta. Por lo tanto, lo intentó de nuevo. Calculó que necesitaba que el espacio fuera más grande, pero también que los costos fueran más bajos. Como resultado, aumentó la superficie agregando una tienda adyacente y despidió a tres empleados. Esta combinación de cálculos y despiadamiento superó la prueba, y fue exactamente lo que Forte repitió durante los siguientes sesenta años.[5]

Su concepto de negocio resultó ser un éxito, lo que quedó perfectamente evidenciado por el hecho de que para 1938, en colaboración con los agentes inmobiliarios Howard y Balil Samuel, Charles Forte ya tenía cuatro bares similares en Londres (en Charing Cross Road, Oxford Street y Leicester Square) y otro en Brighton. Al unirse a Tom Gardner, proveedor de equipos de catering, y su nuevo socio comercial Erick Hartwell, en 1940, logró expandir la cadena Strand Milk Bar Ltd a ocho establecimientos con un centro de suministro en la calle Percy. Los planes de crecimiento adicional se vieron frustrados por el estallido de la Segunda Guerra Mundial. Hartwell se unió al ejército, mientras que Forte, debido a su nacionalidad (ya que Italia se alió con Alemania y su solicitud para cambiar su ciudadanía aún no había sido aceptada), fue enviado a la Isla de Wight. Allí, se destacó entre los otros tres mil italianos debido a su perfecto dominio del inglés; por esta razón, se le asignó servir como enlace entre los internados y las autoridades del campo. Con una oficina y un asistente, escribía peticiones al Ministerio de Asuntos Internos en nombre de los internados. Tres meses después, Forte fue liberado una vez que logró convencer a la comisión de que no era ni fascista ni espía, y regresó a sus negocios. Afortunadamente, los edificios que albergaban sus bares fueron salvados de los bombardeos alemanes en Londres y operaron continuamente. En enero de 1943, Charles Forte se casó con Irene Mary Chierico (1921–2007), una inglesa de ascendencia italiana, doce años menor que él. Su madre Olga, una nativa de Venecia, dirigía una tienda de comestibles delicatessen en Soho después de que muriera su esposo Giovanni Chierico. Con el tiempo, la familia Forte creció con el nacimiento de su hijo Rocco John Vincent (1945) y cinco hijas: Olga (1947), Marie-Louise (1950), Irene (1956), Giancarla (1959) y Porzia (1964).[6]

Después de la guerra, Charles Forte, ya como ciudadano británico, se unió al comité asesor del Ministerio de Alimentación, cuya tarea era transformar gradualmente el sistema de racionamiento de productos alimenticios de la época de guerra para adaptarlo a tiempos de paz.[7] Con Erik Hartwell nuevamente al mando, Forte Holding Ltd. emprendió un nuevo camino hacia el crecimiento, aprovechando los gastos crecientes y la necesidad de los londinenses de mayores estándares en la industria de restaurantes y entretenimiento de manera perfecta. Con su reputación de experimentado restaurador, en 1951, Charles Forte ganó un contrato para el servicio de catering en el Festival de Gran Bretaña. Al cumplir con este acuerdo, conoció a Sir Leslie Joseph, con quien luego arrendó los complejos recreativos Battersea Park en Londres y Bellevue en Manchester. A pesar de las ganancias, después de tres años, abandonó este negocio, ya que no estaba alineado con su actividad principal.

Gracias a su buena reputación, Forte logró obtener fondos de los bancos para sus nuevos proyectos y adquirir grandes instalaciones en los mejores lugares de Londres. Primero, compró una cadena de diez restaurantes llamada Pearce & Partners; los renovó, los renombró Variety Fare e incluyó en su sistema de gestión y suministro. Luego, en 1949, gastó doce mil libras para alquilar Marble Hall, ubicado en un edificio en Piccadilly Circus, que entonces albergaba a Criterion Restaurant Ltd., donde abrió un café. La ganancia generada por esta instalación fue tan alta que cuatro años después, decidió comprar todo el edificio por 800 mil libras, incluido el famoso restaurante Criterion Brasserie. En 1954, por una suma de 1.55 millones de libras, Charles Forte adquirió una empresa llamada Slaters & Bodega.[8] Esto le permitió expandir su negocio con cerca de treinta nuevos restaurantes, cafeterías, bodegas de vinos, tiendas de comestibles, mercados de pescado y puestos de verduras. Esta lista se alargó con una fábrica de helados, una panadería, numerosos almacenes y una flota de vehículos de reparto. Sin embargo, lo que Forte consideró más importante fue la propiedad valiosa ubicada en lugares clave en Londres. Vendió aquellos que consideraba innecesarios para obtener dinero y pagar los préstamos que había tomado, mientras que los restantes se sumaron a su imperio y crecieron con éxito. En el mismo año, Forte compró Café Royal en Mayfair, un elegante distrito de Londres. Durante años, este legendario establecimiento, inaugurado en 1865 por el comerciante de vinos francés Daniel Nicholas Théveno, fue el lugar favorito de los autores y artistas ingleses. Con el tiempo, Café Royal pasó a ser propiedad de la familia Bracewell Smith y luego del consorcio City bajo Russell Tillett. Lamentablemente, no sabía nada sobre este negocio y, a pesar de sus buenas intenciones y esfuerzos sinceros, cada año el establecimiento generaba pérdidas.[9] Charles Forte deseaba Café Royal especialmente por las veinte salas de banquetes para un total de 2.5 mil personas que albergaba. Inviertió mucho dinero en restaurarlo a su antigua gloria, y esta inversión pronto comenzó a dar sus frutos. El cuarto piso de Café Royal se convirtió en la sede del National Sporting Club. Cuando Forte arrendó otro restaurante de moda en la esquina de Piccadilly Circus, Café Monico, la prensa lo apodó Mr. Piccadilly. Afirmaba que una piedra lanzada desde la estatua que representa a Eros siempre rompería una ventana en uno de sus establecimientos.

En 1955, Charles Forte fundó una subsidiaria llamada Forte's Popular Restaurants, a la que se le otorgaron licencias para operar bares y restaurantes, así como para proporcionar servicios de alimentos a aviones de varias aerolíneas en numerosos aeropuertos europeos, incluidos Heathrow y Gatwick. Dos años después, se asoció con el empresario Bernard Delfont y convirtió la sala de actuaciones del London Hippodrome en un restaurante teatro llamado Talk of the Town. Luego, satisfizo su ambición de tener una instalación de lujo al comprar el restaurante Hungaria en la cale Lower Regent, que luego renombró Hunting Lodge.[10]

Cuando Charles Forte se convirtió en un indiscutible experto en el negocio de restaurantes, se interesó por la industria hotelera. Aunque en ese momento no sabía nada sobre cómo dirigir un hotel y su única experiencia en este sentido fue alojarse como huésped, creía que podía aplicar allí los métodos de gestión probados que había implementado en sus restaurantes. Recibió una oferta para comprar el primer hotel de Sir Stuart Goodwin, presidente de la cadena Frederick Hotels Ltd. y Neeps End Steel Corporation. Dado que se consideraba más un industrial que un hotelero, decidió vender el Waldorf Hotel, ubicado en el distrito londinense de Aldwych, por 600 mil libras. Era un establecimiento de alta clase que abrió el 28 de enero de 1908, muy respetado en la ciudad. Sus propietarios, Edward Sanders y Thomas Wildow, lograron construirlo en solo dieciocho meses gracias al apoyo financiero del millonario estadounidense William Waldorf Astor. El hotel se llamó Waldorf en agradecimiento por su ayuda. Diseñado por Alexander Marshall Mackenzie, el edificio albergaba 400 habitaciones, 176 baños, restaurantes espaciosos y una sala de fumadores para hombres, una sala de billar y un salón para mujeres. Contenía una serie de innovaciones tecnológicas, como teléfono e iluminación eléctrica en cada habitación, tres ascensores y calefacción central.[11] Forte obtuvo fondos para la compra del Waldorf al arrendar el restaurante Café Monico a Jack Cotton por

El primer hotel de Forte, el Waldorf en Londres..
(Fuente: The Waldorf Hilton)

500 mil libras. Trajo a un experimentado gerente llamado John Lee desde Dorchester para dirigirlo. Este evento fue revolucionario no solo para los intereses de la empresa de Forte, sino también en la historia de la industria hotelera británica. En ese momento, este sector estaba dominado por estadounidenses que poseían cadenas como Hilton. Sin embargo, esta situación cambió gracias a Forte, quien, utilizando las ganancias de sus establecimientos, ingresó de manera agresiva a la industria hotelera, adquiriendo un nuevo establecimiento tras otro.

En 1959, Charles Forte compró la cadena de restaurantes Quality Inn y se convirtió en operador de restaurantes en la primera estación de servicio de autopistas de Gran Bretaña abierta en Newport Pagnell en la M1. El edificio espacioso y meticulosamente diseñado atendía a 40 mil clientes por semana. Luego, en la década de 1960, Forte realizó diversas adquisiciones, como la compra de Jay Fashion House, una cadena de cafeterías llamada Kardomah Cafés, una cadena de bodegas de vinos llamada Henekey, el restaurante Fuller's, la marca de fabricantes de chocolate Joseph Terry, Burton Sanders, la planta de fabricación de helados Mr. Whippy, Lillywhites Limited, un exportador de ropa deportiva y propietario de una tienda minorista de artículos deportivos, el importador de vinos Grierson-Blumenthal, la editorial Sidgwick & Jackson y la empresa de catering Ring & Brymer. Todas estas adquisiciones habrían sido definitivamente imposibles si Forte Holdings no hubiera ingresado a la Bolsa de Londres en 1962. Fue uno de los debuts más exitosos en su historia. Emitiendo más de 600 mil acciones, Charles Forte obtuvo diez millones de libras de inversores mientras mantenía el control mayoritario. Forte Holdings se unió a las mayores empresas privadas de Gran Bretaña.

En 1961, Charles Forte abrió su primer motel con restaurante y estación de servicio. Desarrolló gradualmente ese concepto en los años siguientes en colaboración con su amigo Enrico Mattei, presidente de la empresa petrolera italiana ENI, quien lanzó una estación de servicio en el Reino Unido bajo la marca Agip.[12] En 1969, compró el grupo Frederick Hotels con ocho hoteles, incluido el Russell en Bloomsbury. El hotel más pequeño de estos, ubicado en Hull, se vendió, mientras que los demás fueron renovados. Además, Forte construyó y abrió el Excelsior Hotel en Heathrow y el Motorlodge cerca de Oxford. Un año después, sorprendió a la industria hotelera proclamando la adquisición de tres prestigiosos hoteles en París, a saber, el George V, el Plaza Athénée y La Tremoille, al mismo tiempo. Desde la década de 1930, fueron propiedad de François Dupré. Después de su fallecimiento en 1966, su segunda esposa, Anna Stefanna Nagy, prefirió comprometerse con la vida social de las élites parisinas y ocuparse del famoso establo con caballos de carreras Haras d'Ouilly en lugar de dirigir hoteles.[13] Descuidados, los establecimientos dejaron de generar ganancias y se convirtieron en una carga redundante, y Charles Forte, por el contrario, estaba ansioso por verlos formar parte de su colección.

El George V era una verdadera joya entre los hoteles de la capital de Francia. Construido en 1928 por orden del empresario y arquitecto estadounidense Joel Hillman por 60 millones de francos, fue diseñado por la firma Lefranc & Wybo en el espíritu del lujo moderno y elegante, y equipado con las últimas innovaciones tecnológicas. Como resultado de la Gran Depresión, el edificio de ocho pisos con 300 habitaciones fue comprado en 1931 por un banquero llamado François Dupré, quien agregó un nuevo ala con apartamentos para alquilar y lo adornó con una rica colección de obras de arte.[14] El segundo de los hoteles mencionados, el Plaza Athénée, diseñado por Charles Lefebvre, comenzó a operar el 20 de abril de 1913. En la década de 1920, se expandió para albergar más suites, un restaurante llamado La Cour Jardin y dos salones. Después de comprar el Plaza Athénée en una subasta en 1934, François Dupré modernizó el último piso para albergar habitaciones de tipo estudio y abrió un restaurante llamado Le Relais Plaza.[15] A su vez, La Tremoille, con sus noventa y cinco habitaciones, era el más pequeño de estos tres establecimientos. Antes de convertirse en un hotel de lujo en 1925, sirvió como residencia privada. Charles Forte renovó sus hoteles en París conservando su naturaleza tradicional y los administró de manera elegante pero disciplinada, tratando al personal con respeto.

Charles Forte siguió la corriente y compró un hotel en Chipre, lo cual fue un gran éxito; por lo tanto, dado el clima favorable y la facilidad con la que se podía encontrar buen personal allí, construyó el Hotel Golden Sands de 450 habitaciones en Famagusta. Luego, adquirió tres hoteles en las Bermudas de Sir Harold y Lady Zia Wernher e invirtió el dinero en un lujoso complejo vacacional en Cerdeña. Con 200 camas en villas y un castillo en el centro que se convirtió en un hotel con todas las comodidades para niños, el complejo se convirtió en el lugar perfecto donde toda la familia podía venir a disfrutar.[16] La lista se amplió para incluir cuatro hoteles cerca de aeropuertos en Londres, Birmingham, Manchester y Glasgow, así como instalaciones en construcción en Jamaica y Malta. A finales de la década, Forte Holdings, que comprendía treinta y ocho hoteles con ocho mil camas, era el mayor proveedor de servicios de catering en Inglaterra, empleando a hasta 16 mil empleados y generando una ganancia de 5.6 millones de libras. En 1970, por su contribución a la industria de la hospitalidad y su trabajo benéfico, Charles Forte fue nombrado caballero por la Reina Isabel II y se convirtió en Lord Charles Forte de Ripley. En ese momento, se refería a sí mismo en tono de broma debido a su modesta altura como *"el lord más bajo del mundo"*.

En el mismo año, Forte decidió fusionar su negocio con el Trust Houses Group PLC, formando así Trust Houses Forte (THF). Trust Houses Group, fundado en

1903 por iniciativa de Charles Grey (el cuarto conde Grey), tenía una posición muy fuerte para esa época y disfrutaba de una excelente reputación en el mercado hotelero británico. Su objetivo original era revivir tabernas e posadas deterioradas mediante su modernización y la contratación de expertos para vender comidas y alquilar habitaciones a los huéspedes. El primer Trust House adquirido en Hertfordshire pronto se volvió popular y se convirtió en un hito en el renacimiento de la tradicional taberna inglesa. Al final de la Primera Guerra Mundial, la empresa gestionaba casi cien hoteles en todo el país, conocidos por su limpieza, excelente servicio y buena cocina. Alcanzó el número máximo de 222 hoteles justo antes del estallido de la Segunda Guerra Mundial. Varios de estos establecimientos eran algunos de los hoteles más antiguos y famosos de Inglaterra, como el Cavendish (a principios del siglo XIX), el Brown's (1837), el Hyde Park Hotel (1889) y el Grosvenor House (1929). En 1970, Trust Houses estaba gestionando 181 hoteles con un total de 10,300 camas.[17] Además, operaba con éxito en el mercado de catering tras la adquisición de Lockheart Catering y sus subsidiarias Merchant Company y Gardner Merchant, que habían estado desarrollando en Gran Bretaña una cadena de bares Little Chef ubicados en las principales intersecciones, siguiendo el concepto estadounidense de restaurantes de comida rápida.[18] Trust Houses también tenía el 20 por ciento de las acciones en la cadena hotelera económica estadounidense Travelodge, presente en América del Norte, Australia y el Pacífico.

El nuevo grupo fusionado con activos por valor de 120 millones de libras se convirtió en uno de los mayores negocios hoteleros y de catering del mundo. Sin embargo, los primeros meses de su operación no fueron fáciles para Forte, ya que tuvo que enfrentarse al presidente de Trust Houses, Lord Geoffrey Crowther, exeditor en jefe de *The Economist*, quien trató a Forte con desprecio y luego con hostilidad abierta. *"Forte tiene que aprender a vivir conmigo"*, le dijo a *The Times*.[19] La tensión entre ellos aumentaba, ya que también diferían en cuanto a sus respectivas culturas de gestión. A diferencia de Forte Holdings, que siempre se basó en relaciones interpersonales, discusiones y control personal, Trust Houses se dirigía de manera altamente burocrática. Mientras que el personal de Trust Houses abandonaba la oficina central a las 5:30 p.m., el personal directivo de Forte solía trabajar hasta altas horas de la noche. Charles Forte estaba aterrorizado por la falta de reglas consistentes en la gestión de los hoteles de TH y los costos generales excesivos, incluidos los gastos ostentosos de la alta dirección, que causaron diferencias significativas en las ganancias de los establecimientos individuales. Las partes tampoco pudieron ponerse de acuerdo sobre la compra de nuevos hoteles, como la Sonesta Tower en Londres o el Apollo en Ámsterdam, o sobre el nombramiento de nuevos miembros del consejo de administración. Este

Uno de los moteles de Travelodge - Travelodge en Galesburg. (Fuente: Flickr)

conflicto alcanzó su punto álgido en octubre de 1971, cuando una empresa cervecera inglesa llamada Allied Breweries Limited, que estaba cada vez más activa en la industria hotelera, ofreció adquirir Trust Houses Forte por 128 millones de libras. Esta oferta aumentó aún más la brecha entre los miembros del consejo de supervisión. Crowther y sus seguidores abogaron por la adquisición, mientras que Forte y su bloque lucharon con determinación para mantener la independencia. Finalmente, en enero de 1972, invirtiendo su propia riqueza y utilizando hábilmente los medios de comunicación, respaldado por sus amigos, empleados y otros accionistas, Charles Forte, que era el mayor accionista individual, ganó esta batalla con Allied y tomó el control total sobre el destino de la empresa. Crowther la dejó y Forte nombró un nuevo consejo de supervisión, convirtiéndose en el CEO de Trust Houses Forte y, junto con su hijo Rocco, inició una expansión adicional en el mercado hotelero.[20]

Uno de los primeros pasos fue aumentar sus participaciones en la marca estadounidense Travelodge hasta el 95,5 por ciento por 28 millones de dólares en 1973, lo que hizo que Forte fuera virtualmente el único propietario de esta cadena norteamericana de moteles económicos. Un establecimiento Travelodge promedio estaba ubicado en una carretera transitada, tenía menos de cien habitaciones y, debido a la ausencia de un restaurante y un lugar para conferencias, podía ofrecer precios bajos. Al participar directamente en la gestión de esta cadena a partir de 1980, THF mejoró significativamente el estándar de muchos moteles, agregando también restaurantes y bares, y aumentando el número de estas instalaciones a casi 460 con un total de 38 mil camas al mismo tiempo. Además, Forte se hizo cargo en los Estados Unidos de quince hoteles Viscount de tres y cuatro estrellas y cinco establecimientos de lujo, incluidos el Palace Hotel en Filadelfia y el Plaza de las Américas en Dallas.[21] En 1973, Trust Houses Forte también adquirió el hotel Pierre de 350 habitaciones en Nueva York, que mejoró su estándar y resultados financieros en poco tiempo. Sin embargo, Forte lamentó que en 1975 no logró adquirir el famoso Plaza en la Quinta Avenida por 22 millones de dólares. Fue superado por una suma de 500 mil dólares por Westin Corporation, una subsidiaria de American Airlines. En marzo de 1977, Forte compró la cadena de hoteles Knott Hotels Corporation, ampliando su lista con propiedades en la ciudad de Nueva York, como el Westbury Hotel, el Pickwick Arms Hotel, el Mayfair y el International en el aeropuerto John F. Kennedy, y el Westbury Hotel en Londres.[22] Tras la adquisición del ya antiguo Alrae Hotel en Nueva York en junio de 1981, lo remodeló por completo y lo reabrió en 1984 bajo el nombre de Hotel Plaza Athénée con 161 habitaciones.[23] Su colección de hoteles de lujo siguió creciendo con hoteles ubicados en diferentes partes del mundo, como el Ritz en Madrid, el Hotel des Bergues en Ginebra, el Al Jasira en Baréin, el Riyadh Palace en Arabia Saudita y el Sandy Lane en Barbados.

En Gran Bretaña, Charles Forte continuó su expansión al comprar en 1976 el grupo hotelero Lyons por 25 millones de libras, agregando treinta y cuatro hoteles con 5.6 mil camas a su cartera; estos incluían hoteles de alta gama en Londres (por ejemplo, el Cumberland, el Strand Palace, el Regent Palace, el Kingsley, el Park Court, el Windsor, el White's Hotel y el Tower Hotel)[24], otras ciudades en Inglaterra (por ejemplo, los Albany Hotels en Nottingham, Birmingham y Glasgow), así como cincuenta y cuatro hoteles de la marca Kennedy Brookes que adquirió. En 1979, el nombre de la empresa se simplificó a Trusthouse Forte, y en marzo de 1981, Charles Forte presentó la primera oferta para pagar 58 millones de dólares por el Savoy Group[25], que incluía, entre otros, el Savoy de Londres. Era un establecimiento que Forte apreciaba mucho. Fue en el Savoy donde le propuso matrimonio a su esposa Irene en 1942 y donde pasaron parte de su luna de miel. Sin embargo, afirmó que comprar el Savoy no era una cuestión de ambición personal y vanidad, sino que no soportaba ver que estos maravillosos establecimientos estuvieran tan gravemente mal gestionados. La oferta de compra fue rechazada, pero Forte no se rindió. Lo intentó de nuevo y, habiendo gastado 38 millones de libras, adquirió el 68 por ciento de las acciones de la compañía. Desafortunadamente, desde la década de 1950, cuando Charles Clore fue el primero en interesarse por él, el Savoy Hotel Group se protegió de cualquier posible adquisición. Al introducir acciones preferentes especiales, concentró el número de votos en manos de un pequeño grupo de personas, entre ellas, su presidente, Sir Hugh Wontner, exalcalde de Londres. Por lo tanto, a pesar de poseer la mayoría de las acciones (68 por ciento), Charles Forte en realidad tenía solo el 42 por ciento de los votos y fue excluido del consejo de supervisión por otros accionistas. Al igual que Crowther anteriormente, Wontner expresó abiertamente su desprecio por Forte. Creía que el rey de las barras de leche con raíces en la industria de la restauración masiva que controlaba las porciones de alimentos con el entusiasmo de un maniático no podía comprender las necesidades de hoteles verdaderamente aristocráticos. La lucha de Forte por el Savoy no terminó hasta 1989, cuando reconoció su fracaso y hizo las paces con Wontner, conservando solo un derecho limitado a voto en el consejo.[26]

En 1982, por recomendación de la primera ministra británica Margaret Thatcher, a Charles Forte se le otorgó el título aristocrático vitalicio, que le permitía asistir a la Cámara de los Lores, la segunda cámara del Parlamento británico.[27] El hotelero recibió una propuesta similar en 1959 por parte de Hugh Gaitskell, líder del Partido Laborista en ese momento, quien lo calificó como un *"mayor proveedor de catering en el país"*. En ese momento, Forte rechazó la oferta, ya que sus puntos de vista estaban lejos de la perspectiva socialista promovida por el Laborismo.[28] Siendo defensor de los valores conservadores tradicionales y del libre mercado, no se atrevería a negarle nada a la Dama de Hierro, a quien tenía un inmenso respeto.

El año 1985 fue simbólico para Charles Forte. En ese momento, expandió Travelodge a Gran Bretaña al abrir el primer hotel de esta marca en la A38 en Barton-under-Needwood. Otros moteles Travelodge comenzaron a aparecer cerca de carreteras donde podían conectarse con los existentes restaurantes Little Chef. También se utilizaron para este propósito los bares Happy Eater y los establecimientos de la cadena Welcome Break Motorway Hotels que Forte compró a Hanson Trust en 1986. Como parte de esta transacción, también se agregaron hoteles Anchor a la empresa. Trusthouse Forte se convirtió también en un magnate de la restauración. Al Little Chef, que era la mayor cadena de restaurantes con 315 establecimientos, se le sumaron cien bares Happy Eater (1986), junto con setenta y nueve restaurantes Imperial Inn (1986), cerca de cien asadores bajo la marca Harvester (1986) y dieciocho restaurantes Kelly's Kitchen (1990). Sin embargo, el mayor crecimiento en esta área se registró después de firmar un contrato de empresa conjunta en 1987 con Pepsico (50/50) para gestionar restaurantes Kentucky Fried Chicken en el Reino Unido. Como resultado, se fundaron casi 310 establecimientos KFC, siendo Forte ya sea copropietario o franquiciador.[29]

Los primeros años de la década de 1990 trajeron cambios significativos en la corporación. Esto no solo se refería al nuevo nombre, Forte Group, o al nuevo logotipo con una corona. Hasta ese momento, Charles Forte resistió la tentación de combinar muchos hoteles diferentes en marcas, prefiriendo que cada establecimiento mantuviera su carácter individual. Los estándares uniformes se aplicaban únicamente a la gestión, la contabilidad y la formación. Sin embargo, después de la compra de cuarenta y tres hoteles de la cadena Crest en 1990, inició un proceso de marca para casi todos sus hoteles al introducir marcas y las llamadas 'colecciones'. Las marcas se utilizaban para etiquetar instalaciones de un estándar similar, mientras que las colecciones estaban formadas por hoteles individuales que destacaban por su estándar de lujo u origen histórico. Como resultado, seis categorías de establecimientos comenzaron a funcionar dentro del Forte Group. Travelodge era una categoría de hoteles económicos en carreteras con bares para turistas motorizados. Forte Posthouse estaba formado por cincuenta y cinco hoteles de tres estrellas para viajeros de negocios, situados en el centro de la ciudad o en carreteras principales. Forte Crest comprendía hoteles de negocios de un estándar más alto que el Posthouse, principalmente de cuatro estrellas, ubicados en áreas céntricas o cerca de aeropuertos (como el Forte Crest Sheffield, el Forte Crest Gatwick Airport y el Forte Crest Heathrow). Forte Heritage (colección) abarcaba ochenta y dos hoteles históricos y posadas con estilo situados en edificios históricos, a menudo ubicados en pequeñas ciudades (como The Old England Hotel en Windermere, el Berystede en Ascot, el Swan en Layenham, el Burford Bridge en Mickleham). Forte Grand (colección) involucraba hoteles de lujo a menudo ubicados en edificios históricos modernizados que datan de los siglos XIX y XX (como el Balmoral Hotel en Edimburgo, el Bath Spa en Bath, el Randolph en Oxford o el Imperial Hotel en Torquay). Exclusive Hotels by Forte (colección) comprendía verdaderas joyas en la colección de Forte, es decir, dieciocho hoteles de primera clase ubicados en los lugares más prestigiosos en entornos urbanos, establecimientos de fama internacional (como el George V en París, el Grosvenor House en Londres, el Ritz en Madrid, el Plaza Athénée en Nueva York, el Hotel des Bergues en Ginebra, el Eden Hotel en Roma, el Sandy Lane Hotel en Barbados).

En 1992, a la edad de ochenta y tres años, Charles Forte se retiró y le dio el control total a su hijo Rocco. Aunque continuó participando activamente en el negocio, sirviendo en la empresa como consejero. "*No necesito estar en todas partes*", solía decir. "*Sentado en mi escritorio, solo necesito mirar los informes para ver si una sucursal en cualquier parte de Inglaterra está funcionando correctamente*". Con el nuevo presidente al mando, Forte Group no redujo la velocidad de su expansión. En el mismo año, compró una empresa francesa llamada Sogerba que operaba cincuenta y dos restaurantes en carreteras y cuatro hoteles, y entró en una empresa conjunta con la compañía italiana Agip para hacerse cargo de la gestión de dieciocho hoteles y nueve bares. Un año después (1993), gastó 70 millones de libras en comprar la cadena Relais en Francia, y en 1994, estableció una asociación con la compañía petrolera española Repsol para crear una cadena de cien moteles con restaurantes cerca de estaciones de servicio. Además, con el apoyo del inversor estadounidense George Soros, Forte negoció con éxito la compra de treinta y cinco hoteles de lujo (entre ellos, el Danieli y Gritti Palace en Venecia o el Excelsior en Roma) de la endeudada cadena italiana CIGA. Sin embargo, en el último momento, fueron superados por una oferta de la cadena estadounidense ITT Sheraton[30], pero en septiembre de 1994, lograron vencer a la empresa francesa Accor en una 'lucha' por la adquisición de la cadena hotelera Le Meridien de Air France. Forte amplió su colección agregando cincuenta hoteles más con un total de 17 mil habitaciones.[31]

La adquisición de Le Meridien fue lamentablemente el último esfuerzo exitoso realizado por Forte Group, que en ese momento tenía 888 hoteles (346 hoteles solo en el Reino Unido) con 95,965 habitaciones, casi mil restaurantes y cien mil empleados en cincuenta países. El 22 de noviembre de 1995, la sociedad anónima Granada Group, un conglomerado de estaciones de televisión y empresas que prestan servicios de deportes y recreación, anunció el inicio de una adquisición hostil de Forte con un precio base de 3.3 mil millones de libras. La oferta que hizo a los accionistas fue un 23 por ciento más alta que el precio de sus acciones en ese momento. Forte fue sorprendido y la empresa no estaba preparada para resistir un golpe tan fuerte. Para empeorar las cosas, el 9 de enero de 1996, Granada aumentó el precio de la oferta a 3.9 mil millones de libras. La dirección de Forte Group era muy consciente de que sería difícil vencerlo, pero aún así, para obtener fondos que le permitieran comprar las acciones, decidió vender activos y empresas que generaban más de la mitad de los ingresos. Veinte de las acciones del 68 por ciento del Savoy Group fueron vendidas a los accionistas, mientras que la empresa estadounidense Hospitality Franchise Systems adquirió los hoteles Travelodge en EE. UU. por 160 millones de dólares. Finalmente, el 23 de enero de 1996, después de luchar durante dos meses, el 65 por ciento de los accionistas respaldaron la oferta de Granada, lo que significó que una de las mayores empresas hoteleras de Gran Bretaña fue adquirida. En un solo día, la familia Forte perdió lo que había trabajado durante sesenta años, quedando solo con acciones (8 por ciento) por un valor de 300 millones de libras.[32]

Lord Charles Forte se retiró por completo de la vida pública, pero vivió lo suficiente para ver cómo su hijo Rocco reconstruía con éxito su nuevo grupo hotelero Rocco Forte Hotels. Más tarde, a pesar de mantenerse en perfecta forma mediante la dieta adecuada y el ejercicio diario, sufrió de demencia progresiva. Murió mientras dormía, en su propiedad Lowndes House, Belgravia en Londres, a las 7:00 a.m. del 28 de febrero de 2007, a la edad de noventa y ocho años.[33]

En un recuerdo póstumo, *The Guardian* escribió sobre él que "*creó un imperio mundial de restaurantes y hoteles prácticamente de la nada*".[34] De hecho, a partir de su modesta barra de leche, se convirtió en uno de los empresarios más grandes e influyentes de Gran Bretaña de la era de posguerra. Los ingleses le deben principalmente el desarrollo de la industria hotelera y de catering a gran escala, mientras que el mundo lo aprecia como un ejemplo perfecto de un excelente hotelero gracias al cual Forte Group se abrió camino hasta las diez principales empresas hoteleras a nivel mundial.

Charles Forte construyó su éxito mediante el trabajo duro, el control meticuloso de cada pequeño detalle y su capacidad para adquirir fondos y restaurar instalaciones en buen estado. Su filosofía se encuentra en su pensamiento: *"Brindar satisfacción completa al cliente, aumentar la rentabilidad, apoyar a los gerentes y a su personal, proporcionar buenas condiciones de trabajo, mantener comunicaciones efectivas, asegurar la no discriminación, reconocer la importancia de cada empleado, actuar con integridad en todo momento"*.[35] Siempre negaría que el beneficio fuera su principal motivador. *"Entré en el negocio para crear negocios, para hacer algo de lo que me sintiera orgulloso. Eso fue más importante para mí que las recompensas financieras"*, escribió en su autobiografía de 1986.[36]

13

Curtis Carlson

Maestro de la diversificación

Nunca antes había pensado en el negocio hotelero y turístico hasta que un empresario conocido le propuso invertir en un hotel. Desde entonces, se convenció gradualmente de que valía la pena invertir en la industria de la hospitalidad. Con el tiempo, sus hoteles, restaurantes y agencias de viajes dominaron completamente las operaciones de la empresa, que se convirtió en líder mundial en el mercado turístico. Fue Curtis Carlson quien expandió globalmente marcas como Radisson, Country Inns & Suites by Carlson, Regent Hotels, Radisson Seven Seas Cruises y TGI Fridays.

Curtis Carlson, 1914-1999
(Fuente: Hennepin County Library)

Curtis Leroy Carlson nació el 9 de julio de 1914 en Minneapolis, Minnesota. Su padre, Charles, emigró con sus padres de Suecia a los Estados Unidos y creció en una granja cerca de North Branch, Minnesota. Su madre, Letha, fue estadounidense de primera generación de ascendencia sueco-danesa, criada cerca de Downing, Wisconsin. La pareja se casó en 1905 en Minneapolis, donde se mudaron. Al principio, Charles Carlson trabajó como conductor de riego por las calles y luego para un proveedor mayorista de comestibles, entregando productos alimenticios a tiendas locales, para finalmente abrir su propia tienda de comestibles.[1] El trabajo largo y tedioso le permitió asegurar un estilo de vida adecuado para su familia.

Los Carlson tuvieron cinco hijos, cuatro hijos y una hija. Todos asistieron a la escuela primaria local. Desde muy temprana edad, se les enseñó a respetar el dinero y que si querían algo con fuerza, tenían que trabajar por ello. El joven Curtis ganó su primer dinero ayudando a su padre en la tienda. Allí, probó suerte en el comercio, lo que tuvo un impacto significativo en su carrera profesional más adelante. A la edad de nueve años, trabajó en un campo de golf en el Interlachen Country Club en Edina, donde llevaba una bolsa de palos de golf por 50 centavos. Cuando tenía diez años, realizó la primera ruta de entrega vendiendo el Minneapolis Journal. Durante los siguientes cinco años, adquirió más y más clientes nuevos y realizó tres rutas a la vez, permitiendo el acceso a dos de ellas a sus hermanos menores y cobrando una tarifa de "comisión". A la edad de trece años, pudo ganar 300 dólares por sí mismo y aprendió que *"siempre hay una oportunidad de tener éxito de gran manera, si solo puedes encontrar la oportunidad adecuada".*[2] Más tarde, también vendió periódicos en un quiosco en una concurrida intersección en la parte sur de Minneapolis. Ganó más dinero en el famoso Martes Negro, el 29 de octubre de 1929, cuando los titulares de los periódicos informaron sobre el colapso del mercado de valores. Fue el comienzo de la Gran Depresión, y Carlson, de quince años en ese momento, tuvo que enfrentarse a un futuro incierto junto con todos los demás estadounidenses.

En 1932, Carlson se graduó de la West High School y comenzó a estudiar economía en la Universidad de Minnesota. Para ganar dinero para sus tasas de matrícula, entregaba agua mineral a tiendas y establecimientos de catering, y también vendía anuncios en tablones de anuncios de fraternidades y asociaciones de estudiantes.[3] Después de completar su título universitario en 1937, Carlson fue contratado por Procter & Gamble como vendedor de jabón por un salario mensual de 110 dólares.[4] Tuvo tanto éxito persuadiendo a las farmacias para que compraran sus productos a granel y promovieran la venta de estos artículos que al año siguiente, obtuvo el título de Mejor Vendedor en P&G. Carlson descubrió que tenía un talento para encontrar formas de adquirir clientes y hacer crecer su negocio, lo que se convirtió en una característica distintiva de su carrera en el futuro.

En el trabajo, Carlson notó que el Leader Department Store, ubicado en el centro de Minneapolis, emitía Security Red Stamps a sus clientes por cada dólar gastado en la tienda, que podían convertir en efectivo u otros productos más tarde. El objetivo de introducir estos sellos era fomentar que los clientes compraran de manera sistemática y, por lo tanto, aumentaran progresivamente las ventas. Concluyó válidamente que, dado que este método funcionaba en grandes almacenes, podría ser igual de efectivo para una pequeña tienda de comestibles. Además, debía destacar de alguna manera de otras tiendas que ofrecían productos idénticos para lograr el éxito en las ventas. Estas consideraciones llevaron al registro de su propia empresa llamada Gold Bond Stamp Company el 8 de junio de 1938. Los 55 dólares ahorrados por Carlson de veintitrés años se utilizaron para establecer un buzón, alquilar un espacio en un edificio en el centro de Minneapolis y pagar a una secretaria de una oficina contigua para que contestara llamadas. Durante los primeros meses, logró conciliar la administración de la empresa con el trabajo para Procter & Gamble. En los días laborables, cumplía con sus funciones regulares con respecto a su empleador, mientras que por las noches y los fines de semana perfeccionaba la idea de los sellos de prima y la promocionaba entre los vendedores locales. Finalmente, en el otoño de 1938, renunció a su trabajo en P&G para dedicarse por completo a su propio negocio.[5] En el mismo año, Curtis Carlson se casó con su colega de la universidad, Arleen Martin (1912–2005), con quien tuvo dos hijas, Marilyn y Barbara.

La primera venta tuvo lugar en marzo de 1939. Convenció en ese momento a Anfin Odland, propietario de una pequeña tienda en la Duodécima Avenida Sur, para que probara el nuevo programa. Compró sellos Gold Bond por 14.5 dólares, que se entregaron a los clientes de la tienda, quienes los colocaron en un folleto especial que podían convertir en efectivo más tarde. El proyecto se lanzó de manera grandiosa. Odland mejoró significativamente los resultados de ventas, y el éxito fue comentado por Carlson, quien dijo: "*Ahora sé que puedo vender la idea. Si funciona aquí, hay miles de tiendas en todo Estados Unidos que la comprarán*".[6] Gracias a los sellos Gold Bond, cada cliente posterior (treinta y nueve tiendas al final de ese año) pudo aumentar sus ventas hasta en un sesenta por ciento. En ese momento, la tarea principal de Carlson era educar a la sociedad sobre los beneficios de recopilar sellos.

El crecimiento de la empresa joven y competitiva quedó prácticamente paralizado cuando Estados Unidos ingresó a la Segunda Guerra Mundial en 1941. Las restricciones de la guerra eliminaron la necesidad de elegir incentivos de compra por parte de los vendedores. En ese momento, el número de clientes disminuyó de más de 200 a apenas sesenta. Carlson redujo las operaciones de la empresa al mínimo, mientras él mismo asumía un trabajo secundario en una tienda de ropa infantil dirigida por su suegro. Sin embargo, cuando fue reclutado en 1944, vendió la mitad de sus acciones a su colega de Procter & Gamble, Truman Johnson, aunque planeaba recomprarlas una vez que fuera solvente nuevamente.

Después de la guerra, la Gold Bond Company tuvo que ser completamente modernizada. En 1946, Carlson decidió expandir el alcance de sus operaciones a siete estados en el transcurso de los próximos cinco años. Y de hecho, para fines de 1951, ya estaba operando en Minnesota, Wisconsin, California, Nebraska, Dakota del Norte, Iowa y Michigan. También amplió la variedad de puntos de venta, y por lo tanto, los sellos Gold Bond se emitieron en farmacias, fábricas de limpieza, cines y gasolineras. Los casos extremos incluyeron molinos, criaderos de pavos y funerarias. Un punto de inflexión en el negocio ocurrió en 1952, cuando Carlson estableció una cooperación con Super Valu Stores, Inc. Fue la primera cadena de alimentos importante en el país en utilizar sellos premium Top Value. Gracias a la intensa promoción del programa entre los clientes, en el transcurso de nueve meses, las ventas de Super Valu en Minnesota aumentaron un 63 por ciento. Este movimiento revolucionó el mercado minorista, convirtiendo a la Gold Bond Company en un jugador importante en el campo. Al mismo tiempo, con la intención de atender las demandas de la cadena, Carlson cambió el sistema para que con los sellos obtenidos, los clientes pudieran canjear premios en lugar de efectivo; esto fue una tarea mucho más compleja de llevar a cabo, ya que requería la creación de un catálogo de premios, la gestión adecuada de almacenes con productos, la administración de centros de canje de sellos, así como la contratación de empleados que trabajaran allí.[7]

Cuando en 1957 la Kroger Company, otra cadena minorista de alimentos en el Medio Oeste, comenzó a cooperar con Gold Bond y las ventas de cupones aumentaron hasta alcanzar los 1.45 mil millones de dólares, Carlson decidió adquirir acciones por valor de un millón de dólares de Truman Johnson. Luego recuperó el control total sobre la empresa y se dispuso a continuar la conquista del mercado con planes aún más ambiciosos. Se sumó al portafolio de clientes una enorme cadena de alimentos en el Oeste y Suroeste, Safeway Stores Inc., y una vez que se lanzaron los llamados Escuadrones Voladores (es decir, departamentos de ventas dirigidos por su hermano Warren Carlson), Gold Bond ingresó de inmediato a los mercados de Denver, Omaha, Dallas, Kansas City, Tulsa y Nueva York. También debutó pronto en el ámbito internacional, inaugurando la venta de vales premium en Canadá, el Caribe, Japón y algunos países europeos.[8] A principios de la década de 1960, Gold Bond generó una ganancia de cincuenta millones de dólares, brindando empleo a casi 700 personas y operando 200 centros de premios. Sin embargo, fue en ese momento cuando el mercado de vales alcanzó un nivel tan alto que parecía imposible hacerlo crecer aún más. En ese momento, casi todas las tiendas, farmacias o gasolineras emitían cupones para sus clientes. Al ver esta situación, Carlson revisó su propia empresa y comenzó a pensar en emprender otras líneas de negocios también. Comenzó esta diversificación comprando un gran terreno en Minnetonka, los suburbios del oeste de Minneapolis, con miras al crecimiento futuro. Además, ingresó accidentalmente a la industria hotelera.

Tom Moore Sr., propietario de setenta años del Hotel Radisson en el centro de Minneapolis, con la intención de modernizarlo y expandirlo por completo, solicitó apoyo financiero a algunos empresarios que conocía, incluido Carlson, a cambio de acciones en el hotel. La instalación llevaba el nombre del comerciante y viajero francés del siglo XVII Pierre-Esprit Radisson, quien exploró los Grandes Lagos y descubrió Minnesota. Su inversor fue Edna Dickerson, quien heredó un buen número de propiedades inmobiliarias en Minneapolis después de su pariente lejano Albert Johnson. Los trabajos de construcción fueron realizados por una empresa llamada C.E. Haglin de acuerdo con los planes desarrollados por la firma arquitectónica Long, Lamoreaux & Long. El diseño interior fue confiado al famoso diseñador de Nueva York, William Frederick Behrens. El edificio de 16 pisos tenía 425 habitaciones (la mayoría con bañera), todas con agua potable fría suministrada desde el pozo artesiano propio del hotel, un restaurante llamado Chateau Room con 250 asientos y Viking Café con 100 asientos. Los servicios del hotel se complementaban con seis comedores privados, un salón de banquetes, una sala de estar para mujeres llamada Adams Room, una biblioteca, una sala de billar, un salón de belleza y una tienda de tabacos, una tienda de ropa Maurice L. Rotschild y una tienda Capper & Capper Ltd que ofrecía artículos y suministros de costura. El puesto de director gerente fue otorgado a Charles J. Owen reclutado de Nueva York, ex subgerente en el Astor Hotel y el Knickerbocker Hotel. La inauguración festiva del Radisson, a la que asistieron mil invitados y la Orquesta Radisson, tuvo lugar el 15 de diciembre de 1909. *The Minneapolis Daily News* lo calificó como un "*Gran Evento en la Historia de Minneapolis*", mientras que al hotel se le llamó el "*Joya de la Séptima Calle*". Principalmente debido a las innovaciones y comodidades como su propia central telefónica, puertas giratorias automáticas, ascensores eléctricos y una parada de taxis de vidrio. La reputación del Radisson se extendió por todo el país, siendo su verdadera fortaleza la cocina, una de las mejores de Estados Unidos. Desde mediados de 1910 hasta 1934, las funciones de gerente fueron cumplidas por Simon Kruse, el esposo del propietario. En este período, el Radisson fue un hotel conocido y respetado en la ciudad, alojando a dignatarios visitantes, artistas e incluso presidentes estadounidenses y miembros de familias reales. Las ganancias

En 1960, Carlson se convirtió en copropietario del Hotel Radisson en Minneapolis. (Fuente: Lakesnwoods)

generadas se invirtieron en trabajos de renovación subsiguientes y en la expansión de la lista de servicios de catering ofrecidos, especialmente la apertura de nuevos restaurantes: Teco Inn, Flame Room y Springtime Room en el último piso del edificio. Además, el Sr. y la Sra. Kruse compraron el pequeño Glen Morris Inn de 40 habitaciones en el lago Christmas (cerca de Excelsior, Minnesota), lo renombraron Radisson Inn y, además del alojamiento, ofrecieron allí diversos servicios recreativos (navegación, tenis, críquet, pesca y equitación). Ambos Radissons eran abastecidos con frutas y verduras frescas de las propias granjas de la compañía en el condado de Anoka. Con el tiempo, esta empresa agrícola resultó no ser particularmente rentable y, combinada con el alto costo de operar el Radisson Inn, afectó las finanzas del hotel en Minnesota. Estos problemas se intensificaron con el colapso del mercado de valores de 1929 y Kruse trató de mitigar la situación tomando préstamos de la Philadelphia Fidelity Trust Company. Finalmente, en 1934, el Hotel Radisson fue tomado debido a la deuda, pero los gerentes subsecuentes designados por la oficina fiduciaria no pudieron devolverlo a su antigua gloria. En 1943, el hotel fue adquirido por el dúo Byron F. Calhoun y Tom Moore. El primero dirigía el Hotel St. Paul, pero no tenía dinero para financiar este proyecto por sí mismo. Por esta razón, se asoció con Moore, un empresario que dirigía un negocio de franquicia de embotellado de Coca-Cola en Minneapolis. Esta colaboración duró cinco años ya que, después de una feroz batalla legal, Tom Moore se convirtió en el único propietario del Radisson.[9] En el transcurso de veinte años, estaba restaurando sistemáticamente el hotel a su posición adecuada en la arena nacional, renovando al mismo tiempo una gran parte del establecimiento. En 1957, también inició obras de expansión para agregar 140 habitaciones más y ampliar el restaurante Flame Room en el hotel.[10] Sin embargo, no pudo terminarlo por sí mismo. Curtis Carlson aceptó su invitación. Aunque en ese momento, el negocio hotelero no era fácil, Carlson debió haber sido convencido por la palabra de Moore: *"Un gran hotel como el Radisson sigue estando en el corazón de la acción en el centro. Como hotelero, siempre sabrás lo que está sucediendo en la ciudad."*[11] En 1960, se convirtió en propietario del 50 por ciento de las acciones del hotel y dos años después, compró la parte restante.

Dado que poseer hoteles no formaba parte de su plan inicial, el Radisson era inicialmente una adición exclusiva a la Gold Bond Stamp Company, donde en sus elegantes salas de conferencias se celebraban reuniones de personal, mientras que los huéspedes de la empresa eran alojados en suites. Carlson también fundó una orquesta de cuerdas profesional que debutó en el hotel como Golden Strings el Día de San Valentín de 1963 y, en los años siguientes, se convirtió en la marca registrada del primer Radisson. Carlson no participaba activamente en las operaciones diarias de gestión del hotel. Para este fin, designó al hijo de Tom, Bob

Moore, mientras él mismo se centraba en el crecimiento continuo de la empresa. Creía que para que los servicios de alojamiento se convirtieran en una parte rentable de su negocio, necesitaba más instalaciones. El Radisson era un nombre conocido y respetado en esta parte del país, pero solo había uno. Por lo tanto, comenzó a comprar más hoteles. En 1968, los hoteles adquiridos incluyeron el Blackstone en Omaha y el Cornhusker en Lincoln, Nebraska. El Blackstone fue construido en 1915 por una empresa de inversión, Bankers Realty, según un proyecto de Francis W. Fitzpatrick. Originalmente, era un edificio residencial para familias que constaba de unidades de seis y ocho habitaciones para alquiler a largo plazo. No fue hasta que se convirtió en propiedad de Charles Schimmel cinco años después que se transformó en un hotel de lujo.[12] Asimismo, el Cornhusker de 400 habitaciones era un establecimiento "antiguo" fundado en 1926.[13] Ambos hoteles comenzaron a operar bajo la marca Radisson. Con el tiempo, Gold Bond también comenzó a construir hoteles. Los que se inauguraron en 1970 incluyeron el Radisson en Duluth (200 habitaciones) y otro en Minneapolis, el exclusivo Radisson South Hotel de 450 habitaciones. En estos años, Carlson aprendió una lección valiosa sobre el negocio hotelero, específicamente, *"No importa lo que hagas con un viejo hotel, sigue siendo un viejo hotel"*. A pesar de su antigua gloria y esplendor, estos grandes hoteles antiguos, como el Cornhusker, eran dinosaurios en ese momento y no generaban beneficios, ya que a su alrededor había muchos hoteles y moteles más nuevos, más modernos, más pequeños y más eficientemente gestionados que los viajeros podían elegir. Al explorar esta difícil verdad, decidió que a partir de ese momento, la gloria y la tradición darían paso al pragmatismo racional y que el crecimiento futuro se limitaría a nuevos hoteles.[14] Como punto de partida, en 1971, Carlson contrató a Jorgen Viltoft, ex vicepresidente de Marriott Corporation, para encargarse de la gestión del negocio hotelero. Viltoft, de origen danés, era un hotelero experimentado. Se graduó en negocios hoteleros en la Sorbona y a mediados de la década de 1950 ocupó el cargo de director de catering en el primer Radisson en Minneapolis.[15] Su tarea ahora era armonizar el funcionamiento de varios Radissons y diseñar planes de expansión tanto en los Estados Unidos como en el extranjero. En la década de 1970, los hoteles Radisson aparecieron en Denver, Colorado; Bloomington, Indiana; Grand Portage, St. Paul y Alexandria, Minnesota; Kansas City y Wichita, Kansas; Cypress Gardens, Florida; Charlotte, Nueva York; Scottsdale, Arizona; Chicago, Illinois; Danvers, Massachusetts; Wilmington, Delaware, y Nashville, Tennessee.

Mientras tanto, en 1973, para reflejar mejor la entrada a nuevos mercados y nuevas líneas de negocio, el nombre de la empresa se cambió de Gold Bond Stamp Company a Carlson Companies Inc.[16] En 1975, Carlson realizó su primera inversión en el mercado de restaurantes al adquirir una cadena de doce establecimientos llamada T.G.I. Friday's (acrónimo de - Thank God! It's Friday - "¡Gracias a Dios! Es viernes")[17], que luego expandió en ocho años hasta setenta y tres instalaciones. En 1977, agregó a su cartera Country Kitchen International, una cadena de restaurantes familiares del sector de la decoración hogareña y comidas económicas[18], y los elegantes restaurantes Dalts. Habiendo adquirido experiencia en la industria hotelera y de catering, Carlson Companies también se involucró en la industria de agencias de viajes. La adquisición de la conocida agencia de turismo Ask Mr. Foster (fundada por Ward G. Foster en 1888 en St. Augustine, Florida) en 1979 y la First Travel Corporation abrieron para Carlson la puerta a la industria de servicios turísticos y relacionados con los viajes, que con el tiempo se convirtieron en la línea de negocio dominante de toda la corporación.

Para 1982, la cartera de Carlson había crecido hasta setenta y cinco empresas que operaban en diversos sectores y generaban ventas por valor de 2.1 mil millones de dólares. Además de la Gold Bond Stamp original, hoteles, restaurantes y agencias de viajes, Carlson Companies también comprendía, entre otros, la May Company (mayorista de productos alimenticios), WaSko Gold Products y Ardan Jewelers (vendedores de joyería), la E.F. MacDonald Company y la Premium Corporation (programas de motivación y ventas), Jason Empire Inc. (importador de binoculares y telescopios), la E. Weisman Company (vendedora de productos de tabaco y dulces), la Indian Wells Oil Company (industria petrolera), Naum Brothers (ventas por catálogo), Superior Fiber Products Inc. (productos de fibra), K-Promotions (mercancía), Charles Shaffer Inc. (salas de exhibición por catálogo) y Curtis Homes (casas prefabricadas).[19]

A mediados de la década de 1980, Carlson Companies comenzó a evolucionar de un conglomerado con negocios diversificados a una estructura organizativa concisa centrada en la industria hotelera, el turismo y los servicios de marketing, áreas que cooperan estrechamente entre sí. Por lo tanto, Carlson distinguió cuatro grupos operativos, a saber, el Carlson Hospitality Group encargado de los hoteles y restaurantes, el Carlson Travel Group encargado de brindar servicios turísticos en todo el mundo, así como el Carlson Marketing Group y el Carlson Promotion Group, líderes en agencia de marketing y agencia de ventas motivacionales en América, respectivamente.

En ese momento, el Carlson Hospitality Group, dirigido por Jürgen Bartels (ex presidente de la cadena de hoteles Ramada Inn) desde 1983, comprendía 28 hoteles de la marca Radisson, ocho instalaciones de la cadena Colony Hotels & Resorts adquiridas en 1979, 268 restaurantes Country Kitchen y 79 establecimientos TGI Fridays.[20] En 1986, Carlson anunció la formación de un nuevo concepto de hotel de servicio limitado dirigido a clientes de clase media. Estas instalaciones debían tener un diseño interior predominantemente hogareño, que incluía chimeneas en el vestíbulo y edredones en las camas. Un año después, en Burnsville, Minnesota, se inauguró el primer hotel de la marca Country Inns & Suites.[21] Además, la empresa comenzó a cambiar el énfasis de su búsqueda de poseer hoteles a asociarse como parte de una franquicia. Esto permitió a Carlson expandir sus marcas intensamente sin una inversión de capital considerable y, al mismo tiempo, obtener millones de dólares en forma de tarifas y licencias. A fines de la década, con casi 200 hoteles Radisson, se convirtió en la cadena hotelera de más rápido crecimiento en el mundo. Otro objetivo de Carlson era aumentar este número a 550 instalaciones en el transcurso de los próximos años. Mientras tanto, en la década de 1980, se introdujo el primer sistema electrónico de reservas de hoteles llamado Pierre (1985), se implementó el software *Yes I Can!* (vinculante hasta el día de hoy), se abrió un moderno centro de reservas global en Omaha, Nebraska, y el primer Radisson Hotel en Minneapolis (demolido en 1982) fue reemplazado por un exclusivo Radisson Plaza Hotel en 1987. A principios de la década de 1990, se consolidó una mayor expansión de la cadena en todo el mundo. En 1991, Carlson inauguró el primer hotel estadounidense en Rusia, el Radisson Slavjanskaya en Moscú.[22] En 1992, Radisson cerró el año con 280 establecimientos con 66 mil habitaciones en veinticinco países. A su vez, la cadena Colony Hotels & Resorts creció hasta alcanzar los 42 hoteles con 8.7 mil habitaciones en todo el mundo. En mayo del mismo año, Finlandia vio el lanzamiento de Radisson Diamond, el primer barco de lujo para pasajeros construido por 125 millones de dólares que inauguró la línea de cruceros llamada Radisson Seven Seas Cruises.[23]

Country Inn & Suites - una marca de hotel de servicio limitado.
(Fuente: Country Inn & Suites)

El siguiente paso de Carlson fue vender la cadena de hoteles Colony a Interstate Hotel Corporation en 1993 y firmar un acuerdo de asociación entre Radisson y SAS International Hotels en 1994, con el objetivo de crear una nueva marca que operara en Europa, Oriente Medio y África, es decir, Radisson SAS. Luego, CHW entró en cooperación con Edwardian Hotels, un grupo de lujosos hoteles de Gran Bretaña[24], y en 1997, con Four Seasons Hotels para expandir la marca Regent Hotels en América del Norte y Europa.[25] En 1995, Jürgen Bartels, bajo cuya dirección Radisson subió en el ranking global del puesto 56 al 15 (con 245 hoteles), dejó la compañía para unirse a Westin Hotels & Resorts. Fue reemplazado por John A. Norlander[26], quien había trabajado para Carlson durante 21 años. Para fines de la década de 1990, tenían 556 hoteles operando en todo el mundo, mientras que SSC Radisson expandía su flota a seis cruceros, convirtiéndose así en la cuarta línea de cruceros de lujo más grande del mundo; la cadena TGI Fridays creció a más de 500 restaurantes en cuarenta países. Mientras tanto, en 1987, la cadena Country Kitchen fue vendida al mayor franquiciado, Kitchen Investment Group.[27]

El Carlson Travel Group, dirigido desde 1984 por John Ueberroth, originalmente comprendía Ask Mr. Foster, First Travel, P. Lawson Travel (en 1983, Carlson compró el 70 por ciento de sus acciones y el resto en 1993) y Neiman-Marcus Travel Services. Luego, mediante adquisiciones, se unieron a la lista otras agencias de viajes, a saber, Cartan Tours (la más grande en Canadá), First Tours, Group Travel Unlimited, Don Travel Service y Gelco Travel Management Service. A mediados de la década de 1980, CTG con 600 instalaciones y 3.5 mil millones de dólares de ganancias se convirtió en una de las mayores compañías de turismo del mundo que prestaba servicios al mercado corporativo. En 1990, Carlson adquirió el 76 por ciento de las acciones de la agencia de viajes británica A.T. Mays y cambió el nombre de Ask Mr. Foster a Carlson Travel Network. En la época de Travis Tanner, quien asumió el control del CTG en 1993, se llevó a cabo una fusión entre Carlson Travel Network y Wagonlit Travel (parte del grupo hotelero francés Accor). Gracias a esto, en 1994 se fundó Carlson Wagonlit Travel (CWT), la compañía de turismo más grande del mundo en términos de tamaño, con más de cuatro mil oficinas en 125 países y ventas anuales que superan los diez mil millones de dólares. CWT procesaba veinticuatro millones de reservas de vuelos y trenes, siete millones de reservas de habitaciones de hotel y seis millones de reservas de alquiler de automóviles cada año. Sin embargo, Carlson no se detuvo y continuó expandiendo su negocio. En 1996, compró una agencia de viajes sueca llamada Rescenter, y un año después, las compañías británicas Inspirations y el operador turístico Thomas Cook. Además, en el mismo año, fundó el Carlson Leisure Group, CWT tenía la intención de operar como licenciatario en los Estados Unidos, abrió una agencia de viajes bajo el nombre de Carlson Vacations en Rusia y adquirió una conocida agencia de turismo de ocio estadounidense llamada Travel Agents International, que tenía 1,300 ubicaciones a su disposición.[28]

Los Carlson Marketing Group y Carlson Promotion Group se formaron sobre la base de las operaciones originales de Gold Bond Stamp Company, a las que se unieron otras empresas adquiridas, a saber, K-Promotions (1976) y E.F. MacDonald Company (1981). En 1980, la posición en la dirección fue ocupada por Edwin "Skip" Gage, esposo de Barbara, la hija menor de Carlson. A fines de la década de 1980, era la empresa de motivación más grande del mundo. Los grupos adquirieron experiencia en marketing directo, programas que estimulaban las ventas y mejoraban la eficiencia, marketing de lealtad, y también ofrecían servicios de gestión de eventos, incluidos eventos deportivos. Sin embargo, en última instancia, esta rama de la compañía generaba solo el cinco por ciento de las ganancias de Carlson Companies. El mayor contribuyente, con el 65 por ciento, era el negocio del turismo, mientras que el 30 por ciento restante provenía del negocio hotelero.

En 1988, Curtis Carlson fundó Carlson Holdings Inc., una empresa matriz para gestionar todas las propiedades y activos de la familia Carlson. Comprendía tres divisiones organizativas: una para gestionar las inversiones familiares, la segunda para gestionar propiedades comerciales dispersas por toda América del Norte, y la tercera, que abarcaba las actuales Carlson Companies. Un año después, toda la corporación trasladó su sede a un nuevo complejo de vidrio de 20 pisos llamado

La sede de Carlson Holdings Inc. Twin Towers en Minnetonka.
(Fuente: LoopNet)

Twin Towers en Minnetonka, cerca de Minneapolis, erigido en más de 308 acres de tierra comprada por Carlson en la década de 1960. Poco después, el 19 de septiembre de 1989, como si simbolizara el comienzo de una nueva era con el cambio de la ubicación de la oficina, Curt Carlson organizó una celebración en la rotonda del nuevo edificio y confió el cargo de director de la compañía a su yerno Edwin "Skip" Gage, nombrándolo director ejecutivo. Aunque mil empleados lo vitoreaban, Gage no ocupó este cargo durante mucho tiempo. En 1991, Carlson tomó nuevamente el control de la corporación y, al mismo tiempo, nombró a su hija mayor, Marilyn, como vicepresidenta de Carlson Holdings y Carlson Companies Inc. El 23 de marzo de 1998, durante una gala que celebraba el 60 aniversario de la compañía, Curtis Carlson anunció su retiro y nombró a Marilyn Carlson Nelson presidenta y CEO de Carlson Holdings.[29]

Curtis Carlson falleció el 19 de febrero de 1999, en el Hospital Metodista de St. Louis Park, como resultado de complicaciones posteriores a un derrame cerebral. Dejó atrás una corporación que abarcaba más de 100 empresas operando en 140 países, con una fuerza laboral de 160 mil personas y ventas anuales de hasta 20 mil millones de dólares.[30]

William Norman, presidente de la Asociación de la Industria de Viajes de América (TIA), describió a Carlson como "*un visionario pragmático que vio el valor de integrar diferentes segmentos mucho antes que otros. Fue el primero en construir con éxito una enorme empresa de viajes integrada y llevarla a nivel global*".[31] Al mismo tiempo, según la revista Fortune, creó una de las mayores corporaciones privadas en los Estados Unidos. Además, Carlson hizo una inmensa contribución a la creación de programas de lealtad. Después de todo, los programas actuales para clientes habituales de aerolíneas (programas de viajero frecuente) o clientes de hoteles (programas para huéspedes frecuentes) son antiguos sellos premium en una forma moderna. Todos comparten el mismo objetivo: fomentar un fuerte sentido de incentivo que haga que un cliente o un huésped regrese con más frecuencia.

Las habilidades de liderazgo de Carlson, incluyendo sus ambiciosos objetivos y la búsqueda constante de estos objetivos, se han vuelto legendarias. Siempre decía: "*Los vendedores siempre deben ser optimistas. Siempre deben creer en sí mismos y en lo que están vendiendo, y nunca deben perder de vista su objetivo.*[32] *(...) Tiene que comer, dormir y soñar con sus cuotas. Cuando se está cepillando los dientes, cuando se está conduciendo al trabajo, cuando se está escuchando al coro en la iglesia, su mente estará buscando las formas y los medios para alcanzar su objetivo*".[33] Él mismo era un hombre extremadamente trabajador. "*Trabajas cinco días a la semana para igualarte con el otro tipo. Trabajas el sexto día para salir adelante*", les decía a sus empleados. Gracias a esto, su negocio alcanzó una tasa de crecimiento anual del 33 por ciento durante cuarenta y cuatro años consecutivos.

Carlson se preocupaba por su personal y consideraba que el beneficio era un elemento fundamental e incluso prestigioso de un negocio exitoso. Esto se debe a que brinda a la sociedad un valor infinito mediante el crecimiento económico de una empresa, garantiza el empleo y una remuneración justa con promoción opcional, educación y prosperidad para sus empleados. Sus objetivos no se basaban en cuánto dinero se podía ganar con ello. Hay cosas más importantes en la vida. Carlson afirmaba: "*Una empresa tiene la responsabilidad de avanzar, o sus empleados no avanzarán (...) Cada empleado tiene ambiciones de una mejor calidad de vida. Tengo una pequeña filosofía. Cada año, una persona tiene que estar mejor hoy que hace un año. Si es así, el empleado está satisfecho y trabaja duro. Cuando esto no sucede, tienes problemas con tus empleados*".

Además, considerado el ciudadano más rico de Minnesota, Carlson se sentía responsable también por la comunidad local. Dedicó así su dinero, tiempo y esfuerzo para hacer de su ciudad un mejor lugar para vivir. Carlson Companies fue pionera y miembro del Five Percent Club, que asocia a las principales corporaciones de la región que destinan el cinco por ciento de sus ingresos a organizaciones sin fines de lucro. En 1980, Carlson donó un millón de dólares a su antigua escuela, la Universidad de Minnesota, para ayudar a fundar la Hubert H. Humphrey School of Public Affairs. Una de las funciones que cumplía esta prestigiosa institución era invitar a líderes destacados e influyentes de todo el mundo para dar conferencias. En 1986, depositó 25 millones de dólares en la cuenta bancaria de la universidad. Fue la donación única más grande jamás realizada a una institución educativa pública. Sin embargo, tenía un significado simbólico, ya que se presentó como agradecimiento por la oportunidad de estudiar que se le dio y por prepararlo adecuadamente para su entrada en el mundo de los negocios en los años en que Estados Unidos aún lidiaba con las repercusiones de la Gran Depresión. Además, Carlson tomó las riendas de la campaña de tres años que generó 365 millones de dólares de beneficio y se propuso mejorar la posición clasificatoria de la Universidad de Minnesota hasta las cinco mejores universidades públicas de Estados Unidos. En reconocimiento a esto, una prestigiosa escuela de negocios que operaba en la universidad fue nombrada en su honor, es decir, Curtis L. Carlson School of Management. En 1993, Carlson le dio a la universidad una suma de diez millones de dólares para iniciar una campaña para construir una nueva instalación para 'su' escuela de negocios.[35] Lo que, junto con la cantidad de 36 millones de dólares, la coloca en el tercer lugar entre los mayores donantes para la educación superior.

Curtis Carlson se hizo conocido no solo por el éxito empresarial que logró, sino por su integridad, rectitud, espíritu emprendedor y dedicación a su familia. En la vida privada, le encantaba toda esa conmoción relacionada con la colocación de la primera pala para nuevos hoteles e inauguraciones con cuerdas de terciopelo siendo cortadas, globos coloridos, música, dignatarios locales y un montón de periodistas. Todo era parte de un centro de acción místico prometido por Tom Moore. También adoraba las aventuras exóticas que le proporcionaba el negocio hotelero y su expansión continua.

14

John Q. Hammons

Legendario desarrollador hotelero

Su vida parecía ser un juego constante de Monopoly. Al igual que un jugador moviéndose por el tablero, él viajó por todo Estados Unidos durante cincuenta años, buscando ubicaciones adecuadas, adquiriendo terrenos y construyendo hoteles en el momento perfecto. Gracias a su intuición, conocimiento y experiencia, se convirtió en el mayor desarrollador hotelero independiente de América. Como nadie más, construyó más de doscientos establecimientos de marcas como Holiday Inn, Embassy Suites, Marriott, Sheraton, Residence Inn, Radisson y Plaza Hotels. La industria hotelera y sus huéspedes lo recordarán también como la persona que pudo convertir un simple hotel de cadena en "*otro excepcional hotel de John Q. Hammons*".

John Q. Hammons, o más bien, James Quentin Hammons, nació el 24 de febrero de 1919 en Fairview, Missouri. Sus padres, James O. y Hortense Bass Hammons, tenían su propia granja de casi 500 acres donde criaban ganado lechero. Llamado por todos 'Quentin', creció en la granja familiar con su hermana menor de dos años, Wrenna Quentilla, y asistió a la escuela primaria local. Todo indicaba que seguiría los pasos de su padre y se convertiría en un granjero lechero, y probablemente lo habría hecho si no fuera por el colapso de Wall Street en octubre de 1929 y la Gran Depresión que siguió. Empresas en todo Estados Unidos comenzaron a quebrar a gran escala, mientras que los bancos no podían pagar todo el dinero depositado en ellos. Los suicidios no eran raros, especialmente entre aquellos empresarios que se centraron en el mercado de valores y perdieron su riqueza. La recesión

John Q. Hammons, 1919-2013
(Fuente: Kansas City Star)

también afectó a los agricultores. Su situación ya difícil se vio agravada por la sequía y los fuertes vientos que destruyeron la capa superior del suelo y la falta de técnicas adecuadas de cultivo.[1] La familia Hammons también se encontró en una situación difícil. Incluso el joven Quentin trabajó arduamente para ayudar a sus padres, al menos parcialmente. Colocaba trampas para conejos en el huerto, atrapaba cinco o seis al día y las vendía por cinco centavos cada una. Lamentablemente, a mediados de la década de 1930, perdieron su finca. El chico conservó en sus recuerdos una imagen vívida de su padre llorando, parado en el campo, y en ese momento, se hizo una promesa a sí mismo de que nunca sería pobre.[2]

La familia Hammons tuvo que aprender a vivir una nueva vida. El padre de Quentin comenzó a vender seguros; su madre, a pesar de su precaria salud, consiguió trabajo en una planta de procesamiento de tomates, mientras que Quentin comenzó a asistir a la Fairview High School. Allí, 'se enamoró' del baloncesto mientras jugaba en el equipo escolar, los Fairview Tigers, durante cuatro años. Y aunque no era alto, obtenía buenos puntajes. Para continuar su educación en el Monett Junior College, Hammons tuvo que ganar dinero para la matrícula trabajando en un campo de trigo. En 1939, se graduó de la Southwest Missouri State Teacher's College en Springfield con un título en enseñanza. Su carrera en esta profesión comenzó en una escuela secundaria en Cassville, donde enseñaba ciencias e historia. Al mismo tiempo, como el entrenador más joven, entrenaba con éxito al equipo de baloncesto de la escuela (en el primer año, perdió solo un juego, mientras que en el segundo año, fue imbatido). En ese momento, ganaba 40 dólares al mes.

Después de que Estados Unidos ingresara a la Segunda Guerra Mundial, a principios de 1942, Hammons decidió abandonar la academia y fue contratado en la Lytle-Green Construction Company de Des Moines, Iowa. Como contador de costos, trabajó en el proyecto de construcción de la Carretera Alcan en Alaska, antes conocida como la Carretera Alcan. Allí, adquirió la primera experiencia en la industria de la construcción, a la que dedicaría toda su vida. Durante su estancia en Alaska, Hammons ahorró cada dólar que ganó e invirtió en el mercado de valores. Esto le permitió ahorrar hasta 60 mil dólares después de que se completó la carretera.[3] Luego, a partir de 1943, sirvió en la marina mercante, trabajando en barcos que suministraban a las naves de guerra en el Atlántico y el Pacífico. Incluso obtuvo el rango de teniente JG (grado junior).

Después de la guerra, Hammons regresó a su país natal, pero no volvió a casa. Aunque sus padres recuperaron la granja, él no se veía trabajando en la agricultura. Primero se fue a California para reconsiderar su futuro. Allí conoció a un abogado de patentes que le contagió una nueva idea para un negocio conjunto, específicamente, la fabricación de ladrillos para mampostería sin mortero. Llevó este concepto a Springfield y trabajó en implementarlo en la vida real. Desafortunadamente, la inexperiencia y el capital insuficiente pasaron factura. En 1948, después de dos años de operación, la empresa quebró. Su socio huyó de la ciudad, dejando a Hammons endeudado. El joven empresario sacó conclusiones de esta dura lección. Logró persuadir a los acreedores para que aceptaran pagos a plazos y observó el programa de pagos de manera sucesiva durante dos años. En su lucha por salir de este agujero, también fue apoyado por su recién casada esposa, Juanita Kathleen Baxter, graduada del Southwest Missouri State Teacher's College y maestra en la McDaniel School en Springfield. Celebraron sus votos matrimoniales el 2 de septiembre de 1949, en la Iglesia Presbiteriana Westminster. Aunque nunca tuvieron hijos.

Cuando el gobierno federal estadounidense lanzó el programa de la Sección 608 para otorgar ayuda a empresas privadas para construir hogares para las familias de los soldados que regresaban de la guerra, en 1949, a Hammons se le encargó establecer un distrito de viviendas multifamiliares en alquiler llamado Village Gardens No. 1 en las afueras de Springfield. El empresario cumplió el contrato de manera perfecta y, aunque el pedido no le reportó mucho dinero, le permitió mantener a flote la empresa. Un año después, estaba listo para desarrollar un terreno que había comprado, llamado Village Gardens No. 2. Para obtener el capital esencial de 200 mil dólares, logró persuadir al dueño de la aserradería J.V. Cloud para que participara en una cooperación. Siendo los propietarios del terreno y la propiedad, obtuvieron 200 mil dólares en la construcción y alquiler, y tres años después, obtuvieron otros 200 mil dólares por su venta.[4] De esta manera, Hammons desarrolló gradualmente, con edificios de apartamentos, no solo las afueras de Springfield, sino todo el estado de Missouri. Más tarde, también construyó centros comerciales y edificios de oficinas. A finales de la década de 1950, el negocio de desarrollo inmobiliario lo convirtió en millonario. A partir de entonces, en un intento de permanecer anónimo en instituciones, bancos o entre comunidades, se presentaba como John Q. Mantuvo este apodo y fue conocido como John Q. Hammons hasta el final de sus días.

En 1957, John Q. realizó un viaje a la Costa Oeste y mientras conducía por la Ruta 66, se fijó en las Highway Houses. Esta cadena de moteles turísticos motorizados fue creada por Del Webb, un contratista de California que con el tiempo comprometió el desarrollo continuo de la cadena a favor de invertir en otras propiedades en Tucson y Sun City, Arizona, así como en casinos en Las Vegas, Nevada. Por lo tanto, dejó un nicho vacante para otros desarrolladores, que fue llenado de manera perfecta, entre otros, por Kemmons Wilson con su cadena de moteles Holiday Inn. El primer establecimiento con ese nombre abrió el 1 de agosto de 1952 en Memphis, Tennessee. Era hipermoderno para esa época y asequible. Tenía habitaciones cómodas, limpias y con aire acondicionado, con un televisor en cada una, y no se cobraba tarifa adicional por los niños que se quedaban con sus padres. Además, los huéspedes podían disfrutar de un restaurante, una piscina y un estacionamiento. Seis años después, ya operaban cincuenta hoteles Holiday Inn franquiciados en Estados Unidos, y Wilson firmaba nuevos contratos. Inspirado por las instalaciones de Webb, John Q. decidió probar suerte en el negocio de hospedaje también. Inicialmente, lo acompañaba Roy E. Winegardner, un fontanero y uno de los subcontratistas que trabajaban en muchas de las inversiones de Hammons, que ya tenía experiencia en la gestión de hoteles. Primero, asumió la deuda del Towne House en Huntsville, Alabama, y en 1957, construyó su primer Holiday Inn en Lexington. En 1958, ambos fueron a Memphis y declararon audazmente a Wilson su disposición de comprar diez licencias por diez mil dólares cada una. A cambio, obtuvieron tres meses para especificar diez ubicaciones para sus hoteles Holiday Inn. Su primera elección fue Cincinnati, Ohio, y en ese mismo año, fundaron una empresa llamada Winegardner & Hammons Incorporated.[5]

En los primeros años, su asociación con una clara asignación de roles iba muy bien. John Q. se enfocaba en buscar lugares para nuevas inversiones y fuentes de financiamiento, mientras que la construcción y gestión de las instalaciones estaba a cargo de Winegardner. Como resultado, a finales de la década de 1960, establecieron treinta y seis hoteles y sesenta y siete durante la operación de W&H, que en ese momento representaban el diez por ciento de todo el sistema de Holiday Inn. Sin embargo, con el tiempo, surgieron desacuerdos sobre la ubicación o la estrategia general; por ejemplo, Hammons quería invertir en California, mientras que Winegardner no veía ningún potencial allí. En general, se volvió más escéptico y frenó el crecimiento, mientras que Hammons aún anhelaba nuevos hoteles. Por esta razón, este último decidió actuar por su cuenta y, al convertirse en socio de Winegardner & Hammons, registró una nueva empresa llamada John Q. Hammons Hotels en 1969. Luego, en 1970, ambos socios vendieron veintitrés hoteles por valor de 60 millones de dólares a Holiday Inns Inc. a cambio de acciones. Este movimiento los colocó entre los mayores accionistas de esta cadena hotelera.

La cadena Holiday Inn seguía creciendo y el valor de las acciones de la empresa también aumentó, alcanzando los 54 dólares en 1972. Lamentablemente, en octubre de 1973, los países del este asociados bajo la OPEP impusieron un embargo de petróleo a los Estados Unidos como castigo por su intervención en el conflicto israelí-palestino. El precio de la gasolina se disparó de tres a doce dólares por barril, afectando de inmediato a los conductores en las gasolineras. A menudo, tenían que recorrer de una estación a otra en busca de gasolina y esperar muchas horas en una fila. El gobierno federal declaró estado de emergencia sobre la gasolina, lo que resultó en, entre otras cosas, racionamiento de gasolina, prohibición de conducir los domingos o de conducir a más de 50 millas por hora. Todo esto para reducir el consumo de combustible. Para empresas hoteleras como Holiday Inn, que vivían de turistas que se desplazaban en automóviles de un hotel a otro, el futuro parecía sombrío. Las tasas de ocupación en los moteles disminuyeron. El precio de las acciones de Holiday Inns Inc. también cayó a cuatro dólares. Para evitar un desastre, en 1974, Kemmons Wilson nombró a un nuevo consejo de administración con Roy Winegardner como presidente. John Q. no quería participar en la vida corporativa. Servir como presidente de la Asociación Internacional de Holiday Inns que reunía a los franquiciados era suficiente para él. Después de todo, en ese momento, dirigía treinta y cinco hoteles y, a pesar de las circunstancias adversas, estaba decidido a construir nuevos. El embargo terminó en marzo de 1974 y la gente volvió a acudir a los hoteles. John Q. no frenó el ritmo. Seguía buscando nuevas ubicaciones mientras financiaba sus proyectos con el dinero prestado en buenos términos de conocidos que no sabían cómo hacer inversiones. Se convirtió en uno de los mayores desarrolladores hoteleros de Estados Unidos. En 1986, la revista *Forbes* lo incluyó en el puesto 383 entre las 400 personas más ricas del país. Un año después, ascendió al puesto 268 con una propiedad estimada en 300 millones de dólares. Aunque fueron los hoteles Holiday Inn los que lo hicieron rico, a finales de la década de 1980, John Q. comenzó a dirigirse hacia marcas de hoteles de lujo: Embassy Suites, Marriott, Hampton Inn & Suites, Sheraton, Renaissance, Residence Inn by Marriott, Courtyard by Marriott y Radisson. Además, creó su propia marca de hoteles de lujo, Plaza

John Q. le gustaba la marca Embassy Suites.
(Fuente: Embassy Suites Loveland, Colorado)

Hotels, es decir, establecimientos con una gama completa de servicios, habitaciones espaciosas, restaurantes elegantes, grandes salones de conferencias y un atrio espectacular, a menudo con un elemento acuático como una cascada o una fuente. Además, mientras que sus competidores saturaban implacablemente las grandes ciudades como Nueva York, Chicago, Los Ángeles, Boston o Atlanta con sus hoteles, él estaba expandiendo su imperio centrado principalmente en las capitales de estados y ciudades universitarias. Por lo tanto, sus hoteles de alta clase aparecieron en Madison, Wisconsin; Lincoln, Nebraska; Oklahoma City y Tulsa, Oklahoma; Little Rock, Arkansas; North Charleston, Carolina del Sur, etc. John Q. asumía que era mejor tener la instalación más hermosa y moderna en una ciudad así que una similar a cualquier otra en una ciudad mucho más grande. Él decía: *"Quiero ser un pez grande en un estanque de tamaño mediano"*. Y no estaba equivocado, ya que los huéspedes estaban ansiosos por elegir sus hoteles. Descubrió y llenó un vacío que le reportó ganancias multimillonarias.

La era dorada de los Hoteles John Q. Hammons parecía haber llegado a su fin a principios de la década de 1990, cuando la recesión golpeó a la industria de desarrolladores y los bancos comenzaron a cerrar líneas de crédito una tras otra. Fue un golpe para alguien que ganaba la vida construyendo hoteles y, además, hoteles cuya construcción, amueblado y lanzamiento a menudo costaban más de 50 millones de dólares. John Q. los consideraba una inversión a largo plazo y no tenía la intención de descender al nivel de hoteles económicos populares en ese momento entre otros desarrolladores o hoteles económicos por valor de cinco millones de dólares. Cuando sus ahorros privados se agotaron, tuvo que enfrentarse al siguiente dilema: *"Puedo declararme en quiebra o puedo salir a bolsa"*.[6] Él eligió la segunda opción y el 23 de noviembre de 1994, las iniciales JQH aparecieron en Wall Street. La emisión de acciones llevó a la compañía a obtener más de 500 millones de dólares y Hammons quedó libre para hacer otras inversiones. Obviamente, esto significaba ciertas restricciones, ya que hasta ese momento, nunca había pedido permiso a nadie para abrir un hotel. Afortunadamente, permaneció como el accionista mayoritario con el 77 por ciento de las acciones. En ese momento, John Q. también aprovechó con éxito el hecho de que un gran número de ciudades estadounidenses recibieron donaciones federales para la construcción de grandes centros de convenciones. Debido a la recesión, no había nadie que pudiera desarrollar y construir hoteles adyacentes a estos complejos para garantizar alojamiento para miles de participantes. Hammons estaba dispuesto y listo para llenar este vacío y las autoridades municipales de todo el país se esforzaban por ofrecerle las condiciones más atractivas. Esto le permitió fundar hoteles como el Pyramid Hotel & Convention Center en Albuquerque, Nuevo México, el Capitol Plaza Atrium Hotel y el Convention Center en Jefferson City,

Missouri, o el Embassy Suites Hotel en el Aeropuerto Internacional de Kansas City, Missouri.[7] En total, desde que ingresó a la bolsa de valores hasta finales de la década de 1990, logró construir veinticuatro hoteles. Uno de ellos fue el Chateau on the Lake inaugurado el 17 de mayo de 1997 en Branson, Missouri, una verdadera joya en la colección de Hammons. Su construcción llevó dos años y costó 60 millones de dólares. Este establecimiento de estilo europeo, hiper lujoso, ubicado en una colina, contaba con 301 habitaciones y suites, y casi tres acres de salones de conferencias. También se caracterizaba por un espacioso atrio de 10 pisos de altura con numerosas cascadas rodeadas de exuberante vegetación. En 2006, Chateau on the Lake se amplió para incluir un amplio centro de spa.

A principios del siglo XXI, John Q. operaba cuarenta y dos hoteles en veinte estados con alrededor de 10.500 habitaciones y empleaba a ocho mil empleados. En 2005, una vez más, se convirtió en el único propietario privado de los Hoteles John Q. Hammons. En ese momento, lo fusionó con otro grupo con sede en Nueva York que invertía en bienes raíces, específicamente, Atrium Holding Co. Además del negocio hotelero, también mostró interés en la industria de restaurantes y entretenimiento. Con base en las licencias de franquicia adquiridas, estableció restaurantes bajo la marca Cheddar, cines IMAX con pantallas enormes y bares Burger Station tipo drive-in que luego arrendó él mismo, cobrando un porcentaje de las ventas. Tenía sus propios campos de golf, un casino en un yate, un rancho en California y tierras compradas en casi todos los estados, aún esperando el momento adecuado para desarrollarlas. Con casi mil millones de dólares en

Una verdadera joya en la colección de Hammons: Chateau on the Lake en Branson. (Fuente: SBJ)

propiedades a su disposición, no escatimó dinero en desarrollar su querida Springfield. Incluso el comediante Bob Hope bromeó diciendo que la ciudad debería cambiar su nombre a Hammonsville. Esto se debió a que fue allí donde John Q. fundó cuatro hoteles (University Plaza Hotel, Courtyard by Marriott, Holiday Inn Express & Suites y Residence Inn), el University Plaza Trade Center, el John Q. Enterprise Center (1996) que alberga la Cámara de Comercio y el Juanita K. Hammons Hall for Performing Arts (1992). Apoyó activamente el deporte local comprando instalaciones como el estadio de béisbol Hammons Field para los Springfield Cardinals (2004), el Highland Springs Country Club (1989) y el Missouri Sports Hall of Fame (1994). Hammons fue un ardiente defensor de la educación y por esta razón donó millones de dólares a universidades. Gracias a él, la Universidad Estatal del Sudoeste de Missouri pudo expandir el campus para incluir nuevos dormitorios y un complejo de canchas de baloncesto llamado Hammons Student Center, mientras que la Universidad Drury pudo lanzar una licenciatura en arquitectura llamada Hammons School of Architecture. Además, el desarrollador financió la fundación del Instituto del Corazón Hammons en el St. John's Regional Health Center y la compra del heli-cóptero de emergencia Hammons Life Line. John Q. tenía una calle en Springfield con su nombre, John Q. Hammons Parkway, junto con el edificio más alto de la ciudad, la Torre Hammons de 22 pisos.

Los últimos años de la vida de John Q. Hammons estuvieron envueltos en misterio. Dado que no tenía descendencia, en 2008, antes de someterse a una cirugía de corazón, nombró a su asistente administrativa y contadora de muchos años, Jacqueline Dowdy, como apoderada. En octubre de 2010, ella tomó el control total de John Q. Hammons Hotels & Resorts, retiró a muchos empleados clave de la empresa y colocó a John Q. y a Juanita, que sufrían de enfermedad de Alzheimer, en la residencia de ancianos Elfindale Manor en Springfield. Al menos, según varias personas que no podían reconciliarse con el hecho de que Dowdy 'apropiara' toda la riqueza de la familia Hammons. Por esta razón, llevaron el caso a los tribunales para invalidar el poder notarial y cederlo al administrador estatal público. En este sentido, indicaron que John Q. había sido mantenido a propósito en aislamiento en contra de su voluntad y que las visitas e incluso el contacto telefónico se interrumpieron.[8] Sin embargo, Dowdy afirmó que las visitas estaban prohibidas por un médico debido a su preocupación por la salud de John. Una investigación no respaldó los cargos. Sin embargo, el tribunal designó al Dr. James Coulter como el tutor legal temporal, quien tomó decisiones individuales sobre visitas supervisadas. John Q. Hammons falleció en paz el 26 de mayo de 2013 en Elfindale Manor a la edad de noventa y cuatro años. Un año después, falleció su esposa Juanita.

John Q. Hammons se convirtió en una verdadera leyenda de la industria hotelera estadounidense. A lo largo de su vida, construyó consistentemente su imperio con hoteles característicos de calidad excepcional que superaban las expectativas de los propietarios de cadenas y los propios huéspedes. Pensaba solo en la categoría de ser el mejor y demostró una y otra vez que podía hacer cosas que nadie más podía hacer. Esto le permitió sobrevivir y seguir creciendo, especialmente en momentos difíciles para su sector (como el embargo de la década de 1970 o la caída en el mercado turístico después de los ataques del 11 de septiembre). Él decía: *"Siempre he sobrevivido porque creo en la calidad"*.[9] En este sentido, su estrategia de invertir en los mejores hoteles con centros de conferencias en ubicaciones no tan destacadas resultó exitosa. John Q. veía potencial principalmente en las capitales estatales más pequeñas y en ciudades universitarias. Sostenía: *"Cuando llegan las recesiones, la gente sigue yendo a la escuela y los empleados gubernamentales siguen cobrando. Después del 11 de septiembre, todos los grandes jugadores que tenían grandes hoteles en grandes aeropuertos y centros de la ciudad sufrieron un gran golpe. Estaban desamparados. (Mientras tanto), nosotros estábamos aquí en universidades y capitales y comunidades agrícolas fuertes"*.[10]

Hammons no confiaba en el estudio de viabilidad estándar para evaluar ubicaciones potenciales en términos de inversiones hoteleras. Prefería confiar en su intuición y experiencia. Siempre argumentaba que no se puede construir un hotel sin un mercado. *"Todos dicen 'ubicación, ubicación, ubicación'. Pero no es cierto. Es mercado, mercado, mercado"*, solía decir. Sus estudios eran igualmente eficientes y siempre comenzaban con la investigación del terreno desde un helicóptero o un avión. Desde arriba, podía ver perfectamente la dirección de los ríos y las colinas o las carreteras que se cruzaban. Le gustaba hacer reconocimientos nocturnos. Si el área estaba envuelta en oscuridad, significaba que no había clientes. Los huéspedes y el dinero están donde algo está sucediendo, al igual que las luces. Terry Bichsel, exvicepresidente a cargo de asuntos operativos, afirmó: *"Conoce absolutamente todas las carreteras, todas las intersecciones, todas las buenas propiedades inmobiliarias en el país"*.[11] John Q. también era hábil en la compra de tierras y generalmente lo hacía más rápido que otros, incluso antes de que se mostrara como una buena inversión. Si las condiciones eran favorables, establecía un hotel allí. Si no, esperaba un momento mejor. Y era muy paciente. Podía comprar tierras en 1974 y no construir un hotel en ellas hasta veintiséis años después. En un lugar que le interesaba, siempre pedía la opinión de la comunidad local. Conversaba con dueños de tiendas, taxistas o transeúntes comunes sobre la economía y la oportunidad de que un hotel funcionara en esa ubicación específica. Todos los días revisaba periódicos, seguía la historia de los bancos, se informaba sobre los perfiles de los clientes y evaluaba la calidad de las escuelas cercanas. También verificaba cuál era la actitud de la burocracia municipal hacia nuevos emprendimientos comerciales. Esta investigación de mercado debe haber funcionado todos esos años, ya que sus instalaciones fueron exitosas. Además, nunca dudó de esto y anunciaba cada apertura de un nuevo hotel con la afirmación: *"otro hotel excepcional de John Q. Hammons"*. Esto quedó demostrado por numerosas pruebas de reconocimiento y premios de las empresas de franquicias con las que colaboró. La Hilton Hotels Corporation le otorgó el Premio Connie (2002) y el Premio Hilton Family Lifetime Achievement (2009), mientras que la asociación de propietarios de IHG le otorgó el Premio Kemmons Wilson Service (2006). En 2003, se convirtió en el Desarrollador del Año de Embassy Suites, y sus hoteles bajo esta marca ocuparon el primer lugar en la clasificación de excelencia durante seis años seguidos. Además, también obtuvo el título de Hotelero Corporativo del Mundo otorgado por la revista *Hotels* (2003) y muchos más premios por su trabajo en general. John Q. no fue fiel a una sola marca y siempre elegía la que mejor se adaptaba al carácter de un lugar dado. Podía anunciar la construcción de un Embassy Suites al otro lado de la calle a mitad de la ceremonia de apertura del Renaissance de Oklahoma City. Siempre contrataba a los mejores gerentes para dirigir sus instalaciones, a menudo utilizando una estrategia que consistía en pescarlos y luego llevárselos. Conocía el valor de los buenos empleados, así que cuando alguien llamaba su atención, encontraba la manera de hacer que se unieran a la gran familia de John Q. Hammons.[12] Él mismo exigía lealtad, decencia y laboriosidad.

Desde la apertura de su primer motel en 1958, John Q. Hammons implementó consistentemente una visión de crear un entorno hotelero excepcional con servicios cuya calidad superaba las expectativas de los huéspedes. Al ejecutar 210 proyectos hoteleros por sí mismo, se convirtió en el modelo de un desarrollador estadounidense y un verdadero pionero en la industria, estableciendo nuevos estándares de excelencia en la gestión de tales establecimientos. Mientras que otras leyendas de la hotelería como Marriott, Hilton o Wilson se esforzaban por expandir sus cadenas, John Q. estaba ocupado construyendo hoteles de sus marcas. Su compromiso con el negocio hotelero le permitió cumplir otra promesa que hizo, en su juventud: que nunca volvería a ser pobre.

15

Isadore Sharp

Hotelero de las cuatro estaciones

Comenzó su carrera empresarial al lado de su padre como constructor de casas. Cuando en 1961 construyó su primer hotel, lo consideraba más como un tipo de propiedad, ya que no sabía nada sobre la industria hotelera. Centrándose únicamente en lo que esperaban sus huéspedes, pronto se dio cuenta de que se podía ganar buen dinero con ello. Como observador astuto, pudo sacar conclusiones adecuadas, y gracias a esto, cada hotel que abría era mejor que el anterior. Más tarde, sabiendo que ya tenía una fuerte competencia, no dudó en ingresar al mercado de hoteles de lujo. Y triunfó. Estableciendo sus propios estándares de calidad, creó una nueva generación de hoteles de cinco estrellas del siglo XXI, y su Four Seasons fue incluida por la revista "Robb Report" entre las marcas más exclusivas de todos los tiempos, junto con iconos como Armani, Cartier, Château Lafite-Rothschild, Glenlivet, Louis Vuitton y Rolls-Royce.

Isadore Sharp, 1931
(Fuente: Horatio Alger Association of Canada)

Isadore Sharp nació el 8 de octubre de 1931 en Toronto, en una familia de emigrantes judíos de Polonia. Su padre, Max Sharp, proveniente de Oświęcim, Polonia, a la edad de diecisiete años, con una visa obtenida en Viena, partió hacia Palestina, donde en 1910 se convirtió en uno de los fundadores de Degania Alef, el primer kibutz judío en la Tierra.[1] A su vez, su madre, Lil Gotfrid, nació en Ostrowiec, Polonia, y siendo adolescente, junto con otros miembros de la familia, se dirigió a Canadá siguiendo a su hermano mayor Max Godfrey. Buscando los candidatos adecuados para que sus hermanas se casaran, él financió un viaje a Toronto también para los hermanos Sharp, primero para Louie y luego para Max. El 12 de junio de 1927, Lil y Max se casaron y tuvieron tres hijas: Edith (1927), Beatrice (1929) y Nancy (1933), así como un hijo, Isadore "Issy" (1931).

El Sr. y la Sra. Sharp se mudaron al distrito de Ward, en el corazón de un gueto judío. Max trabajaba como yesero, mientras Lil se encargaba de la crianza de los niños. Sin embargo, fue la madre quien era la matriarca y gobernaba con mano firme, tomando las decisiones clave en la mayoría de los asuntos. Con el tiempo, el padre de Isador se enseñó a sí mismo el oficio de la construcción y comenzó a construir casas por su cuenta.

Desde que los Sharp dejaron Ward en 1937 y se mudaron a una parte más nueva de la ciudad, Max aplicó el mismo modelo de negocio. Compraría tierras y construiría una casa para venderla o vendería la casa en la que vivían en ese momento. Por esta razón, siempre estaban en movimiento. Para cuando Issy llegó a la adolescencia, se habían mudado quince veces, lo que implicaba un cambio constante de escuela.

Junto a su padre, Issy adquirió sus primeras experiencias en construcción, ayudando a montar una casa de verano en Crystal Beach en el lago Erie o observando el progreso de las obras en los sitios de construcción. Durante sus años de adolescencia, Isadore ganaba su primer dinero durante los meses de verano colocando bolos en una bolera y pelando papas para asar en un bar en la playa.

En la escuela, no destacaba académicamente, ya que en lugar de estudiar, prefería dedicar tiempo al deporte. Jugaba hockey, fútbol, baloncesto y se entrenaba en atletismo. No comenzó una educación real hasta que ingresó en la Escuela Politécnica Ryerson, donde estudió arquitectura. Sin embargo, no tenía la intención de convertirse en arquitecto; más bien, quería explorar los métodos de construcción. Esto no le impidió convertirse en el deportista del año de la escuela.

Sharp se graduó de la escuela a la edad de veintiún años y se unió de inmediato a su padre, comenzando una empresa de construcción bajo el nombre de Max Sharp & Son. Los socios no tuvieron problemas para conseguir contratos, ya que justo después de que terminara la guerra, se produjo un auge en la construcción de edificios multifamiliares. Toronto no solo vio el regreso de los soldados canadienses, sino también a numerosos inmigrantes de Europa o China. Sus primeros edificios de apartamentos, Roselawn Court y Northview Terrace, fueron financiados por el inversionista Max Tanenbaum, y se repartieron a partes iguales las ganancias de la venta. Más tarde, Max Sharp & Son compraría tierras con préstamos bancarios y las desarrollaría con edificios residenciales.

Este trabajo absorbió por completo a un joven Isadore, que trabajaba desde el amanecer hasta el anochecer, adquiriendo la experiencia esencial en construcción y la habilidad para organizar este negocio. Un día, en la boda de su primo Leonard

Godfrey, conoció a Rosalie Wise, cinco años menor que él, quien resultó ser el amor de su vida. Su familia también provenía de Polonia; su padre, Joseph Wise, se estableció en Toronto y dirigió una tienda de productos secos. Después de salir durante dos años, Isadore y Rosalie se casaron el 6 de septiembre de 1955.[2] Más tarde, en cuatro años y seis meses, los Sharp crecieron, ya que nacieron sus cuatro hijos: Jordan, Gregory, Anthony y Christopher.

Para la noche de bodas, los recién casados tenían una habitación reservada en un hotel cerca del aeropuerto de Toronto. La instalación era muy popular y Isadore quería descubrir por qué. Esperaba encanto y lujo, pero quedó profundamente decepcionado. La habitación era pequeña, se podía escuchar a la gente caminando por el pasillo a través de las paredes, y su baño también era utilizado por los huéspedes de la habitación contigua. Sharp concluyó que si un hotel como ese podía generar una buena ganancia para sus propietarios, no sería difícil construir uno mejor que generara mucho más. De la misma manera, probó todos los otros hoteles de clase decente en los que se quedó con su esposa durante su luna de miel, investigando los detalles de su distribución y diseño. Este interés también estaba vinculado a un pedido que estaba ejecutando en ese momento. Su amigo Jack Gould decidió dirigir un motel con su esposa, y Sharp estaba construyendo uno para él. Originalmente, se suponía que sería una instalación pequeña de siete habitaciones en la intersección de la autopista 27 y Queen Elizabeth Way, junto a un lago en Toronto. Sin embargo, Sharp aconsejó al inversionista que optara por un edificio que fuera el doble de largo, pero sin terminar algunas de sus interiores e instalaciones. El costo no aumentaría mucho, pero habría suficiente espacio en el techo para colocar un letrero de neón que dijera "Motel 27". Gould siguió esta recomendación y cuando el motel empezó a funcionar bastante bien una vez que abrió, decidió terminar otras habitaciones. En ese momento, Sharp pensaba cada vez más en construir su propio hotel. Comenzó buscando fuentes de financiamiento para su proyecto de un establecimiento de 100 habitaciones. Primero, se acercó a sus socios comerciales Wally Cohen y Max Tanenbaum, pero se negaron, argumentando que este proyecto estaba destinado al fracaso, ya que Sharp no sabía nada sobre la gestión de un hotel. Durante los tres años siguientes, intentó persuadir a Cecil Forsyth, el jefe del departamento de seguros de Great-West Life, quien finalmente aceptó cubrir el 50 por ciento de los costos a condición de que Sharp encontrara a alguien dispuesto a cubrir el otro 50 por ciento. Incluso logró despertar interés en el motel en otros dos empresarios inversionistas en bienes raíces, a saber, su cuñado Edmund Creed, propietario de una tienda de ropa elegante llamada Creeds, y Murray Koffler, un farmacéutico con varias farmacias propias.

Ninguno de los tres socios sabía nada sobre la industria hotelera; por lo tanto, buscó el primer consejo de Mike Robinson, quien dirigía con mucho éxito una cadena hotelera llamada Ramada en Estados Unidos. Les dio un recorrido por uno de sus establecimientos en Phoenix, un edificio de dos pisos cuyas habitaciones daban a un patio con una piscina. También hicieron una visita similar al hotel-casino de Al Parven en Los Ángeles. Cuando el corredor de bienes raíces Andrew Csepely encontró el terreno adecuado en el centro de Toronto en la calle Jarvis, Sharp comenzó a organizar fondos para las obras de construcción. Creed, Koffler y su padre Max acordaron dar 90 mil dólares, mientras que se obtuvieron 125 mil dólares más del Banco de Nova Scotia. Según su acuerdo, Cecil Forsyth también dio su 50 por ciento. Lograron negociar con los proveedores de materiales condiciones de pago diferido hasta la apertura del hotel, mientras que los muebles y equipos se tomaron en un arrendamiento a siete años. La instalación se llamó así por un establecimiento de lujo en Múnich llamado Vier Jahrzeiten (Cuatro Estaciones), que sonaba perfecto una vez traducido al inglés. En 1960, en la Feria del Hotel de Nueva York, los tres inversionistas buscaron inspiración e ideas para su hotel. Allí conocieron, entre otros, al destacado diseñador estadounidense Tom Lee, quien se comprometió a diseñar sus interiores. Los planos de construcción para el Four Seasons fueron elaborados por Peter Webb de la firma arquitectónica de Peter Dickinson. Era un edificio de tres pisos hecho con ladrillo blanco, piedra natural y elementos decorativos de secuoya de California. Las 125 habitaciones con balcones tenían vistas a un patio interior con piscina, donde también se encontraban un restaurante y un bar.[3] El cargo de gerente del Four Seasons Motor Hotel fue dado al experimentado hotelero Ian Munro, un escocés étnico que previamente dirigió varios hoteles en Inglaterra y el Treetops Hotel en Kenia. Se le encomendó la tarea de crear un establecimiento elegante, aunque con recursos financieros limitados. La naturaleza austera y rígida debía ser eliminada a favor de la elegancia frívola y, en este espíritu, reclutó y capacitó a su personal. Junto con Sharp, también buscaban ideas para que el hotel destacara. Fueron unos de los primeros en aplicar toallas de baño más grandes, hechas al 100 por ciento de algodón, y pequeñas botellas de champú; introdujeron un servicio de habitaciones las 24 horas, junto con servicios de limpieza en seco y planchado con ropa lista el mismo día. Debido a fondos insuficientes para la publicidad, se centraron en la buena comida y el rosbif como la especialidad de la cocina del hotel. La inauguración festiva del Four Seasons Motor Hotel, a la que fueron invitadas las élites sociales de Toronto, tuvo lugar en la primavera de 1961. Fue un comienzo sólido para la pequeña y desconocida compañía hotelera. Poco después, desde el restaurante del Four Seasons, se realizaba un programa de radio diario de una hora llamado "Luncheon Date" de la Canadian Broadcasting Corporation. El

Four Seasons Motor Hotel en Toronto.
(Fuente: Toronto Modern)

presentador Elwood Glover invitaba a su programa a estrellas del mundo del espectáculo, atrayendo así a una gran audiencia. Con el tiempo, "Luncheon Date" se convirtió en un programa de televisión cada vez más popular y, durante trece años de emisión, atraía a dos mil invitados al hotel cada año, convirtiéndolo en un lugar de encuentro elegante en Toronto.

Siendo innovador desde el primer día, cuidando los detalles y asegurando un servicio personalizado tuvo sus frutos. El Four Seasons ganó una alta reputación, especialmente entre los huéspedes en viajes de negocios, y pronto comenzó a generar beneficios. Para aprovechar esta ola, Sharp ya estaba pensando en construir otro hotel en Toronto. Murray Koffler encontró un lugar adecuado en una pequeña colina en la esquina de Leslie y Eglinton. Sharp veía un tipo diferente de hotel en ese lugar: un complejo urbano con 200 habitaciones, una piscina y un patio rodeado por un parque. Sin embargo, otros socios no compartían su entusiasmo. Koffler planeaba expandir su cadena de farmacias, mientras que Creed estaba más interesado en vender ropa; por lo tanto, ninguno de ellos tenía fondos para más inversiones. Por esta razón, tuvo que actuar por su cuenta y asumió mucho riesgo al tomar un préstamo de 600 mil dólares del Banco de Nova Scotia. Presentó a Peter Dickson sus propias observaciones sobre el nuevo hotel, esperando un proyecto original con una expansión opcional. El arquitecto trabajó en los dibujos mientras recibía tratamiento hospitalario por cáncer. Influenciado por Frank Lloyd Wright, diseñó un complejo de edificios con múltiples ángulos de treinta y sesenta grados, que recordaba a una estrella. Sin embargo, su trabajo fue terminado por sus colegas Webb, Zerafa y Menkes (más tarde el Grupo WZMH), ya que Dickinson falleció en octubre de 1961. El proyecto final contemplaba un edificio de seis pisos con un par de alas de dos pisos creando un patio con dos piscinas (una de ellas para buceo), canchas de tenis, jardines y avenidas. En el exterior, había mucho espacio para estacionar automóviles e incluso para una plataforma de aterrizaje de helicópteros. Las primeras obras de construcción se lanzaron en enero de 1962, mientras que el 2 de mayo de 1963, se inauguró el Hotel Inn on the Park. Costó a los inversionistas cuatro millones de dólares. En una gala festiva, se llevó a cabo una recaudación de fondos para la Fundación del Corazón de Ontario. Gracias a acciones exitosas que se tomaron, se levantó la prohibición de vender y servir alcohol en todo North York, y por lo tanto, los huéspedes pudieron disfrutar de licores más fuertes en el nuevo hotel. Además, por primera vez, había habitaciones designadas para fumadores y no fumadores en la instalación, lo que inició una práctica común en la industria hotelera. Otras novedades aplicadas en la propiedad incluyeron el Instituto de Fitness dirigido por el gurú canadiense de fitness Lloyd Percival y una de las primeras discotecas en Canadá, Café Discotheque. Más tarde, fue reemplazada por un club de cena y baile llamado Café de l'Auberge. Con música latina de fondo, los huéspedes podían disfrutar de una excelente cocina en mesas que debían reservarse con un mes de anticipación. El Inn on the Park estaba funcionando tan bien en el mercado que a fines de 1965, se agregaron 200 habitaciones más junto con un centro de convenciones con mil asientos. Otra expansión tuvo lugar en 1971, cuando se construyó una torre de 23 pisos con 269 habitaciones más.[4]

Con ya dos hoteles exitosos propios, en 1963, Isadore Sharp decidió tomarse unas verdaderas vacaciones por primera vez en ocho años y llevar a su esposa e hijos en un viaje de cinco semanas por Europa. Sus planes incluían, entre otros, Londres, París, Roma e Israel. Y como quería visitar hoteles de clase mundial y, al mismo tiempo, ajustarse al presupuesto, tenía la intención de pasar cada dos noches en la instalación más económica de la ciudad. De esta manera, se alojó en el Dorchester Hotel en Londres y en el George V en París. A su regreso a Toronto, recibió una llamada de Inglaterra de un empleado de la compañía Robert McAlpine, propietaria del Dorchester. Durante esa llamada, Sharp declaró que si estaban interesados, podría construirles un hotel aún mejor. Unas semanas después, esta empresa inglesa le recordó su existencia una vez más, informando que durante los últimos diez años, había estado trabajando en un nuevo proyecto en el centro de Londres y estaba buscando un contratista. Debía ser un hotel de tamaño medio y precio medio con 320 habitaciones. Sharp decidió construir esta instalación, pero solo si estaba a la altura del Dorchester. Además, debía ser "*Un hotel personal y sencillo. No para duques o duquesas, sino para personas que desean ser tratadas de esa manera y se sienten molestas por la formalidad estirada de los tradicionales hoteles de lujo*".[5] Esta visión no fue aprobada y cuando después de varios meses parecía que el caso estaba cerrado, fue invitado a Londres nuevamente por Sir Gerald Glover, un abogado que negociaba contratos comerciales en nombre de la compañía Robert McAlpine. Allí, resultó que estas conversaciones eran solo cuestión de cortesía. El tema de construir un hotel en Londres continuó durante cuatro años más hasta que finalmente se persuadió a los inversionistas. Como Sharp acordó construir un hotel de lujo con 230 habitaciones y pagar el alquiler por otro con noventa habitaciones más, lo llamaron "el loco canadiense". Esta idea no fue justificada por la investigación de la famosa consultora Horwath & Horwath, según la cual no quedaba espacio en Londres para otro hotel de cinco estrellas. Sin embargo, él creía firmemente que este proyecto sería exitoso. El contrato de arrendamiento se firmó por ochenta y cuatro años por 210 mil libras al año con renegociación opcional de sus términos cada veintiún años. Aunque Sharp podía llevar a sus arquitectos a Inglaterra, todos los gastos debían consultarse con Chris Wallis, el jefe del departamento de calidad en McAlpine. Nuevamente, los interiores del establecimiento fueron diseñados por Tom Lee, quien organizó apartamentos en el tercer piso que hacían referencia a figuras históricas famosas como Napoleón, Lord Nelson o Lord Hamilton. La clave del éxito del hotel también radicaba en camas cómodas; por esta razón, Sharp las equipó con los mejores colchones. La apertura oficial del Inn on the Park London[6] tuvo lugar en enero de 1970, y al año siguiente, ya ganó el título de Hotel del Año en Europa. Obviamente, no solo por su diseño interior y mobiliario, sino principalmente por establecer un nuevo estándar de servicios que lo destacaban entre sus competidores. A lo largo de diez años, el Inn on the Park London ganó este título dos veces más junto con muchos otros premios, algo que ninguna otra instalación había logrado antes. Esto impactó naturalmente en su ocupación, que fue la más alta de la ciudad.[7] Más tarde, Sir Glover reveló que todas las reuniones que se llevaron a cabo antes no se referían al negocio en sí, sino que pretendían probar la habilidad de Sharp para construir una relación basada en la confianza. La superó con éxito, teniendo en cuenta la lección aprendida.

El proyecto del Inn on the Park de Londres, desde el concepto hasta la apertura, llevó seis años. Mientras tanto, Isadore Sharp se comprometió con otra inversión mucho más poderosa, específicamente, el tercer hotel en Toronto. El rascacielos de 30 pisos con 1600 habitaciones fue diseñado por John B. Parkin. Las autoridades municipales pusieron a la venta un terreno llamado Chinatown destinado a un hotel de primera clase, situado junto al recién construido ayuntamiento. Empresas de todo el mundo comenzaron a competir entre sí, pero el ganador elegido no pudo obtener el capital necesario y la lucha se reanudó. La compañía Four Seasons no tenía la suma necesaria para financiar una inversión tan grande por sí misma. Entonces, Sharp se acercó a Harold Geneen, el jefe de

ITT, el conglomerado más grande del mundo que comprende sesenta empresas diferentes. ITT no logró comprar la cadena Holiday Inn, pero eligió a la Sheraton Hotel Company como su objetivo. Fue a él a quien Sharp ofreció construir un hotel insignia de Sheraton en Toronto. Como resultado de las negociaciones que tuvieron lugar en la sede de ITT en Nueva York, las partes acordaron que Sharp pagaría 3.5 millones de dólares por el 49 por ciento de las acciones en Four Seasons Sheraton, mientras que ITT daría el dinero para su construcción, y Sheraton lo dirigiría. Teniendo la garantía de pago de una empresa de esa reputación, Sharp no tuvo problemas para obtener un préstamo de 3.5 millones de dólares del Banco de Nova Scotia. El nuevo hotel, con 1450 habitaciones orientadas en gran medida a los huéspedes de conferencias, inauguró su operación el 16 de octubre de 1972 y se volvió altamente rentable. Cuatro años después, mientras construía un hotel en Vancouver y luchaba por evitar la quiebra, Sharp decidió vender a ITT sus acciones en Four Seasons Sheraton. Por la suma previamente gastada de 3.5 millones de dólares, recibió 18 millones de dólares.

A principios de la década de 1970, Max Sharp & Son iba bien: seguía construyendo varias instalaciones, obteniendo buenos beneficios. Por encargo de una empresa llamada Tengis, estableció muchos distritos y apartamentos residenciales, pero también el Granite Golf Club en Toronto. Ganó una licitación para construir un centro de entrenamiento en Belleville con un hotel y salas de conferencias organizadas por Bell Telephone. Influenciado por Max Sharp, construyó un apartotel de 14 pisos en Israel llamado Four Seasons Netanaya, que fue la contribución emocional de su padre al desarrollo de la industria turística en el país que amaba. En 1974, abrió en Calgary otro Four Seasons con 400

Four Seasons Sheraton Toronto
(Fuente: ebay)

habitaciones, un centro de convenciones y un museo. Un hotel similar por valor de 25 millones de dólares estaba en construcción en Vancouver, pero debido a una grave inflación, los costos de construcción se dispararon. Sharp no tenía dinero, no solo para terminar el edificio sino también para pagar el arrendamiento. Como no tenía la intención de abandonar sus planes y comprometer la calidad, logró convencer a los inversores para renegociar el acuerdo. Él mismo agregó al presupuesto fondos obtenidos de la venta de sus acciones en el Sheraton. Hasta ese momento, aunque ya había construido siete hoteles, se consideraba a sí mismo principalmente un constructor. Se veía a sí mismo solo como hotelero a tiempo parcial.[8] No obstante, esta experiencia que casi lo dejó arruinado le enseñó que el riesgo financiero de construir y poseer hoteles era demasiado grande. En ese momento, sin embargo, decidió establecer un modelo de negocio completamente nuevo: Four Seasons como una empresa de gestión con una pequeña participación propia en la propiedad del hotel. En su opinión, de tres a seis millones de dólares era una suma segura que podía obtener de las tarifas de gestión durante los primeros cinco años de operación de una instalación. Además, Sharp comenzó a hablar de crear un grupo de los mejores hoteles del mundo. Si se podía hacer tal establecimiento en Londres, se podía hacer en cualquier otra parte del mundo. Nuevamente, sus socios dudaban, pero él ya lo había decidido, declarando: "*Ya no seremos todo para todos. Nos especializaremos. Ofreceremos solo hoteles medianos de calidad excepcional, hoteles que, donde sea que estén ubicados, serán reconocidos como los mejores".*[9] Lograr este objetivo requería deshacerse de cualquier instalación que no cumpliera con los nuevos estándares. Por esta razón, arrendó el Four Seasons Motor Hotel a otro operador, vendió sus hoteles en Calgary y Belleville, y cesó la gestión del Four Seasons Netanya.

En 1976, Sharp abrió en Montreal otro hotel bajo la marca Four Seasons, construido en colaboración con Bernard Herman de City Parking. Un año después, junto con la familia Reichman, que era uno de los mayores desarrolladores del mundo, compró un hotel en Ottawa. Más tarde, el portafolio de Four Seasons se amplió con instalaciones en Toronto y Edmonton. Básicamente, si se sumaran a esto los hoteles ya existentes en Calgary y Vancouver, Sharp había colocado sus hoteles de cinco estrellas en todas las ciudades más grandes de Canadá. Por lo tanto, era hora de comenzar la expansión en el mercado estadounidense. Esta operación estaba llena de alto riesgo, ya que la pequeña y en gran parte desconocida empresa canadiense con deudas considerablemente grandes tenía que enfrentarse a una competencia mucho mayor. La ciudad donde se afianzó en los Estados Unidos fue San Francisco, donde en 1976, junto con Bernie Herman, compró el Clift Hotel. Este establecimiento de 300 habitaciones sugerido por George Applegarth abrió el 1 de febrero de 1915 para atender a los participantes de la Exposición Internacional de Panamá-Pacífico. Nueve años después, cuando se construyeron sus tres nuevos pisos, el Clift se convirtió en el hotel más alto del estado.[10] Sharp compró esta instalación en estado deplorable, pero con una ubicación perfecta. A pesar de los altos costos, comenzó a restaurarlo a su antiguo esplendor. También lo renombró Four Seasons Clift Hotel. Gracias a las mejoras implementadas y al servicio de alta calidad, los lectores de Condé Nast Traveler proclamaron al Clift como el número uno de los hoteles en América. En el año siguiente, los propietarios del prestigioso Ritz-Carlton Hotel en Chicago estaban buscando una nueva empresa de gestión para su propiedad. Comenzaron a competir muchas compañías hoteleras globales. Sin embargo, con el apoyo de Tom Klutznick de Urban Investment & Development Company y su oferta para comprar el 25 por ciento de las acciones de la instalación, Sharp logró obtener el Ritz-Carlton Chicago. Four Seasons se hizo conocido en Estados Unidos como un operador de hoteles serio y un número cada vez mayor de ofertas de desarrolladores comenzó a llegar.

En 1978, esta tendencia al alza en el negocio fue interrumpida por una tragedia personal. El 10 de marzo, su hijo adolescente Christopher falleció. Dos años antes, le habían diagnosticado melanoma, una forma maligna de cáncer de piel, y el tratamiento no dio los resultados esperados. La muerte de su hijo lo cambió para siempre. En 1980, un hombre llamado Terry Fox, que llevaba una prótesis después de que le amputaran la pierna, estaba corriendo por Canadá en un intento de recaudar fondos para estudios sobre el tratamiento del cáncer. Este desafío, llamado la Maratón de la Esperanza, inspiró a Sharp, quien estaba dispuesto a proporcionarle alojamiento y comida en cada hotel al que el chico llegara en su camino. Sin embargo, una vez que *The Toronto Star* dio mucha cobertura a la historia del joven corredor, el jefe de Four Seasons decidió dar un paso más anunciando una campaña llamada *"Hagamos que la carrera de Terry cuente realmente"*. Consistía en hacer que empresas de todo el país declararan una donación de dos dólares por cada milla que Terry corriera. Esta campaña fue promovida con entusiasmo por alcaldes de ciudades y estrellas del deporte. Terry Fox corría 26 millas al día y su maratón terminó en Thunder Bay después de haber recorrido 3,339 millas y el cáncer atacó ambos pulmones, causando su muerte en junio de 1981. Gracias a esta recaudación de fondos, se recaudaron hasta 24 millones de dólares, pero la misión en sí no se completó. Estaba planeada una carrera familiar que tendría lugar cada año e incluiría recaudar donaciones para el Fondo de Investigación sobre el Cáncer Terry Fox. Dos décadas después, se creó un juguete de peluche llamado Issy Bear en memoria de Christopher, y las ganancias de la venta se donaron para la lucha contra el cáncer. En 2008, tuvo

Campaña "Hagamos que la Carrera de Terry Cuente Realmente".
(Fuente: Four Seasons Hotels & Resorts)

lugar la 28ª edición de la carrera, celebrada en cincuenta y cinco países, gracias a la cual se recaudaron 500 millones de dólares.

A finales de la década de 1970, la expansión de la compañía se aceleró. En 1978, Isadore Sharp tomó un arrendamiento a largo plazo de noventa y nueve años en el Hyatt Regency Hotel de Toronto. Esta torre de 31 pisos con 540 habitaciones y diez salones de conferencias, ubicada en la 21 Avenida Road, fue modernizada por 4.5 millones de dólares y renombrada Four Seasons; ofrecía servicio a clientes adinerados que visitaban Yorkville, el distrito comercial más exclusivo de Toronto.[11] Por otro lado, en Estados Unidos, en 1979, abrió el primer hotel bajo la marca Four Seasons. Este establecimiento de 210 habitaciones ubicado en Washington fue fundado con la cooperación del desarrollador estadounidense William Louis Dreyfus. Siguiendo el modelo del hotel con sede en Londres, incluía el puesto de conserje, es decir, un miembro del personal responsable de satisfacer incluso las solicitudes más sofisticadas de los clientes. Este servicio recibió tan altos elogios que poco después, un conserje apareció en todos los hoteles de la cadena, por primera vez en América del Norte. Quince meses después de la apertura, *The First Class Magazine* consideró al Four Seasons Washington como "*el mejor hotel de primera clase en América del Norte*", al mismo tiempo que proclamaba a la empresa como "*la cadena de hoteles más destacada de América del Norte*".[12]

En ese momento, Isadore Sharp desarrolló un fuerte deseo de tener un hotel en Nueva York. A fines de 1979, recibió una oferta para gestionar el Pierre, un hotel situado en la esquina de la Quinta Avenida y la calle 61. El edificio de 41 pisos con 710 habitaciones se alza sobre Central Park desde el 1 de octubre de 1930. Fue en ese día que el sueño del ciudadano francés Charles Pierre Casalasco de abrir el hotel más elegante del mundo se hizo realidad. Esto se logró gracias al apoyo financiero proporcionado por Walter P. Chrysler (fundador de Chrysler Corporation) y dos magnates financieros de Wall Street, E.F. Hutton y Otto H. Kahn. El proyecto de Pierre fue realizado por una firma llamada Schultze & Weaver, mientras que los trabajos de construcción costaron 15 millones de dólares. Lamentablemente, el torbellino de la Gran Depresión y la prohibición llevaron a su propietario a la quiebra. En 1938, por solo 2.5 millones de dólares, el hotel fue comprado por el magnate del petróleo John Paul Getty, quien, por un lado, vendió gradualmente los apartamentos en la instalación, mientras que, por otro lado, la modernizó agregando cada vez más nuevos puntos de venta de alimentos y bebidas como el Café Pierre, el restaurante Cotillion Room, The Pierre Grill con cocina abierta, The Birdcage, un bar de cócteles acristalado, el restaurante The Rotunda y lanzó una gran sala de baile moderna. Para 1956, Paul Getty se convirtió en el hombre más rico del mundo y el Pierre se convirtió en el centro de Hollywood en Nueva York, recibiendo a las mayores estrellas de cine. En 1967, The Pierre pasó a manos de Peter Dowling, quien convirtió sus interiores para adaptarlos a su visión de Versalles. Le dio un aspecto elegante y clásico mediante, entre otras cosas, las icónicas pinturas murales hechas a mano.[13] En ese momento, además de los apartamentos privados, el hotel tenía 210 habitaciones. Finalmente, Isadore Sharp asumió la gestión del Pierre en 1981 después de que los propietarios del hotel terminaran la cooperación con una empresa llamada Trusthouse Forte. Four Seasons invirtió 20 millones de dólares en otra renovación, pero dado que el precio de una habitación era el más alto de la ciudad, es decir, 1.3 mil dólares por una noche, y su alta ocupación, no tuvo que esperar mucho tiempo para obtener las primeras ganancias que aumentaron de un año a otro.

En el año de la adquisición del Pierre, la economía estadounidense experimentó otra recesión, lo que tuvo un efecto directo en las tarifas en la industria hotelera. El mecanismo de defensa natural de la mayoría de las instalaciones fue reducir los costos operativos (incluida una menor cantidad de personal) y bajar el precio por habitación. Isadore Sharp también buscaba una solución óptima para Four Seasons, al mismo tiempo que tenía que enfrentarse mentalmente a una tragedia que ocurrió en uno de sus hoteles. El 17 de enero de 1981, se desató un incendio en el Inn on the Park de Toronto, donde seis personas murieron por asfixia y varias decenas más tuvieron que ser hospitalizadas.[14] Sharp no decidió entrar en la guerra de precios, sin embargo, continuó centrándose consistentemente en la alta calidad. Con la aprobación total de los empleados de la compañía, congeló temporalmente los salarios de los altos directivos e introdujo un horario flexible para el personal (cuatro días *laborables en lugar de cinco). Más tarde, explicó su postura de la siguiente manera: "Mientras nuestros competidores bajan los estándares, nosotros aumentaremos los nuestros. Y nos mantendremos firmes en los precios. La directiva que le di a todos nuestros directores generales se resumió en una frase: 'Control sin compromiso'"*.[15] Con una deuda récord de la compañía de 200 millones de dólares, asumió él mismo el riesgo comprometiendo todas sus acciones en Four Seasons para obtener más préstamos del Banco de Nova Scotia. Y sobrevivió a la crisis, saliendo incluso más fuerte que antes.

En 1985, Sharp ya tenía once hoteles en los Estados Unidos, incluyendo nuevos establecimientos, entre otros, en Houston, Filadelfia y Boston. En esta última ciudad mencionada, introdujo por primera vez en Four Seasons un apartamento privado opcional. Vendió cien lujosos apartamentos que represent-taban la mitad del espacio en el hotel de 16 pisos, por hasta un millón de dólares cada uno. Sus propietarios podían disfrutar de todas las comodidades y servicios disponibles en el establecimiento. El tiempo demostró que logró combinar de manera perfecta la comodidad hogareña con un servicio hotelero personalizado. Un año después, el letrero de neón de Four Seasons se encendió en los establecimientos de Newport Beach y Austin. Otras propiedades abiertas incluyeron el Four Seasons Resort and Club Dallas, el primer hotel en América del Norte con servicios completos de spa. La zona de recreo se complementó con un campo de golf.[16] Más tarde, la cadena se expandió con hoteles en Los Ángeles (1987) y Chicago (1989). En 1986, Four Seasons se convirtió en una empresa cotizada en bolsa después de ingresar al mercado de valores de Toronto.

La década de 1990 fue un período de expansión de la cadena fuera de América del Norte. Sharp estaba seguro de que el número de viajes alrededor del mundo aumentaría, y comenzó a invertir en complejos de lujo incluso en destinos altamente exóticos. Primero, se interesó en la región de vacaciones más popular de América, Hawái. Fue invitado a colaborar por Takeshi Sekiguchi, el jefe de una empresa japonesa llamada TSA International, que estaba construyendo dos centros turísticos en Maui, la segunda isla más grande del archipiélago de Hawái; el primero era un megaresort con mil habitaciones, mientras que el otro era un resort de cinco estrellas con 400 habitaciones. El arquitecto que trabajaba en ambos proyectos era Chris Hemmeter. Sharp se comprometió a brindar asistencia en cuanto al establecimiento más pequeño en el área de acabado, amueblado y gestión. Con un costo de 180 millones de dólares, el Four Seasons Maui con 380 apartamentos abrió el 9 de febrero de 1990. Fue el hotel más caro de Hawái, con precios que oscilaban entre 325 y cinco mil dólares por noche. Tenía una amplia oferta de actividades recreativas: ciclismo, excursiones, clases de golf y hula (baile hawaiano), cursos de windsurf para principiantes y el programa “Para Todas las

Estaciones" para niños. En catorce meses, el establecimiento comenzó a generar ganancias y la revista *Touring & Travel* lo proclamó líder en innovaciones.[17]

Otro proyecto se desarrolló en la pequeña isla de Nevis en el Caribe. Con su verde volcán y una población de solo unos pocos miles de personas, este lugar estaba lejos de la civilización. Los primeros trabajos en las plantaciones de palmas de coco en la playa comenzaron en agosto de 1989 y poco después, John Straus, gerente general adjunto de Four Seasons Newport Beach, comenzó a capacitar al personal reclutado exclusivamente entre los habitantes de la isla. Se construyó un complejo que abarca 357 acres de tierra, completamente integrado con el entorno natural. Incluía doce cabañas y 196 habitaciones con vistas al océano y un edificio principal que albergaba un vestíbulo y dos restaurantes. Los interiores fueron diseñados por Frank Nicholson. Las instalaciones del hotel también contaban con piscinas al aire libre, un centro de fitness, canchas de tenis, un campo de golf de 18 hoyos, una cancha de vóley y una de críquet, el mejor equipamiento de playa y una marina con barcos de diferentes tamaños para la pesca en alta mar o excursiones.[18] El Four Seasons Nevis comenzó a operar el 15 de febrero de 1991 y contribuyó al crecimiento económico de la isla. Más tarde, el complejo sufrió daños debido a huracanes que azotaron el Caribe.

En Japón, Isadore Sharp inauguró el Four Seasons Chinzanso en Tokio. La inauguración festiva tuvo lugar el 16 de enero de 1992. Fue una empresa conjunta con Fujita Tourist Enterprises Company Ltd., que tenía, entre otras cosas, más de cincuenta hoteles económicos en su país. Su presidente quería un hotel de lujo que obtuviera ganancias, entre otras cosas, en el lucrativo mercado de bodas. Las

Four Seasons Nevis ha contribuido al desarrollo económico de la isla.
(Fuente: Four Seasons Hotels & Resorts)

negociaciones llevaron varios meses hasta que los japoneses aceptaron un contrato de gestión de cuarenta años. También estaban convencidos de que el número de habitaciones debería reducirse de 500 a 283 (incluyendo cincuenta y un apartamentos). Como resultado, se fundó un hotel de cinco estrellas en el magnífico entorno de los históricos jardines de Chinzanso, que se convirtió en un oasis de paz para la ajetreada población de Tokio. Después de solo un año de operación, el Four Seasons Chinzanso fue colocado por la revista de negocios japonesa Nikkei Resort en la cima de la clasificación de todos los hoteles japoneses, lo que contribuyó a la creciente popularidad de la marca Four Seasons en Asia y el Pacífico. En abril de 1995, Sharp abrió en esa parte del mundo el exclusivo Four Seasons Resort Chiang Mai en Tailandia, que contaba con noventa y ocho apartamentos ubicados en pabellones y villas con piscinas privadas.

A principios de la década de 1990, se vivió un período marcado por otra crisis económica mundial causada por la Guerra del Golfo. La repentina amenaza del terrorismo paralizó el tráfico aéreo transatlántico, lo que se tradujo en una disminución de las tasas de ocupación en hoteles. Los Four Seasons no fueron una excepción. Una vez más, Isadore Sharp buscó soluciones no convencionales. Obviamente, una reducción parcial en el número de empleados y un aumento en la eficiencia eran inevitables para mantener el nivel adecuado de calidad. Optó por no reducir el presupuesto publicitario y, de hecho, aumentó el gasto en marketing para impulsar la confianza en la marca. Además, Sharp se dio cuenta de que la recesión era un período transitorio en el que los costos laborales y de materiales eran más bajos, y por esta razón, decidió modernizar el Inn on the Park en Londres y el Pierre en Nueva York. A su vez, la disminución en los precios de la tierra se convirtió en una excelente oportunidad para buscar ubicaciones únicas para nuevas instalaciones (generalmente muy costosas o inalcanzables). Para Four Seasons, la desaceleración económica no era más que un descanso utilizado para preparar una base sólida para un crecimiento significativamente más dinámico en el futuro.

Tan pronto como la situación en el mercado mejoró, en agosto de 1992, Isadore Sharp ya estaba tomando el control de la cadena hotelera Regent. El primer establecimiento de esta marca se fundó en 1971 en Oahu, Hawái, como una empresa conjunta del hotelero Robert H. Burns y un grupo llamado Tokyo Hotels de Japón. Más tarde, la compañía se unió a nuevos socios, específicamente, Georg Rafael y Adrian Zecha. Regent International Hotels creció gradualmente con más hoteles incluidos: el Regent Kuala Lumpur en Malasia (1971), el Regent Fiji (1973), el Mayfair Regent - Nueva York (1976), el Regent Chicago (1979), el Regent Hong Kong (1981), el Regent Sídney en Australia (1983), el Regent Bangkok (1984), el Dorchester en Londres (1985-1990), el Regent Beverly Wilshire en Beverly Hills (1989), el Grand Formosa Regent Taipei en Taiwán

(1990), el Regent Auckland y el Regent Melbourne en Australia (1991) y el Regent en Singapur (1992). Durante veinte años de operación, la cadena estableció sus propios estándares de alta calidad, y muchos de sus establecimientos ganaron premios prestigiosos y obtuvieron altas posiciones en las clasificaciones de revistas hoteleras como *Institutional Investor, Business Traveller, Travel & Leisure* y *Condé Nast Traveler.*[19] Lamentablemente, la recesión en la economía japonesa y la creciente deuda obligaron a los propietarios a venderla. Por 122 millones de dólares, Sharp tomó el control total sobre los activos valorados en 1.5 mil millones de dólares, es decir, los diez hoteles Regent en funcionamiento y los cinco hoteles en construcción (Nueva York, Milán, Yakarta, Londres y Bali), contratos de gestión (por ejemplo, en el Mark Hopkins Hotel en San Francisco) y el derecho al nombre.[20] Como resultado de este movimiento, el número de instalaciones de Four Seasons aumentó de las anteriores veintitrés a treinta y ocho hoteles. Sharp tuvo que convencer a los propietarios asiáticos de que podía hacer que sus hoteles fueran rentables. Sin embargo, mantuvo sus nombres, ya que Regent era conocido en la región, siendo la excepción las nuevas propiedades en Nueva York, Milán y Bali, que se lanzaron bajo la marca Four Seasons. Y hubo algunas joyas verdaderas. En Bali, el lujoso resort se fundó en una colina con una vista impresionante de la bahía de Jimbaran, diseñado al estilo de una aldea tradicional de Bali. En Milán, el exclusivo Hotel Via Gesu con 98 habitaciones se alojó en un monasterio del siglo XV. A su vez, el de Nueva York fue el hotel más alto de la ciudad y el más caro jamás construido en América del Norte (400 millones de dólares). Diseñado por I.M. Pei y Frank Williams, incluso fue proclamado *"el mejor (...) logro arquitectónico"*.[21] En Asia, la persona designada como presidenta de Four Seasons fue Wolf Hengst, encargado de reentrenar a los empleados de todos los Regent para hacerlos más eficientes y uniformar los estándares operativos. Además, se tomó la decisión de que la cooperación con los establecimientos en Melbourne, Auckland y Fiji debería terminarse, mientras que los hoteles en Sídney y Beverly Hills estaban sujetos a una modernización completa. Con el auge de la industria de viajes en 1993, todas estas acciones contribuyeron al crecimiento de las ganancias de la corporación, con la posición líder de la Región Asia-Pacífico. Teniendo las dos marcas más poderosas, Four Seasons se convirtió en el líder global en el segmento de lujo de la industria hotelera.

Aunque Isadore Sharp realizó una entrada decisiva en el mercado asiático en desarrollo, el progreso en el viejo continente fue mucho más lento. En primer lugar, pocos europeos identificaron el exitoso Inn on the Park en Londres con Four Seasons. En segundo lugar, los presupuestos de la mayoría de los proyectos propuestos no eran adecuados para un hotel de cinco estrellas. En tercer lugar, debido a la completa falta de comprensión de la idea de un contrato de gestión, los propietarios de hoteles querían arrendarlos con una ganancia que Sharp no podía garantizar de antemano. En cuarto lugar, Europa era muy diferente a América, donde se podía encontrar un buen terreno en una ciudad. Se analizaron muchas ubicaciones de gran importancia, como Madrid, París o Venecia, e incluso se firmó con éxito un contrato para un hotel de 400 habitaciones en una de las colinas de Roma. Sin embargo, los preparativos para las obras de construcción llevaron siete años, ya que se tuvo que detener en cada etapa para obtener el permiso de los políticos. En última instancia, cuando se concluyó que su edificio obscurecería la vista del Vaticano, Sharp renunció y vendió sus acciones a socios italianos. En 1989, después de la caída del Muro de Berlín, cuando se encontró un terreno adecuado en el este de Berlín en Friedrichstrasse, aparecieron otras personas interesadas en adquirirlo, como la cadena Ritz-Carlton o los sucesores de los propietarios de propiedades judíos anteriores a la guerra. Afortunadamente, se superaron estas dificultades y, de acuerdo con un proyecto del arquitecto alemán Josef Paul Kleihues, se construyó un complejo de oficinas, apartamentos y un hotel de cinco estrellas. Finalmente, en septiembre de 1996, se inauguró el Four Seasons Berlin, con 204 lujosas habitaciones. En el mismo año, también se lanzó un hotel en Estambul. Su propietario, Osman Berkmen, convirtió la histórica prisión Sultanahmet en un hotel de 65 habitaciones. Otro lugar se encontró en Lisboa, donde Sharp fue invitado por Pedro Mendonça de Queiroz Pereira, presidente de la Sociedade de Investimentos Imobiliários (SODIM), a colaborar con él en la gestión de los hoteles Ritz. Fundada en 1959, la instalación fue diseñada por el arquitecto Porfírio Pardal Monteiro y tenía interiores que combinaban los estilos de Art Decó y Luis XVI, llenos de obras de arte hechas por artistas locales. Sharp asumió el control del hotel en Lisboa con 282 habitaciones en enero de 1998.[22] A su vez, en diciembre de 1999, bajo la marca Four Seasons, el legendario Hotel George V en París reabrió después de una renovación completa. El contrato de gestión para este establecimiento se firmó en noviembre de 1997 con su propietario, el príncipe saudita Al-Waleed Bin Talal Bin Abdulaziz Al Saud de la casa real de Saud. Construido por el estadounidense Joel Hillman "*en el espíritu del lujo moderno y elegante, y dotado de las últimas innovaciones tecnológicas*", el hotel comenzó a recibir huéspedes en 1928.[23] Como resultado de la Gran Depresión, el hotel endeudado fue confiscado por un grupo de banqueros y en 1931, se convirtió en propiedad de François Dupré, quien ordenó agregar un nuevo ala con apartamentos en alquiler a largo plazo. Después de su muerte, su esposa Anna Dupré vendió el George V y otros dos hoteles en París al Grupo Forte en 1970. Luego, en enero de 1996, junto con los demás activos de la corporación de Charles Forte, pasó al Grupo Granada y en diciembre del mismo año, se vendió a un multimillonario saudita.[24] Estaba muy sentimental por este establecimiento, y así quería convertirlo en el mejor hotel del mundo. Invirtió una suma considerable en el George V (al menos un millón de dólares por habitación) y llevó la marca y los estándares de servicio de Four Seasons.

En ese momento, Isadore Sharp ya conocía muy bien al príncipe Al-Waleed Bin Talal, ya que en 1994 se convirtió en el accionista principal en Four Seasons. Cuando, después de la adquisición de Regent, los socios comerciales Eddie Creed y Murray Koffler vendieron la mayor parte de sus acciones por razones personales, Sharp decidió hacer un movimiento similar. Con este fin, inició negociaciones con Goldman Sachs, solicitándole que encontrara a alguien interesado en algunas de sus acciones en la empresa. El príncipe saudita, que respondió a la oferta, parecía un socio ideal. Prefería líneas de negocios globales, como la industria hotelera, y marcas fuertes que permitieran la oportunidad de un crecimiento rápido. Además, ya poseía el 50 por ciento de las acciones en una cadena de hoteles de lujo llamada Fairmont y Disneyland Paris. En consecuencia, el 27 de septiembre de 1994, se firmó un contrato en el que Al Waleed Bin Talal adquirió el 25 por ciento de las acciones en Four Seasons por 122.1 millones de dólares canadienses[25] y declaró que asignaría cien millones de dólares más para expandir aún más la cadena. Su ayuda permitió, entre otras cosas, completar una inversión en tiempo compartido en Carlsbad, California. El Four Seasons Residence Club Aviara comprendía 240 villas vendidas por precios que oscilaban entre 17 mil y 25 mil dólares por una estancia de una semana. Sharp fundó instalaciones similares en Scottsdale, Arizona, en Punta Mita, México, en Costa Rica, en Jackson Hole, Wyoming, y en Whistler, en la Columbia Británica, Canadá. A su vez, Al-Waleed asignó parte de su capital en hoteles Four Seasons en África y el Medio Oriente: El Cairo (diciembre de 2000) y Sharm el-Sheikh (mayo de 2002) en Egipto, Riad en Arabia Saudita (febrero de 2003) y Amán en Jordania (mayo de 2003).

A fines del siglo XX, Four Seasons se transformó en una marca global con una alta posición en el mercado y una ventaja competitiva duradera. Los últimos años fueron el mejor período en la historia de la compañía. Los ingresos netos de impuestos aumentaron, se lanzaron cinco hoteles nuevos y otros cinco estaban a punto de abrir. Además, en noviembre de 1997, Isadore Sharp vendió los derechos para el desarrollo continuo de la marca Regent a Carlson Hospitality Worldwide, mientras que permanecía como gerente de los nueve ya operativos.[26] Para el año 2001, el jefe de Four Seasons estableció un nuevo objetivo para su empresa: convertirse en el líder de la industria en su categoría. Los ataques del 11 de septiembre, es decir, una serie de ataques terroristas en 2001 en los Estados Unidos, no solo dieron dolores de cabeza al personal directivo de la mayoría de los grupos hoteleros en el mundo. Una vez más, las aerolíneas y las empresas de hospitalidad fueron las primeras en sufrir las consecuencias de la disminución en el mercado de viajes. Y una vez más, cuando las instalaciones comenzaron a defenderse reduciendo los precios de las habitaciones y despidiendo a parte de su personal, Sharp aplicó un escenario previamente probado. La creatividad y el control sin compromisos volvieron a ser el credo clave de todos los gerentes que dirigían los hoteles Four Seasons. Con mucha confianza en su empleador, los empleados pudieron actuar adecuadamente en estos tiempos difíciles: aprobando una semana laboral de cuatro días, rotación de trabajos, renuncia al derecho de acumulación de vacaciones, etc. Sharp mismo visitó treinta y cinco hoteles, explicándoles cómo la empresa estaba manejando la crisis y brindando una sensación de confort y seguridad. A pesar de la disminución de las ganancias por alojamiento, la agencia calificadora Standard & Poor's evaluó la perspectiva de Four Seasons como estable debido a la alta liquidez y la baja deuda. Como resultado, incluso logró aumentar su participación en el mercado manteniendo los precios de las habitaciones a niveles anteriores, y abrió nuevos hoteles en Dublín, Irlanda; Praga, República Checa; Caracas, Venezuela; Shanghái y San Francisco; además, también asumió la gestión de instalaciones en Buenos Aires, Argentina, y en Carmelo, Uruguay. El año 2001 se cerró con el balance más fuerte de la historia, una deuda a largo plazo inferior en un 70 por ciento y reservas de efectivo nunca vistas anteriormente para financiar el crecimiento en el futuro.[27] Lamentablemente, el siguiente año, en el que tuvieron lugar los ataques terroristas en Bali y el inicio de la epidemia de SARS (síndrome respiratorio agudo severo), causó una nueva disminución en la demanda de viajes, planteando preguntas sobre los ambiciosos planes de expansión de Four Seasons. Afortunadamente, se superaron estas dificultades gracias a la marca mundial que, a los ojos de sus huéspedes, representaba un valor, y la cadena continuó creciendo con la apertura de cinco a siete hoteles nuevos cada año. Four Seasons apareció en ubicaciones clave, a menudo en edificios históricos, por ejemplo, en Florencia, donde convirtieron un palacio privado histórico con hermosos jardines en un hotel de 118 habitaciones, mientras que en Moscú, el antiguo Hotel Moscú en la Plaza Roja fue remodelado. Esta última etapa de crecimiento llevó a Four Seasons también a Budapest, Hampshire, Ginebra, Estambul, Langkawi, Alejandría, Palm Beach, Pekín, Macao, Bombay, Beirut, Damasco, Bora Bora y Mauricio.

En febrero de 2007, Isadore Sharp hizo algo que anunció previamente, a saber, vendió el interés controlador de su empresa. La increíble suma de 3.8 mil millones de dólares fue pagada por dos empresas, Kingdom Holding y Casead Investment. La primera era propiedad del príncipe Al-Waleed Bin Talal, mientras que la otra era propiedad de Bill Gates, el fundador de Microsoft. Ambos socios se repartieron el 90 por ciento de las acciones, mientras que Sharp conservó su diez por ciento y también mantuvo su posición como presidente y CEO de acuerdo con su contrato.[28] En ese momento, la cadena Four Seasons comprendía setenta y cuatro hoteles situados en treinta y un países, y los nuevos inversionistas podían garantizar que disfrutaría de un futuro brillante. Después de tres años, Isadore Sharp se retiró de la gestión activa pero continuó participando en el proceso de aprobación de conceptos arquitectónicos y estéticos de las instalaciones en construcción y en los cambios que estaban teniendo lugar en la empresa. Los nuevos propietarios establecieron hoteles nuevos, aún más impresionantes, mientras que Four Seasons continúa demostrando que las innovaciones determinan su ventaja competitiva; por ejemplo, en 2014, lanzó al mercado el primer jet privado Four Seasons, ofreciendo transportar a los huéspedes desde uno de sus hoteles o resorts dispersos por todo el mundo a otro.

Isadore Sharp es un verdadero ícono de la industria hotelera global. Sus logros son legendarios, ya que no solo construyó más hoteles de lujo que cualquier otra persona antes que él, sino que también llevó los estándares para hoteles de cinco estrellas que él creó a nuevos niveles. La *Luxe Magazine* incluso lo proclamó el hotelero más innovador del siglo. Esto se debe probablemente a que abordó el negocio desde la perspectiva del cliente e intentó descubrir todo valor agregado que su huésped considerara importante y estuviera dispuesto a pagar por ello. Probablemente sea imposible enumerar todas sus patentes para mejorar la comodidad que implementó progresivamente en sus instalaciones: champús, secadores de pelo, batas y guantes de algodón, espejos de maquillaje, teléfonos instalados en el baño, periódicos gratuitos, flores cortadas frescas, relojes digitales con iluminación nocturna, pequeñas lámparas para leer en la cama sin molestar a su pareja que duerme a su lado, y servicios de lavandería y limpieza de zapatos por la noche. Otra de sus ideas fue transformar dos habitaciones estándar en una mini suite dividida con una puerta llamada la Suite Four Seasons y poner un enfoque particular en la calidad de colchones y almohadas. En cuanto a la tecnología, Sharp creó un sistema de historial de huéspedes, es decir, informatizó sus preferencias relacionadas con habitaciones, alimentos y sus áreas favoritas según lo notado por el personal, para luego asegurarse de que estos huéspedes pudieran obtener sus opciones preferidas durante su próxima estancia en sus hoteles sin tener que hacer solicitudes específicas. Los nuevos registros ingresados sistemáticamente proporcionaban información sobre las preferencias cambiantes y permitían a la gerencia adaptar rápidamente sus productos a ellas. Sharp también anticipó las tendencias relacionadas con la comida lenta y la cocina baja en grasas, introduciéndolas en el menú de sus restaurantes. Además, promoviendo un estilo de vida saludable, realizó una inversión considerable en equipos de fitness y centros de spa en los hoteles.

El canadiense creó una nueva y sin precedentes dimensión de lujo en la industria del alojamiento. Contrariamente a la práctica común y los consejos de expertos, basándose en su propia observación y confiando exclusivamente en su intuición, implementó el nuevo concepto en un mercado dominado principalmente por grandes instalaciones de cadenas y famosos hoteles históricos. Su intención era combinar lo mejor de un pequeño hotel con lo mejor de un gran hotel. Por esta razón, imaginó una instalación de tamaño mediano (hasta 250 habitaciones) lo suficientemente grande para garantizar una amplia gama de comodidades, pero lo suficientemente pequeña como para mantener una sensación de intimidad y garantizar un servicio personalizado. Hasta entonces, el lujo se consideraba predominantemente en términos de arquitectura y diseño de interiores; sin embargo, después de analizar en profundidad las necesidades de sus huéspedes, Sharp lo redefinió en términos de una sensación de singularidad que debería evocarse mediante un servicio excepcional. Básicamente, el mayor lujo para los huéspedes era el tiempo, mientras que un servicio adecuado podía ayudar a aprovecharlo de manera efectiva. Por lo tanto, la primera decisión estratégica fue hacer que la calidad del servicio fuera un valor que destacara a Four Seasons entre otras cadenas hoteleras y que fuera apreciado por la comunidad viajera. Lograr este objetivo requería construir una fuerte cultura organizacional que Sharp fundó en la Regla de Oro que dice: *"Trata a los demás como te gustaría que te trataran a ti"*. Era perfectamente consciente de que eran los empleados en el nivel más básico quienes eran directamente responsables de la calidad de los servicios prestados. El objetivo de la Regla de Oro era hacer que estos empleados fueran considerados miembros de un equipo elitista y expresar respeto y aprecio por su trabajo. Fue un cambio fundamental en el enfoque de la gestión que disipó una idea errónea de muchos años que afirmaba que una empresa es una máquina y los empleados son simplemente engranajes. Sharp adoptó una premisa simple de que la alegría es más productiva que un ambiente de miedo y ansiedad, y por esta razón se debe esforzar por crear las mejores condiciones para construir la confianza del personal y obtener lo mejor de él. La satisfacción de los empleados se traduciría directamente en una mejora en la calidad del servicio y la satisfacción de los huéspedes. La Regla de Oro era ampliamente conocida en el mundo. Lo nuevo era que Sharp fue uno de los primeros en hacer cumplir que se aplicara en toda la empresa. Inicialmente, tuvo que enfrentar la resistencia del personal directivo, que se mostraba reticente a este tipo de cambios en el enfoque y estaba dispuesto a separarse de cualquiera que actuara en contra de su visión. *"No podemos cambiar el comportamiento de los empleados sin cambiar el nuestro. Necesitamos empleados que piensen por sí mismos y actúen en consecuencia, que puedan remediar fallas en el servicio de inmediato. Les estamos pidiendo que vean el interés de la empresa como propio y asuman voluntariamente la responsabilidad. Les estamos pidiendo, en efecto, que sean autogestores".*[29] Se les animó a correr riesgos y aprender de los errores; se les ofreció ayuda y apoyo para perfeccionar su habilidad para enfrentar desafíos. Gracias a la razón sólida y al esfuerzo honesto, pudieron convertir los fracasos en nuevas oportunidades. Los empleados se convirtieron en el activo de la empresa y no en su costo. Eran un depósito de conocimiento sobre los clientes y un modelo a seguir para los recién empleados.

Sharp convirtió la Regla de Oro en la base de toda la cultura organizativa de Four Seasons. Cuando los empleados sienten que su futuro está ligado a una empresa cuyos valores comparten, están altamente comprometidos con su éxito. Sharp recorrió personalmente todos sus hoteles para llegar a los miembros del equipo y transmitir su visión de crecimiento o explicar soluciones en situaciones de crisis. La comunicación adecuada se convirtió en el pilar de la política personal en Four Seasons. Sharp instaló una línea directa para permitir a los empleados de primera línea dar sus opiniones. Sus quejas recibieron tanta atención como las quejas de los huéspedes. Además, las comodidades para los empleados se modernizaron cada vez que un hotel en particular estaba en proceso de renovación. Se especificaron trayectorias profesionales y ascensos dentro de la empresa. Se creó un ambiente amigable en el trabajo mediante una amplia gama de beneficios: comidas gratuitas en la cafetería, uniformes personalizados que se limpiaban en seco y planchaban a diario, buenos salarios y estancias gratuitas en cualquier hotel Four Seasons en el mundo. Hay buenas razones por las cuales cada año desde 1998, la corporación de Sharp ha sido incluida por la revista Fortune en la lista de las 100 Mejores Empresas para Trabajar en América. Como resumió uno de los empleados citados, "*Buen salario, grandes beneficios, excelente comida. Me tratan como a un huésped de hotel de cinco diamantes*".[30] Esto es básicamente el resultado de todo el proceso de gestión de recursos humanos que comienza en la etapa de contratación. A diferencia de otros, al elegir a sus empleados, Sharp se guiaba por el carácter y la personalidad del candidato en lugar de un currículum tradicional y habilidades. La mayoría de su personal nunca había trabajado en un hotel antes, y Four Seasons era a menudo su primer lugar de trabajo. *"Contratamos por actitud. Queremos personas a las que les guste estar con otras personas y, por lo tanto, estén más motivadas para servirlas. La competencia la podemos enseñar; la actitud está arraigada"*, dijo Sharp. Four Seasons se convirtió en un empleador valioso que atrae y retiene a los mejores graduados de escuelas de hotelería y gastronomía, y, sobre todo, les permite crecer. Y se sentían orgullosos de tener la oportunidad de trabajar en una empresa así, y lo devolvían haciendo cosas increíbles para la comodidad de los huéspedes, superando el servicio regular. Por ejemplo, en Milán, durante una huelga hotelera, los empleados no cedieron a la presión de los poderosos sindicatos laborales y Four Seasons continuó operando sin parar. En las Maldivas, después del tsunami de 2005, todo el equipo se dedicó a ayudar a las víctimas, mientras que en Yakarta, en 1998, después de que el gobierno fuera derrocado, convirtieron un hotel rodeado por tanques en un refugio seguro para chinos e indonesios. Sharp convirtió la confianza en un capital emocional de liderazgo, la esencia de la marca y la clave del éxito duradero.

Hasta el día de hoy, la marca Four Seasons sigue siendo apreciada por los viajeros que dan sus mejores críticas a los hoteles de la marca en todo el mundo. Durante más de treinta años, ha recibido la mayoría de los premios AAA Five Diamond entre otras compañías hoteleras. Fue Isadore Sharp quien convirtió a Four Seasons en una verdadera estrella, un símbolo de estatus y calidad superior en la industria de alojamiento. Al establecer sus propios estándares, desarrolló incansablemente un hotel tras otro, ya que la reputación del anterior contribuía al éxito del nuevo. Él mismo dijo que esto requería simplemente asegurar una mejora continua del confort y cuidar del potencial de los empleados permitiéndoles brillar mientras prestan servicios. Los huéspedes lo aprecian y están dispuestos a pagar más por este lujo. ¿Lograrán sus sucesores mantener a Four Seasons en la cima? Lo veremos.

16

Jack DeBoer

Padre de la idea de hoteles de estancia prolongada

Quería convertirse en el mayor desarrollador de viviendas multifamiliares en Estados Unidos, pero pasará a la historia como el creador del concepto de hoteles de estancia prolongada. Desde el principio, partió del supuesto de que es mejor tener un huésped pagando por catorce noches que catorce huéspedes pagando por una noche. Definió perfectamente el mercado objetivo y, al leer sus necesidades clave, creó un producto completamente nuevo que era una mezcla de apartamento y hotel con servicio limitado. Al hacerlo, rompió muchas reglas fundamentales que regían en la industria hasta ese momento. Como visionario e innovador, permaneció fiel a su concepto, desarrollando durante más de cuarenta y cinco años seis marcas de hoteles de estancia prolongada.

Jack DeBoer, 1931-2021
(Fuente: WaterWalk)

Jack DeBoer nació el 15 de enero de 1931 en Kalamazoo, Michigan. Provenía de una familia de inmigrantes holandeses. Sus padres, Alfred y Kathryn DeBoer, eran personas educadas y acomodadas de la clase media. Ganaban su sustento operando un aserradero en Kalamazoo que habían heredado de su abuelo. Lamentablemente, la Gran Depresión de 1929 llevó a la quiebra a la empresa. Para mantener a la familia (ya que en ese momento ya había nacido el hermano mayor de Jack), su padre tuvo que aceptar diversos empleos. Mientras tanto, la madre de Jack logró conseguir un puesto en una oficina estatal y enseñaba artes en escuelas públicas. De esta manera, superaron este difícil período y, cuando la economía del país comenzó a recuperarse, abrieron un pequeño negocio que ofrecía servicios de corretaje en comercio de bienes raíces y seguros.

A la edad de diez años, Jack ya mostraba un espíritu emprendedor. Cada sábado por la mañana, llevaba un carrito a un campo de pensamientos donde compraba varios tipos de mezclas de flores y las vendía a los residentes de Kalamazoo. Más tarde, diseñó un carrito con tres estantes, lo que le permitió colocar más plántulas. Algunas de ellas las vendía a un colega que no quería ir al campo a dos millas de distancia. De esta manera, descubrió la venta al por mayor. Compraba más por menos y luego lo vendía por un poco más. Se levantaba temprano y terminaba su trabajo más rápido. Todo era más simple, más claro y menos complicado. Con el dinero que ganaba, compró una cortadora de césped de segunda mano y comenzó a cortar céspedes. Sin embargo, no sabía que era alérgico al pasto. Sus ojos rojos y llorosos dificultaban el trabajo, así que decidió alquilar su equipo por una tarifa a otros chicos emprendedores. Más tarde, también limpiaba patios de nieve, lavaba autos y vendía periódicos al personal del hospital local. A los catorce años, obtuvo una licencia de conducir y tres años después, ya tenía una licencia de corredor de bienes raíces válida en el estado de Michigan.[1] En ese momento, se unió a la empresa de sus padres, Property and Insurance Exchange, ayudándoles siempre que no había clases. Su primera transacción fue la venta de una casa por 4.5 mil dólares, por la cual recibió una comisión de cien dólares. En diecisiete años, el trabajo duro y la determinación permitieron al Sr. y la Sra. DeBoer volver a vivir en un nivel decente en una villa en West Lake valorada en 1.5 mil dólares, un automóvil nuevo y viajes familiares anuales a Key West, Florida, para Navidad.

Mientras estudiaba en la Universidad Estatal de Michigan, Jack se inscribió en el ROTC y realizó entrenamiento básico para oficiales de la reserva del ejército estadounidense, y después de dos años, un curso avanzado en la fuerza aérea, obteniendo una licencia de piloto. Se convirtió en el segundo mejor cadete en puntuación en la universidad, lo que le permitió conocer al General Douglas McArthur y visitar la Academia Militar de West Point. En cuanto a su vida privada, las cosas también iban bien. Se enamoró de Marilyn Sanders, una graduada de Central High School y secretaria de su empresa contratada a tiempo parcial. Cuando Jack DeBoer se graduó de la Universidad Estatal de Michigan en 1952, Estados Unidos ya estaba en medio de operaciones militares en la península de Corea. Dado que era casi seguro que, como segundo teniente, sería enviado a Corea, estaba esperando órdenes. No sospechaba, sin embargo, que lo llamarían al ejército dos días antes de la boda planeada. No obstante, logró convencer a sus superiores para posponer la fecha de partida y el 12 de septiembre de 1953 se casó con Marilyn. Finalmente, fue destinado a Fort Bragg en Fayetteville, Carolina del

Norte, donde se convirtió en el comandante de la Compañía D del Batallón de Policía Militar 503. Su cónyuge, que lo acompañó, encontró trabajo en una instalación de atención médica post baja. Con el tiempo, Jack se dio cuenta de que una carrera en el ejército no era su propósito de vida; por esta razón, en 1954, regresó a Kalamazoo con Marilyn y se mudó con sus padres que vivían en West Lake. Nuevamente, el joven DeBoer se convirtió en el socio comercial de su padre en Property and Insurance Exchange. Lleno de entusiasmo y fe en el éxito de su empresa, ideó el lema, *"Vendemos una casa cada 24 horas"*, y aunque no fue fácil, realmente lo hizo. Con el tiempo, también desarrollaron un sistema de préstamos para compradores de propiedades, actuando a una escala cada vez mayor. En la segunda mitad de la década de 1950, con un conocimiento perfecto de la realidad de la industria, asumieron riesgos y compraron cien acres de tierra al sur de Kalamazoo para establecer su propio distrito residencial bajo el nombre de Southland Village. Jack tenía veintiséis años en ese momento y, como desarrollador novato, le iba bastante bien. Construyó cien casas que luego vendió por precios que oscilaban entre 15 mil y 40 mil dólares. Luego, procedió a implementar una inversión similar en Lexington Green. Desafortunadamente, el mercado inmobiliario se desplomó y la cantidad de personas dispuestas a comprar una nueva casa cayó drásticamente. Todo el beneficio de Southland Village se destinó a terminar edificios que ya estaban en construcción, mientras que la parte restante del terreno se vendió a otro desarrollador, una empresa de Detroit llamada Edward Rose and Sons.

Por primera vez, Jack DeBoer se dio cuenta de lo fácil que era perder dinero en el negocio inmobiliario y de que aquellos que tenían la oportunidad de tener éxito eran jugadores pacientes con un suministro de efectivo y en contacto constante con compradores. Resistió la prueba del tiempo y continuó comprando más terrenos, construyendo casas y vendiéndolas. Para evitar sorpresas desagradables, también tuvo que cambiar la estrategia de acción. Hasta ese momento, la planificación, el diseño, la financiación, la construcción, la búsqueda de clientes y la venta estaban en su cabeza. A partir de entonces, delegó parte de este negocio a empresas calificadas. No se puede ser experto en todo. Por lo tanto, se centró en construir y vender casas a corredores de bienes raíces, quienes luego concluían transacciones con los destinatarios finales. Se convirtió en el mayor constructor de casas unifamiliares en el estado de Michigan y comenzó a anhelar un mercado completamente nuevo de edificios de apartamentos. Con este fin, en 1966, se asoció con su competidor Sheldon Rose y comenzaron a construir juntos en Peoria, Illinois, y en Wichita, Kansas. Más tarde, por su cuenta, construyó edificios de apartamentos en Omaha, Nebraska, y en Topeka, Kansas. Trasladó la sede a Wichita y voló a los sitios de construcción en su propio avión Cessna. Además, fundó muchas otras empresas que prestaban servicios para la principal, todas firmadas con su nombre: DeBoer Building System, DeBoer Travel, DeBoer Furniture Leasing y DeBoer Construction.[2] En 1970, mientras estaba en la cresta del éxito, recibió una oferta de la Singer Corporation para adquirir acciones por valor de cien millones de dólares de su empresa Jack P. DeBoer & Associates. No lo aceptó, ya que estimaba que sus activos valían 160 millones de dólares. El tiempo demostró que cometió un gran error. Seis meses después, todo su negocio empezó a desmoronarse. Sus socios responsables de las ventas no podían encontrar suficientes compradores para nuevos apartamentos. La demanda en declive, las inversiones realizadas en demasiados esfuerzos diversos y la falta de dinero llevaron a proyectos ya contratados a un alto. Al mismo tiempo, los subcontratistas comenzaron a exigir que se pagaran las facturas de las construcciones ya iniciadas y algunos incluso hicieron amenazas de muerte. DeBoer se encontró en una situación terrible. Sin embargo, no declaró la quiebra, ya que, según él, *"no podía soportar la vergüenza pública de ello. Había cometido muchos errores en mi negocio, pero siempre tuve una reputación de honestidad"*. Buscaba una solución a este problema, ya que, a pesar de la falta de fondos, aún tenía sus propiedades. Tuvo que llegar a acuerdos con varios cientos de acreedores, presentándoles un nuevo programa de pago de deudas diferido. Muchos colegas aún querían cooperar con él, ya que era honesto con ellos. Trató a sus empleados de la misma manera. En febrero de 1973, convocó a una reunión de personal y anunció que ya no podía garantizar el empleo. Fue bien comprendido y sintió su apoyo. Sabía que tenía que ganar tiempo para vender sus edificios de apartamentos. Hasta entonces, su empresa había encargado 16 mil apartamentos en treinta ciudades de veinticinco estados, y la revista National Real Estate Investor lo mencionó como el segundo desarrollador de viviendas multifamiliares más grande de Estados Unidos.[3]

Jack DeBoer implementó consistentemente su plan, primero solo y cuando la condición de la empresa mejoró gradualmente, comenzó a recontratar a sus empleados. En ese momento, también comenzó a preguntarse cómo combinar el costo de construir un edificio residencial con las ganancias generadas por un hotel. No sabía nada sobre cadenas hoteleras, pero era un experto en construir edificios de apartamentos de manera rentable, y ciertamente más efectiva que en el caso de construir hoteles. También era consciente de que un apartamento genera una ganancia única al venderlo, mientras que un ingreso constante proviene de alquilarlo. Lo único que tenía que hacer era calcular el precio adecuado por una noche para que fuera bien recibido en el mercado. El costo de 17 dólares al día por un apartamento era muy rentable. DeBoer logró su visión. En 1975, en el la calle South Main en el centro de Wichita, Kansas, lanzó un establecimiento llamado el Residence. Era un complejo de ocho edificios, cada uno con ocho unidades residenciales, es decir, sesenta y cuatro apartamentos en total. El proyecto de interiores fue ideado por la joven diseñadora Kirstie Alley (luego famosa actriz). En cada habitación espaciosa había camas, muebles y una cocina equipada. Sin embargo, por un costo adicional, se ponían a disposición televisores, despertadores, ollas y sartenes, cubiertos, ropa de cama, etc. Inicialmente, el Residence estaba destinado como una residencia alquilada por un período más largo (al menos un mes) en lugar de un hotel tradicional; por esta razón, términos como 'front desk', 'check-in', 'room rate' o incluso 'huéspedes' no estaban en uso.[4] DeBoer imaginaba a los inquilinos como personas que viajaban principalmente por razones de negocios, que tendrían que quedarse allí hasta que encontraran un apartamento a largo plazo o compraran una casa. Con el tiempo, sin embargo, el Residence comenzó a ofrecer todo tipo de comodidades anteriormente disponibles por un costo adicional, a partir de entonces incluido en el precio de una habitación.

Uno de los primeros clientes más serios fue la corporación Boeing, cuyos empleados estaban muy contentos con este concepto. Con el tiempo, lo persuadieron de que la estadía mínima en el establecimiento debía reducirse a dos semanas. A medida que el negocio crecía, DeBoer incorporó a la empresa a Rolf Rukfus, un alemán que había sido huésped en su casa años atrás bajo el programa Host an Exchange Student. Más tarde, obtuvo un título en marketing de la Western Michigan University y se graduó también en la Wharton School of Business y en la Universidad de Münster. DeBoer dijo que fue la mejor decisión que tomó. Cuando los clientes sorprendidos le preguntaban cómo lograba construir y seguir manteniendo el edificio de apartamentos a un precio por noche tan bajo, Rukfus decidió aumentarlo a 45 dólares por una noche. Luego, persuadió a su jefe de abandonar la teoría de que el Residence era una residencia y no un hotel. Comenzó otra etapa en la evolución; el complejo fue rebautizado como Residence Inn, y se colocó una gran pancarta en el frente que decía "*Un nuevo tipo de hotel*". Jack DeBoer se dio cuenta de que quería ser un hombre de hoteles y no solo un constructor de apartamentos que casualmente fundó un hotel. Sin embargo, continuó observando muy de cerca a sus huéspedes que se quedaban por un período más largo, enfocándose en sus necesidades y expectativas específicas. En este sentido, se convirtió en un pionero al introducir el desayuno gratuito y los servicios de limpieza disponibles solo a pedido. Esto se debía a que descubrió que a los huéspedes no les gustaba que los molestaran a diario. La demanda de alojamiento a largo plazo ha existido desde siempre, pero en los círculos de alojamiento estadounidenses, comúnmente se creía que esta necesidad podía satisfacerse con éxito mediante hoteles tradicionales. DeBoer fue el primero en verlo como una gran oportunidad. Identificó con la máxima precisión el nicho en el mercado y adaptó su oferta específicamente para satisfacer a este grupo de clientes. Más

El primer Residence Inn en Wichita.
(Fuente: Risk Only Money)

tarde, recordó que este segmento no despertaba interés en absoluto. Aunque el tamaño de este mercado les era desconocido, DeBoer creía que era gigantesco.[5] En el grupo de sus posibles huéspedes, incluyó a grupos profesionales como trabajadores contratados, consultores y controladores, equipos de construcción, equipos de filmación, representantes de ventas, médicos, funcionarios públicos, militares y personas delegadas para participar en una capacitación de varios días. Además, los huéspedes de estadías prolongadas en el establecimiento podían incluir a personas que se alojaban por razones personales únicamente, es decir, de vacaciones, mudanzas, renovaciones de hogares, cambios en su estado civil, visitas a familiares o amigos por varios días, y así sucesivamente.

Después del éxito de su primer Residence Inn en Wichita, DeBoer comenzó a considerar la expansión de toda la cadena hotelera. Con este fin, voló a Memphis para reunirse con el fundador de la marca Holiday Inn, Kemmons Wilson, y discutir su idea. Sin embargo, su concepto no dejaba espacio para servicios de catering. "*No funcionará*", escuchó decir a Wilson. "*Tienes que tener un bar para que los chicos puedan perseguir chicas, y tienes que tener un restaurante*".[6] DeBoer ignoró estos comentarios y continuó haciendo lo suyo, construyendo más hoteles en otras partes del país. Cuando en 1981 ya tenía dieciséis establecimientos a su disposición, decidió vender el 80 por ciento de la marca Residence Inn a una empresa de Topeka llamada Brock Hotel Corporation, convirtiéndose así en su franquiciado. Quería centrarse en lo que hacía mejor, es decir, construir hoteles, dejando la venta de franquicias a su socio. Sabía que se deshacía de una parte de su propiedad y control sobre su cadena, pero aún recordaba las consecuencias de la crisis anterior después de un crecimiento excesivamente rápido y no quería correr el riesgo. Como empresa de capital abierto, Brock Hotel Corporation se centraba más en invertir en pizza y entretenimiento. Su cadena de restaurantes Show Bizz Pizza crecía dinámicamente en el país, a diferencia de Brock Residence Inn. Al ser consciente de que necesitarían dinero en ese momento, DeBoer decidió recomprar las acciones de su empresa. Sin embargo, para pagar veinte millones de dólares, tuvo que iniciar una empresa conjunta al cincuenta por ciento con la corporación Holiday Inn. Gracias a este movimiento, en enero de 1985, recuperó el control total de su marca, eliminó la palabra Brock de su nombre y continuó vendiendo franquicias y construyendo sus propios hoteles como Residence Inn. El tiempo demostró que el segmento de alojamiento a largo plazo era mucho más rentable que el promedio en la industria hotelera. La tasa de ocupación era del 75 por ciento, en comparación con el 65 por ciento registrado en hoteles tradicionales. También tenía resultados mucho mejores en términos de costos operativos. Mientras que en los hoteles, en promedio, había un miembro del personal por cada huésped, Residence Inn tenía un empleado por cada cinco huéspedes.[7]

En 1986, la cadena creció a más de cien instalaciones. En ese momento, Jack DeBoer decidió apostar fuerte y ofreció a Holiday Inn que uno de los socios vendiera el resto de sus acciones por un precio específico. Lo único que quedaba por resolver era la tarifa de compensación, para que por un lado, no se vendiera demasiado barato y, por otro, no se pagara en exceso al comprarlo. Indicó el precio de 50 millones de dólares, al cual Mike Rose, el presidente de Holiday Inn, aceptó vender su parte, al mismo tiempo especificando un plazo de dos semanas para finalizar la transacción. Lamentablemente, eso iba en contra de lo que DeBoer había planeado. Creía que una corporación con tanto poder absorbería tal gasto, pero no fue así y tuvo que encontrar el dinero para pagarle a su socio comercial en un tiempo muy corto. Con este fin, entabló negociaciones con el presidente de Marriott, John Dasburg. Se dio cuenta de que no desarrollarían una posición sobre la cooperación o venta de la cadena a tiempo, así que pidió un préstamo para cerrar el acuerdo con Holiday Inn. También se comprometió a acordar un precio de venta que satisficiera a ambas partes más adelante o devolvería el préstamo dentro de seis meses. Dasburg aceptó estos términos, Marriott le otorgó el préstamo y DeBoer cumplió con los acuerdos hechos con Mike Rose. Finalmente, en 1987, Marriott Corporation compró la cadena Residence Inn con sus 103 hoteles por 260 millones de dólares. No obstante, Jack DeBoer dejó atrás su primer establecimiento en South Main en Wichita. Más tarde, dijo: *"Vendimos Residence Inn porque Marriott pensó que valía más de lo que pensábamos que valía"*. El futuro demostró que tenía razón, ya que en términos de retorno de la inversión y satisfacción de los huéspedes, se convirtió en la mejor marca de Marriott.[8] Lograron mejorar sustancialmente el producto, pero dejaron sin cambios las actividades operativas a lo largo de estos años.

Después de la venta de Residence Inn, en 1988, el millonario DeBoer decidió llevar a su esposa de vacaciones más largas. Pilotando su avión a reacción Gulfstream II, la llevó en un viaje alrededor del mundo, visitando treinta y nueve países en cuatro meses. No solo fue un tiempo de descanso, sino también de reflexión sobre la vida en el futuro. Para él, la administración hotelera, particularmente el concepto de estancias prolongadas, se había convertido en un imán que seguía atrayéndolo. Cuando regresó a casa, ya sabía que quería crear una nueva marca. Sin embargo, al haber firmado una cláusula de no competencia con Marriott, solo podía abrir hoteles con un rango de precio de 55 a 75 dólares por noche. Por lo tanto, tenía vía libre en la categoría de lujo (clase alta) o la económica (por debajo de estos precios). Siguiendo el consejo de Rolf Rukfus, eligió la primera opción y en 1988 fundó una nueva cadena hotelera bajo el nombre Neighborhood Inn. Un año después, después de la apertura del primer establecimiento, su nombre se cambió a uno más agradable: Summerfield Suites. Este concepto se basaba en un apartamento que constaba de dos habitaciones conectadas por una cocina a través de una sala de estar, dedicado para dos huéspedes que viajaban por negocios. Al mismo tiempo, cada una de las dos habitaciones se podía cobrar por separado, pero entonces el precio era más alto que si se reservaba todo el apartamento por cien dólares. En 1991, como parte de la Summerfield Hotel Corporation, había doce hoteles en funcionamiento, generando ventas de 25 millones de dólares. Probablemente DeBoer mismo no se sentía muy cómodo en instalaciones de esta clase, ya que en 1992 vendió sus acciones a Rukfus y sus socios alemanes. Tres años después, esta cadena, que constaba de treinta hoteles, pasó a ser propiedad de Wyndham International Inc., y desde 2005, operó como parte de la corporación Hyatt.

Después de separarse de Summerfield Hotel Corporation, había pasado el período de no competencia con Marriott, y así pudo comenzar a construir hoteles nuevamente bajo una nueva marca de precio medio. Esbozó una visión de un establecimiento llamado Candlewood Suites que combinaría todo lo que había aprendido sobre el segmento de estancias prolongadas en el transcurso de los últimos veinte años. Se suponía que sería una versión más moderna de Residence Inn con alrededor de 100-150 habitaciones de tipo estudio o apartamentos con una habitación adicional, diseñados con la máxima comodidad para los clientes que se quedaran al menos siete noches. La habitación estaba equipada con un televisor con videocasetera, un radio reloj, un reproductor de CD, un teléfono y un amplio escritorio para trabajar. Además, un huésped podía preparar sus propias comidas, teniendo a su disposición una pequeña cocina con estufa, cafetera, lavavajillas, horno de microondas, una nevera de tamaño completo y utensilios. Las habitaciones eran limpiadas por el personal solo una vez a la semana o a pedido del huésped por un costo adicional. El servicio proporcionado en el área de recepción también se limitaba al reducir las horas de trabajo en este puesto. Para los huéspedes que llegaban tarde en la noche, había cajas de seguridad abiertas con una contraseña que contenían una llave de una habitación específica, una nota de bienvenida y un cuarto para una soda. Al igual que en el caso de todas las marcas anteriores, DeBoer no contaba con ningún restaurante o bar en el hotel. También optó por no incluir el desayuno gratuito en la oferta. Sin embargo, organizó una habitación que servía como tienda de autoservicio, el llamado Candlewood Cupboard, con estantes y refrigeradores llenos de alimentos congelados, bocadillos, refrescos, frutas, helados y artículos de tocador. El sistema de pago en ese establecimiento se basaba únicamente en la decencia de los huéspedes, ya que dejaban una suma calculada por los productos que llevaban a sus habitaciones. DeBer creía que, dado que establecía precios muy bajos para toda la gama de productos, no valía la pena robarlos. Con el tiempo, el método de pago fue reemplazado por un formulario que debía completarse para que la suma de la compra se agregara a la factura total de su estadía. Otra novedad fue un servicio de lavandería gratuito disponible las veinticuatro horas del día, que garantizaba lavadoras, secadoras y detergentes a precios regulares. Gracias a todas estas soluciones, logró reducir el personal a once empleados a tiempo completo (en Residence Inn, había veinte empleados en promedio), generando ahorros por valor de 250 mil dólares cada año.

Candlewood Hotel Company se registró en 1995 con el apoyo financiero de DoubleTree Corporation. Su primer hotel, Candlewood Suites, abrió en mayo de

Candlewood Suites (Fuente: InterContinental Hotels Group)

1996 en Wichita, y en noviembre, la empresa ya estaba listada en la bolsa de valores estadounidense NASDAQ. Su personal directivo estaba compuesto por individuos confiables traídos de Residence Inn y Summerfield Suites. El crecimiento se producía instantáneamente. En 1997, ya había cuarenta y cinco hoteles de esta marca en el mercado con un promedio de 122 habitaciones, alquiladas por 50 a 80 dólares por noche en un estudio y cien dólares por un apartamento de una habitación.[9] Aunque la cadena tenía un excelente producto, bajos costos operativos, tasas de ocupación mucho más altas que el promedio en el negocio y altas tasas en estudios de satisfacción de los huéspedes, registraba pérdidas. Sobre todo, debido a las inversiones continuas en la construcción de nuevas instalaciones que eran en gran parte propiedad de Candlewood Hotel Company. En 2000, la compañía introdujo otra marca en la categoría de estancias prolongadas en el mercado, Cambridge Suite. Tenía como objetivo conquistar un mercado más exclusivo que el de su empresa hermana Candlewood Suites. En el rango de precios de 99 a 109 dólares por noche en sus habitaciones o suites, ofrecía a sus huéspedes más comodidades, como desayuno continental, una videoteca gratuita, un pequeño gimnasio y una piscina. DeBoer pagó dos millones de dólares para modernizar su primera propiedad en Wichita y la transformó en una instalación de Cambridge Suites. Además, inició un programa piloto consistente en construir hoteles más pequeños llamados Candlewood Suites en mercados más pequeños. Mientras que los establecimientos tradicionales tenían más de 120 habitaciones, estos contaban solo con sesenta habitaciones. A su vez, en 2000, DeBoer firmó un contrato con una empresa irlandesa llamada Midlantic Hotels Ltd., propiedad del Grupo ERB con sede en Suiza, para desarrollar hoteles de esta marca en Alemania y Suiza.[10] La primera instalación de Candlewood Suites abrió en Berlín. Más tarde, resultó que la marca no era popular en Europa.

La clave para el aumento del valor de las acciones de cada empresa cotizada en bolsa es su desarrollo continuo. Del mismo modo, en el caso de Candlewood Hotel Company, los inversores demandaban constantemente información: cuántas ubicaciones estaban planificadas para nuevas inversiones, cuántos hoteles estaban en construcción y cuántos se habían inaugurado. Jack DeBoer quería generar ganancias sólidas, pero la presión por el crecimiento constante en el mercado de valores era enorme. Finalmente, comenzó el año 2001, trayendo consigo los trágicos eventos de los ataques del 11 de septiembre. Como resultado, la demanda de viajes colapsó. Aerolíneas y cadenas hoteleras listadas en Wall Street se encontraron en una situación muy difícil. Las acciones de Candlewood Hotel Company caían y no había posibilidad de obtener capital adicional. El dinero se agotaba y los accionistas no podían llegar a un acuerdo sobre el futuro de la empresa. Finalmente, se tomó la decisión de venderla. El 1 de enero de 2004,

InterContinental Hotel Group adquirió 105 hoteles Candlewood Suites y tres hoteles Cambridge Suites.

Unos meses después, el negocio hotelero en los EE. UU. comenzó a recuperarse. Jack DeBoer era muy consciente de que la corporación IHG adquirió un excelente producto con perspectivas de crecimiento futuro. No se lamentaba, ya que ya había comenzado a trabajar en una nueva marca llamada Value Place Apartments. Permaneció fiel al concepto de hotel de estancias prolongadas. Esta vez, su objetivo era la clase económica. Un Value Place estaba destinado a ser una instalación simple, limpia, segura y económica. Al explorar el mercado, DeBoer creó con su equipo un conjunto específico de parámetros para la nueva marca. El costo de construir el hotel ascendía a 30 mil dólares por habitación, los gastos operativos anuales se estimaban en 275 dólares por habitación, mientras que el precio promedio por habitación era de aproximadamente 150 dólares a la semana. En consecuencia, se diseñó un edificio de cuatro pisos que podía construirse en cinco meses. Operando sin restaurante, con una recepción abierta las 24 horas y servicios de limpieza una vez a la semana, el hotel podía ser manejado por solo cuatro empleados a tiempo completo. A diferencia de Candlewood Suites, no era necesario tener un gerente de ventas en la instalación. Su posición fue ocupada por pancartas electrónicas que mostraban varios mensajes visibles para los conductores en la carretera junto a la instalación. Value Place ofrecía tres opciones de estándar de habitación: un estudio, un estudio/dormitorio y un estudio con dos camas. Cada uno de ellos incluía una cocina con nevera, estufa y horno de microondas. Por un cargo adicional, los huéspedes podían obtener utensilios de cocina, servicios de limpieza adicionales, detergentes para lavandería y una conexión rápida a Internet. La seguridad en el hotel estaba garantizada por video-vigilancia, cerraduras electrónicas y puertas con sistemas de cierre automático en los pasillos.

Al igual que con todas las marcas anteriores de DeBoer, el primer hotel Value Place Apartments abrió en Wichita en octubre de 2003. Estaba ubicado en el 3401 N. Great Plains Drive. Un segundo se estableció en Wichita, también en julio de 2004 en el 4663 S. calle Broadway. Su apertura coincidió con la implementación de un programa de franquicias destinado a permitir que la marca creciera. La respuesta de los contratistas superó sus expectativas más salvajes. En un año, se firmaron hasta 171 acuerdos de licencia. En 2008, ya había casi ochenta hoteles de Value Place operando en diecinueve estados, mientras que cuarenta y dos grupos de franquicias se comprometieron a construir 600 hoteles adicionales en todo el país en los próximos cinco años. Más tarde, en abril de 2015, se cambió el nombre a WoodSpring Suites.

Cuando Value Places se convirtió en una de las cadenas hoteleras de más rápido crecimiento en los Estados Unidos, Jack DeBoer pudo retirarse con seguridad, lo cual se merecía. Sin embargo, no tenía la intención de descansar. Además, a la edad de ochenta y tres años, inauguró otra marca de hoteles, nuevamente en la categoría de lujo. Su concepto de WaterWalk Hotel Apartments combinaba un edificio de apartamentos con un hotel de estancias prolongadas. En dos edificios de dos pisos, DeBoer alojó 132 unidades residenciales, amuebladas o sin amueblar, con una, dos o incluso tres habitaciones. Los huéspedes que compraban el Paquete Gold recibían un apartamento completamente equipado, así como comodidades y servicios en el hotel como membresía al gimnasio, un servicio regular de transporte, servicios de conserjería, desayuno gratuito en la habitación, servicios de limpieza y lavandería, televisión con canales premium, Internet, almacenamiento en el lugar y una plaza de aparcamiento gratuita. Todo eso a un precio desde 89 dólares por noche para estancias de más de treinta días. Por lo tanto, era un 35 por ciento más barato en comparación con un hotel de lujo de estancias prolongadas. La misma instalación también ofrecía un Paquete Silver, que permitía a un huésped reservar un apartamento sin amueblar durante al menos seis meses. Otros servicios no incluidos en este paquete se prestaban por un cargo adicional.[11] En octubre de 2014, se abrió un prototipo en Wichita. Inmediatamente después, el presidente de Value Place y WaterWalk, David Redfren, firmó los primeros contratos con inversores para establecimientos en Atlanta, Charlotte, Houston, Indianápolis, Louisville y San Luis. El costo de construir un hotel de esta

Su concepto de WaterWalk Hotel Apartments combina un edificio de apartamentos con un hotel de estadía prolongada. (Fuente: WaterWalk)

marca se estimó en 11.5 millones de dólares más el costo del terreno. A los franquiciados se les garantizó asistencia en la adquisición de huéspedes y arrendatarios a través de un programa nacional de ventas presentado a los departamentos de recursos humanos de las corporaciones y anunciado en sitios web de alquiler de apartamentos. Desde 2019, la marca WaterWalk se ha desarrollado en los EE. UU. en cooperación con una empresa llamada Oakwood.

El concepto de Jack DeBoer se ha convertido en una competencia peligrosa para los hoteles tradicionales. Logró éxito en el mercado porque fue el primer hombre en darse cuenta del valor real de los huéspedes que se quedaban por períodos más largos, primero con Residence Inn y luego también con su otra marca diseñada para satisfacer sus necesidades. Los nuevos no se limitaron a copiar el estándar original, sino que continuamente se esforzaron por perfeccionarlo. Cabe destacar, sin embargo, que no operaban de forma independiente. El excelente rendimiento de la cadena Residence Inn despertó mucho interés en el segmento de estancias prolongadas y se convirtió en un imán para otras empresas que invertían en la industria hotelera. A fines de la década de 1990, los hoteles de estancias prolongadas ya estaban en las carteras de corporaciones poderosas como Marriott (Residence Inn, Town Place, SpringHill), Hilton (Homewood Suites), Choice (MainStay Suites), Six Continents (Staybridge Suites) o Cendant (Villager Lodge). Además, surgieron nuevos operadores en el mercado con nuevas marcas como Extended Stay America con Efficiency Studios, Crossland Economy Studios y Studio Plus.[12] DeBoer creó un producto que era la alternativa más ventajosa en cuanto a la relación precio-calidad para los huéspedes que se quedaban por un período más largo. Las conclusiones de sus estudios fueron firmes: daban más importancia a la habitación en sí que a las comodidades disponibles en una instalación. Por lo tanto, ofrecía un apartamento espacioso y cómodo con equipo funcional a un precio competitivo, al tiempo que minimizaba las áreas de acceso general que no generaban beneficios (pasillos, un vestíbulo/área de recepción o las instalaciones administrativas) y abandonaba las comodidades regulares disponibles en hoteles, como un portero, salas de conferencias, salones de banquetes y servicios relacionados con la restauración y el entretenimiento. Al hacerlo, también redujo los costos operativos en sus propiedades, especialmente los costos salariales debido al personal limitado y la menor frecuencia de los servicios prestados. Lo más importante es que esto no afectó de ninguna manera a los huéspedes. Jack DeBoer recordó recibir más de 150 tarjetas con comentarios de huéspedes a diario, la mayoría elogiando el excelente servicio a pesar del número limitado de miembros del personal. Concluyó que a los huéspedes les gusta no ser molestados por empleados entrometidos.[13]

Además de operar en los negocios de desarrollo y hotelería desde 1989, Jack DeBoer también fue copropietario de Hix Corporation con sede en Pittsburg, Kansas, que fabricaba maquinaria para la industria textil y alimentaria. Además, junto con su esposa, fundó la DeBoer Family Foundation y se comprometió con la actividad de la World Vision Foundation, brindando ayuda humanitaria principalmente a niños necesitados en seis continentes, entre otros, mediante apoyo financiero y en especie y programas educativos. DeBoer tenía un especial afecto por la empobrecida Myanmar, donde trabajó para mejorar los servicios médicos ofrecidos a madres e hijos, organizó centros de salud en parroquias, construyó letrinas en escuelas y perforó pozos con agua limpia en el área de Rangoon.

En su vida privada, DeBoer fue un piloto activo y titular del récord mundial de velocidad de tres kilómetros para una aeronave a reacción de menos de 18,000 libras, un coleccionista de aviones de la Segunda Guerra Mundial, un entusiasta del golf, la vela, el esquí y el snowboard. Falleció el 12 de marzo de 2021 en Wichita después de luchar contra la leucemia durante cinco años. Dejó atrás a su amada esposa Marilyn, a su hijo Skyler y a su hija Penny, así como a tres nietos.[14]

El presidente de WaterWalk International, Jim Korroch, dijo sobre él: *"Nunca he conocido a nadie que tuviera el entusiasmo por la vida que tenía Jack. Era un aventurero. Trabajó y jugó tan duro como le fue posible mientras su cuerpo se lo permitió. Hasta el último día, estaba constantemente hablando de negocios*".[15]

17

Bill Marriott Jr.

Gran apasionado de la hotelería y líder de una corporación multinacional

La corporación Marriott, tal como la conocemos hoy en día, se debe principalmente a Bill Marriott Jr. Cuando asumió la creación de la nueva división hotelera en el imperio gastronómico de su padre, no sabía absolutamente nada sobre este negocio. Gestionó su primer establecimiento completamente propio, Twin Bridges, a través ensayo y error, pero con el tiempo adquirió una sólida experiencia que le permitió aumentar gradualmente el número de hoteles. Tenía planes ambiciosos, analizaba a fondo los mercados, productos y nuevas formas de financiamiento, actuaba de manera reflexiva y con gran visión. Creó sus propias marcas y absorbió bajo su paraguas otras conocidas y respetadas. Como verdadero líder, logró guiar a su empresa a través de las crisis que surgían en el mercado. Gracias a él, Marriott se convirtió en el número uno en la industria hotelera mundial, estableciendo estándares de excelencia y verdadera hospitalidad.

John Willard "Bill" Marriott Jr. nació el 25 de marzo de 1932 en Washington, D.C. En ese entonces, sus padres, John Willard y Alice Marriott, dirigían una cadena de restaurantes llamada Hot Shoppes. A partir de 1937, el joven Bill asistió a clases de jardín de infantes en la Escuela Horace Mann, y una vez que completó el primer grado en una escuela pública, lo transfirieron a una escuela privada cuáquera llamada Sidwell Friends. Desde una edad temprana, su padre le exigía ser obediente, seguir las estrictas reglas de su iglesia, ser el estudiante con el mejor rendimiento y hacer sus tareas. Bill Jr. tenía que rastrillar hojas, lavar el automóvil, cortar el

Bill Marriott Jr., 1932
(Fuente: Hospitality-On)

césped y limpiar zapatos. A los cinco años, también acompañaba a sus padres durante las inspecciones en los establecimientos de Hot Shoppes y evaluaba el menú infantil. A medida que crecía, también lo hacía el alcance de sus responsabilidades, y su *perfeccionista padre nunca quedaba completamente satisfecho con sus resultados. "Cada día proporcionaba una oportunidad para que yo mejorara, y papá nunca dudaba en hacérmelo saber".*[1]

Otra etapa de su educación a partir de 1946 fue en la escuela exclusiva para varones St. Albans. Allí, Bill Jr. destacó no solo por sus altas calificaciones, sino también porque co-dirigía un equipo de baloncesto y vendía espacio publicitario en la revista mensual *The Albanian*. A la edad de catorce años, comenzó su primer trabajo en la empresa de su padre; por dos dólares la hora, clasificaba y engrampaba facturas en el departamento de contabilidad. Después de graduarse de St. Albans, sus padres lo enviaron a la Universidad de Utah en Salt Lake City, ya que creían que allí tenía una mayor probabilidad de encontrar una esposa de su denominación. Con la intención de unirse a la empresa familiar en el futuro, Bill Jr. eligió especializarse en banca y finanzas. En la universidad, participó activamente en la vida de la fraternidad Sigma Chi. Sin embargo, desde el primer año, tuvo que conciliar estudios y trabajo, ya que cuando abrió el primer Hot Shoppe en el oeste de los Estados Unidos en Salt Lake City en 1950, Bill Jr. decidió formar parte de su personal. Trabajó desde trabajos básicos como lavar platos y trapear pisos, pasando por preparar comidas del menú hasta convertirse finalmente en gerente. En la universidad, conoció a su futura esposa, Donna Rae Garff (nacida el 10 de junio de 1935), estudiante y primera hija del profesor Royal Lovell y Marby Garff.[2] La familia Garff también era miembro de la Iglesia de Jesucristo de los Santos de los Últimos Días.

En 1954, Marriott se graduó con éxito de la Universidad de Utah, pero a diferencia de su padre, nunca fue a la misión de su iglesia. Se unió al Cuerpo de Entrenamiento de Oficiales de Reserva y luego trabajó en un crucero de entrenamiento en el Atlántico en el USS *Columbus*. Más tarde, también sirvió en el portaaviones USS *Randolph*, donde como oficial de suministros gestionaba tres almacenes, un bar, tiendas de lavandería, así como tiendas de zapateros, sastres y peluqueros.[3] Mientras tanto, el 29 de junio de 1955, en un templo mormón en Salt Lake City, se casó con su amada Donna y un año después, terminó su servicio en la Armada con el rango de teniente segundo. Al regresar a casa, condujo inmediatamente a la oficina central de Hot Shoppes en 5161 River Road para planificar su carrera con su padre. Bill Jr. comenzó desde la gestión de un restaurante ubicado en la sede de la empresa, donde aprendió los secretos de la organización del trabajo, adquirió hábitos de gestión práctica y abordó problemas de eficiencia laboral. En ese momento, redujo el número de artículos en el menú, el tiempo de espera y el costo de los productos alimenticios. Luego, se le asignaron nuevas responsabilidades en el departamento de relaciones públicas. Sin embargo, el verdadero desafío estaba a punto de revelarse.

En enero de 1957, la Marriott Corporation lanzó su primer hotel en Arlington, el Twin Bridges Marriott Motor Hotel con 365 habitaciones, un restaurante, una piscina, un gran estacionamiento y una gasolinera. Era un área completamente nueva de su negocio, totalmente desconocida para ellos. Y fue Bill Jr., quien no tenía experiencia en la industria hotelera, quien asumió el cargo de gerente con la aprobación de su padre. Sin tener sistemas operativos probados aún, él se movía a tientas en la oscuridad, abordando problemas que surgían, recopilando ideas y experimentando en todos los aspectos de este negocio. En 1958, en reconocimiento a sus esfuerzos, fue llamado a unirse a la junta directiva de Hot Shoppes Inc. como vicepresidente de operaciones hoteleras. Cuando la compañía estaba estableciendo su segundo hotel en las afueras de Washington, el Key Bridge Marriott Motor Hotel, Bill Jr. ya era responsable de todo, desde la elección de arquitectos hasta mobiliario y personal. Sin embargo, no la tuvo fácil, ya que en ese momento ya había comenzado una batalla privada entre padre e hijo. En cada ocasión, el padre Marriott criticaba las ideas del hijo. *"Simplemente continuaba elevando el listón y buscando la perfección en todo lo que hacía y en todo lo que llevaba su nombre, incluyéndome a mí. Nunca estaba satisfecho. Trabajar en un ambiente así era frustrante. Creaba mucho estrés"*[4], recordó Bill Jr. Además, mientras trabajaba casi 24 horas al día durante meses preparando la instalación para su lanzamiento, su esposa Donna cuidaba de sus dos hijos pequeños. Su hija Deborah nació el 30 de marzo de 1957, y el 15 de abril de 1959 nació su hijo

Key Bridge Marriott Motor Hotel (Fuente: Flickr)

Stephen Garff. A pesar de numerosos obstáculos, el 10 de junio de 1959 se llevó a cabo la ceremonia de inauguración del Key Bridge. El hotel fue diseñado por Carlos B. Schoeppl y Robert Karl Frese, y construido por una empresa llamada Victor R. Beauchamp Inc. Costó tres millones de dólares y constaba de tres edificios: uno de cuatro pisos con ventanas que daban al río Potomac y dos edificios de dos pisos con un total de 210 habitaciones. Los huéspedes podían utilizar el servicio de check-in desde el automóvil sin tener que salir de sus autos.[5]

Ambos hoteles generaban un buen beneficio y Bill Jr. los veía como una nueva dirección en el crecimiento de la empresa, más prometedora que los restaurantes. Sin embargo, tuvo que ejercer mucha presión sobre su padre, muy conservador, para que aprobara nuevas ubicaciones para hoteles. El tercer establecimiento con 300 habitaciones se abrió en septiembre de 1960 junto a la Stemmons Freeway en Dallas, y un año después, en julio, se abrió el cuarto en la Avenida City Line en Filadelfia. Fue el primer hotel en el que se introdujo el concepto de Kona Kai, es decir, un restaurante que servía cocina polinesia, y se permitía la venta de licor todos los días excepto los domingos. Además, Marriott compró un hotel en Nueva Jersey cerca del Aeropuerto Municipal de Newark por 690 mil dólares y lo operó durante siete años, para luego venderlo con un alto beneficio al gobierno federal para hacer espacio para un intercambio. El 4 de mayo de 1961, Bill Jr. se convirtió en padre por tercera vez cuando nació su segundo hijo, John Willard Marriott III. También tuvo que dar su consentimiento para una cirugía muy arriesgada a la que su hija Debbie tuvo que someterse debido a un diagnóstico de una enfermedad cardíaca congénita llamada Tetralogía de Fallot. Afortunadamente, fue exitosa.[6]

El 10 de noviembre de 1964, durante una reunión general de accionistas, John Willard Marriott Sr. nombró a su hijo presidente y miembro del consejo de administración de Marriott-Hot Shoppes Inc. El Sr. Marriott aún tenía una voz decisiva en la empresa al mantener su posición de presidente del consejo de supervisión y director ejecutivo. Bill Jr. tenía entonces treinta y dos años. En el año siguiente, en marzo, inauguró un hotel y centro de conferencias de 500 habitaciones en el centro de Atlanta por valor de 12 millones de dólares. A su vez, en el sector gastronómico, introdujo un nuevo concepto de restaurante en el mercado: Junior Hot Shoppes. Fue la primera cadena de comida rápida en el país que tenía asientos en el interior; sus locales empezaron a aparecer en Washington, Maryland, Texas, Virginia y Pensilvania. Sin embargo, a pesar de las excelentes instalaciones y productos de alta calidad, el crecimiento no fue espectacular. En ese momento, John Willard Marriott ni siquiera consideraría la posibilidad de franquiciar, ya que los licenciatarios no podrían mantener sus altos estándares, y mucho menos endeudarse para obtener capital. Asimismo, no estuvo de acuerdo en construir un segundo hotel en Atlanta, lo cual le sugirió el arquitecto John

Portman. En su opinión, dos hoteles en una ciudad eran una idea descabellada, más aún si el otro era un fracaso arquitectónico. El audaz proyecto de un hotel medio construido con un atrio de 22 pisos en su interior obtuvo la aprobación de la familia Pritzker. Así es como en 1967 nació el icónico Atlanta Hyatt Regency, causando una inmensa impresión en toda la industria hotelera, ya que desde entonces, todas las ciudades más grandes de Estados Unidos querían un hotel similar.[7] En los años que siguieron, Bill Marriott Jr. admitió abiertamente que renunciar a este proyecto sin luchar fue una de las peores decisiones jamás tomadas, ya que permitió que la corporación Hyatt se convirtiera en un fuerte competidor.

Después de Atlanta, Marriott invirtió en un hotel en Saddle Brook, cerca de Nueva York, que abrió en 1966; al mismo tiempo, supervisaba obras de construcción en Chicago, Boston, Houston y Filadelfia. Al elegir ubicaciones, se inclinaba principalmente por terrenos en suburbios, cerca de aeropuertos y centros de conferencias. Con el creciente número constante de instalaciones de alojamiento, tuvo que fortalecer su personal directivo con hoteleros experimentados de empresas como Hilton o Sheraton. En 1967, Marriott compró el complejo turístico Camelback Inn en Scottsdale, Arizona. Financiado por el empresario y filántropo John C. Lincoln, y lanzado en diciembre de 1936 por Jack Stewart, este legendario hotel con 170 habitaciones se volvió muy popular, especialmente entre celebridades de Hollywood, estrellas deportivas y líderes políticos. Bill Jr. también tenía mucho cariño por ese lugar, ya que desde los dieciséis años pasaba allí los descansos de verano con sus padres.[8] Obviamente, su padre se opuso a esta transacción, aunque adoraba el Camelback Inn, argumentando que 2.7 millones de dólares eran demasiado para una instalación estacional que operaba solo ocho meses al año (de septiembre a mayo). La prensa local tampoco estaba muy contenta con la familia Marriott, publicando el titular *"La cadena de hamburguesas compra famoso complejo turístico"*.[9] Sin embargo, siendo restaurador, a John Willard Marriott no le importó tomar el control de una cadena de veintidós restaurantes Big Boy en 1967, seguidos por trece establecimientos RoBee's House of Beef adquiridos un año después, que luego se desarrollaron bajo la marca Roy Rogers.

Bill Marriott Jr. tenía planes ambiciosos para un número mucho mayor de hoteles y sabía que no podría implementarlos con éxito sin un capital externo. Sin embargo, logró convencer a su padre de que su empresa familiar debía ingresar a la bolsa de valores de Nueva York. La Marriott Corporation (renombrada en 1967) debutó allí el 26 de agosto de 1968, vendiendo acciones por 32.75 dólares.[10] Gracias a fondos externos, Bill Jr. firmó más contratos para grandes hoteles con centros de conferencias en Nueva Orleans por 28 millones de dólares y en Los Ángeles por 25 millones de dólares. Además, en 1968, compró el antiguo Essex

House en Manhattan, Nueva York. Este hotel comenzó a operar el 1 de octubre de 1931 y contaba con cuarenta y cuatro pisos con 600 habitaciones de estilo Art Decó.[11] Después de una remodelación, abrió en abril de 1969 con el nuevo nombre de Marriott Essex House. Un mes después, se encendió la señalización de neón de Marriott en la primera instalación fuera de los Estados Unidos después de que Bill Jr. se hiciera cargo de la gestión del hotel más moderno y alto de Acapulco, México: el Paraiso del Pacífico.[12] Encontró extremadamente desafiante introducir hoteles de franquicia Marriott Inn, modelados según las cadenas Holiday Inn y Hilton Inn, en el mercado. Bill Jr. quería demostrar a su padre que esta era la manera de acelerar la expansión de la cadena sin comprometer los estándares de calidad. Por lo tanto, implementó nuevas técnicas de gestión para ayudar a la empresa a crecer de manera organizada y controlada. En el primer año del lanzamiento de este programa, más de cincuenta franquiciados fueron calificados y los primeros hoteles Marriott Inn comenzaron a aparecer principalmente en las ciudades del Medio Oeste. En noviembre de 1972, Bill Jr. asumió la posición de CEO de Marriott Corporation, una empresa cuyas divisiones en ese momento (restaurantes, catering de aerolíneas y hoteles) generaban un beneficio de 422 millones de dólares. Otra adquisición fue la cadena de cincuenta y cinco heladerías Farrell's Ice Cream Parlors, realizada en el mismo año por diez millones de dólares.[13]

Asimismo, la década de 1970 se caracterizó por nuevos emprendimientos comerciales destinados a complementar la actividad anterior. Por lo tanto, en el espíritu de la diversificación, primero, en 1971, se fundó la agencia de viajes Marriott World Travel, que enviaba turistas a Grecia y el Caribe, seguida por los cruceros Sun Line (después de todo, los barcos son hoteles en el agua) en 1972, y Marriott Security Systems en 1973, tras la adquisición de Hallmark Corporation. Además, Bill Jr. decidió construir desde cero dos parques de atracciones Great America. Como ubicaciones, eligió lugares con un alto tráfico en Santa Clara, cerca de San Francisco, y en Gurnee, Illinois. En ese momento, se dio cuenta de que este proyecto era increíblemente caro y difícil de ejecutar. El primero de estos parques de atracciones abrió el 21 de marzo de 1976[14], mientras que el otro se lanzó dos meses después, el 29 de mayo de 1976.[15] A pesar de resultados bastante buenos, la Marriott Corporation no se sentía particularmente cómoda persiguiendo esta línea de negocios. Lamentablemente, la recesión económica y la invasión turca de Chipre dieron a Marriott una amarga lección sobre el peligro de ingresar a áreas desconocidas. *"Cuando surgen problemas en un negocio, debes saber lo suficiente sobre el negocio como para poder solucionarlos"*.[16] Como resultado, a fines de esa década, se retiró de los sistemas de seguridad, la agencia de viajes y los cruceros, y en 1984, vendió ambos parques Great America con gran ganancia para enfocarse únicamente en las áreas clave de la empresa, es decir, las industrias de restaurantes y hoteles. La crisis de la década de 1970 también llevó a Marriott Jr. a comenzar a vender restaurantes Hot Shoppes no rentables, para consternación de su padre, incluyendo su "hijo favorito", el Connecticut Avenue Hot Shoppe. En 1973, el número de establecimientos bajó de cuarenta a veinticinco.[17] Por otro lado, convirtió Hot Shoppers Junior en instalaciones Roy Rogers. Mientras tanto, en 1970, se unió a la empresa el tercer Marriott, su hermano Richard "Dick", quien se convirtió en el vicepresidente encargado de arquitectura y construcción, mientras que el 1 de octubre de 1973, nació el tercer hijo de Bill Jr., David Sheets.

Como visionario destacado, Marriott Jr. anticipó la era de los aviones gigantes y el auge de los viajes en avión. Entraba constantemente en mercados extranjeros abriendo cocinas en los aeropuertos de Venezuela, Puerto Rico, Italia, Grecia, Portugal, España, Gran Bretaña, Alemania y Sudáfrica. In-Flite se convirtió en la mayor empresa de catering del mundo que servía a aerolíneas. Además, en 1973, Marriott Corporation abrió el hotel más grande que jamás construyó, específicamente, una instalación valorada en 24 millones de dólares junto al aeropuerto de Los Ángeles. Contaba con 1020 habitaciones y 150 salas de conferencias y banquetes de diversos tamaños. En marzo de 1975, se inauguró el primer hotel Marriott de Europa en Ámsterdam (400 habitaciones), financiado por una empresa cervecera llamada Watney Mann, seguido por el anuncio de Bill Jr. de la estrategia 20/20, es decir, el aumento anual de la empresa en un 20 por ciento con un retorno del 20 por ciento sobre el capital. Sin embargo, se dio cuenta de que, por sí mismo, con recursos financieros limitados, solo podría construir unos pocos hoteles al año, y el retorno de la inversión llevaría hasta doce años. Por lo tanto, siguiendo el consejo de los financieros Al Checchi y Gary Wilson, Marriott Corporation comenzó a implementar un concepto de pasar de ser propietario de propiedades a gestionarlas. A pesar de la fuerte objeción de su padre, Bill Jr. vendió el 50 por ciento de sus hoteles (incluyendo, entre otros, el Camelback Inn) a inversores y firmó contratos de gestión a largo plazo. Destinó el efectivo de las ventas para comprar más de 12.5 millones de sus acciones del mercado, cuyo valor pasó de 23 dólares a 200 dólares en un par de años. El 21 de mayo de 1977, también colocó la primera piedra para la nueva sede en Bethesda, en la esquina de la Interestatal 270 y Democracy Boulevard. En 1979, los hoteles se convirtieron en la rama de más rápido crecimiento con más de cincuenta instalaciones en construcción, propiedad de entidades externas, que llevarían la marca Marriott y serían gestionadas por la empresa una vez completadas. De esta manera, se obtuvieron los primeros contratos lucrativos, también para hoteles extranjeros en, entre otros lugares, El Cairo en Egipto, Riad en Arabia Saudita, Teherán en Irán y Ammán en Jordania.

A principios de la década de 1980, después de la apertura del centésimo hotel, el Maui Marriott Resort en Hawái (1981), Bill Marriott Jr. ya estaba considerando cambios revolucionarios en su negocio: lanzar un producto completamente nuevo en un nuevo segmento del mercado (hoteles medianos de calidad en el rango de precios medios). Fue un proyecto arriesgado porque hasta entonces, Marriott se había identificado con grandes hoteles elegantes con una amplia gama de servicios. Por esta razón, un posible fracaso del nuevo tipo de hotel podría socavar la reputación construida en la industria durante los últimos veinticinco años. Para ello, contrató a Donald Washburn como líder del equipo encargado de analizar la competencia, investigar las preferencias de los huéspedes y delineal los objetivos para el nuevo producto. Los esfuerzos realizados durante varios años, guardados como un secreto absoluto incluso para la mayoría de los gerentes de la empresa, dieron como resultado la apertura del primer hotel de la marca Courtyard by Marriott en las afueras de Atlanta en 1983. Este producto se inspiró en el patio bellamente ajardinado del Four Seasons Hotel en Houston, lo que le dio al establecimiento un carácter de club campestre con un ambiente hogareño. El Courtyard era definitivamente más pequeño (con solo 150 habitaciones) que los hoteles anteriores de Marriott, pero ofrecía habitaciones más grandes a precios más bajos. Esto se debía a que la reducción de costos era posible mediante la eliminación de servicios y espacios públicos que no eran necesarios para los viajeros de negocios sensibles al precio.[18] La apertura del hotel en Atlanta se acompañó de la inauguración del programa de lealtad Marriott Honored Guest Awards. Sus miembros podían ganar puntos en 133 hoteles en setenta y nueve ciudades.[19] También sucedió mucho en el sector gastronómico. En 1982, In-Flight adquirió la empresa Host International, que prestaba servicios a restaurantes y tiendas libres de impuestos en aeropuertos de todo el mundo, por 130 millones de dólares. En el mismo año, Marriott adquirió una cadena de 466 restaurantes de comida rápida llamada Gino's Inc. por 48.6 millones de dólares, que tenía la intención de adaptar a Roy Rogers.[20] Al mismo tiempo, se deshizo de las heladerías Farrells.

El exitoso debut de Courtyard (con el precio de las acciones de Marriott Corporation subiendo instantáneamente a 75 dólares y las crecientes tasas de ocupación en el establecimiento) mostró que la corporación era capaz de realizar cambios innovadores, y Bill Marriott Jr. ya estaba pensando en diversificar casi todos los segmentos del mercado hotelero. No pasó mucho tiempo antes de que los resultados pudieran verse. El 24 de mayo de 1984, en Washington, en la Avenida Pennsylvania (a solo unos bloques del lugar donde se inició el primer puesto de cerveza de raíz), se inauguró el primer hotel JW Marriott. Era la marca de hotel más exclusiva creada en homenaje a su padre. Tras la adquisición de

El nuevo hotel Courtyard by Marriott tuvo un rápido éxito.
(Fuente: Marriott International)

instalaciones del American Resorts Group en el mismo año, se fundaron las instalaciones de tiempo compartido de lujo bajo la marca Marriott Vacation Club International.

En agosto de 1985, falleció el creador de la empresa, John Willard Marriott, y Bill Jr. se convirtió en el presidente del consejo de administración de Marriott Corporation. Pocos días después del funeral de su padre, evitó milagrosamente la muerte. Al llenar el depósito de un barco en una marina en una mansión de verano en el lago Winnipesaukee, no se dio cuenta de que el interruptor de encendido estaba dañado y que el gas se escapaba. Al encender la llave de encendido, se produjo una explosión; con la ropa en llamas, Bill logró saltar al agua. Con quemaduras en todo su cuerpo, fue trasladado al Hospital General de Massachusetts en Boston, donde se sometió a varias cirugías que le salvaron la vida, incluido un injerto de piel. Se recuperó por completo después de un tratamiento de rehabilitación de cuatro meses.

La Marriott Corporation continuó creciendo mediante adquisiciones. Se enfocó en empresas de suministro de alimentos que prestaban servicios a restaurantes y proveedores de servicios masivos como escuelas, hospitales, instalaciones deportivas y complejos empresariales: Gladieux Corporation[21] en octubre de 1984, Service Systems Corporation[22] en enero de 1985 y Saga Corporation[23] en junio de 1986. Además, en septiembre de 1985, Marriott compró a Imperial Group una cadena de restaurantes y hoteles llamada Howard Johnson's, de la cual conservó 418 puntos de venta y vendió todos los hoteles con los derechos sobre el nombre y la marca Howard Johnson's a Prime Motor Inns.[24] Después de que la corporación

Holiday Inn introdujo la marca Embassy Suites en el mercado en 1983, Marriott la observó de cerca. Finalmente, concluyó que quería tener su propio producto en el estilo de un edificio de apartamentos con unidades residenciales espaciosas divididas en una sala de estar y dormitorios. Esta oferta estaba destinada a ser ideal tanto para viajeros de negocios como para familias que buscaban condiciones muy buenas y un ambiente hogareño. Cuando en marzo de 1987 se lanzó el primer establecimiento de la nueva marca Marriott Suites en Atlanta, ya se estaban diseñando y construyendo otros seis hoteles en California, Arizona e Illinois.[25] Al mismo tiempo, el planificador estratégico de la empresa, Tom Curren, convenció a Bill de invertir también dinero en el segmento económico, es decir, hoteles por debajo de 40 dólares por noche. Asignó 50 millones de dólares para diseñar y construir las primeras diez unidades. Su nombre, Fairfield Inn, se inspiró en la granja Fairfield en Hume, Virginia, comprada por John Willard Marriott en 1951 como un lugar donde la familia podía descansar. En diciembre de 1987, Atlanta fue testigo una vez más del nacimiento de una marca. En el segundo año de operación, Fairfield Inn ganó el primer lugar en un ranking de *Business Travel News* como la mejor cadena de hoteles económicos. No es sorprendente entonces que para 1990, hubiera setenta y cinco hoteles en operación en veinticinco estados con altas tasas de ocupación.

Marriott básicamente ya tenía su marca en casi todos los segmentos del mercado hotelero. Casi, ya que aún no tenía un producto adaptado a las necesidades de los huéspedes que se quedaban por períodos más largos. El valor de este grupo de viajeros ya había sido identificado unos años antes por el estadounidense desarrollado en Wichita Jack DeBoer, quien creó un concepto completamente nuevo de un hotel de estadías prolongadas con este grupo en mente. En 1975, abrió su primer establecimiento llamado Residence Inn. Este proyecto resultó ser tan exitoso que en quince años se formó una cadena con más de cien hoteles, dispersos por todo Estados Unidos. Marriott ya estaba trabajando en su propio producto dedicado a los huéspedes a largo plazo, pero como DeBoer tenía la intención de vender su marca, no dejaría pasar esta oportunidad. Finalmente, en 1987, se realizó una transacción, como parte de la cual Marriott Corporation se convirtió en propietario de 103 hoteles Residence Inn por 260 millones de dólares.[26]

En 1988, Bill Marriott comenzó a probar el mercado con un nuevo restaurante llamado Allie's (nombre de su madre Alice) especializado en cocina mexicana y barbacoa. Inicialmente, quince sucursales de Big Boys en California fueron renombradas como Allie's con el plan de lanzar más de seiscientas instalaciones en todo el país para 1993.[27] Los derechos de franquicia para otros restaurantes Big Boy fueron cedidos a una empresa llamada Elias Brothers. Sin embargo, la realidad resultó ser completamente diferente a las expectativas. Las cadenas de Allie's tuvieron problemas financieros, arrastrando también a la cadena Roy Rogers a deudas.

Llegó el tiempo del auge financiero japonés, con los bancos japoneses invirtiendo ávidamente en bienes raíces estadounidenses. Por esta razón, en 1987, Marriott Corporation ingresó al mercado de valores de Tokio y vendió a hoteles japoneses como, entre otros, el Essex House por 175 millones de dólares, el JW Marriott en Los Ángeles por 83.5 millones de dólares, el Atlanta Marriott Marquis por 196 millones de dólares o los veintitrés hoteles Residence Inn por 131.5 millones de dólares.[28] En 1989, Marriott lanzó en Varsovia su hotel número 500, con la división de hoteles generando ya más del 40 por ciento de las ganancias anuales. Pronto se convirtió en la actividad clave de la empresa, ya que el 18 de diciembre de 1989, se anunció una seria reestructuración de Marriott Corporation, que consistió en vender todos sus restaurantes. La división de catering In-Flight fue regalada en julio por 570 millones de dólares a su entonces gerente Daniel Altobello y al grupo de inversores que había iniciado llamado Caterair International.[29] Luego, en abril de 1990, la cadena de 350 restaurantes Roy Rogers y los derechos de franquicia para 250 establecimientos más fueron adquiridos por Hardee's Food System. La transacción ascendió a 365 millones de dólares.[30] Desprenderse de las raíces de la empresa pasó factura a la salud de Bill, quien sufrió tres ataques cardíacos en poco tiempo. Más tarde, dijo: *"El nombre de nuestra familia está sobre las puertas, así que decidir salir de nuestros dos negocios más antiguos, restaurantes y catering aéreo, ha sido una elección difícil y emocional"*.[31] Sin embargo, no esperaba que casi le llevara a la muerte.

A principios de la década de 1990, Marriott iniciaba dos hoteles cada semana, uno de cada cuatro construido en el país. Así, se abrió paso hacia los diez principales desarrolladores estadounidenses con un total de 639 hoteles. La corporación también ingresó al sector de hogares de retiro con atención médica al crear una nueva división llamada Senior Living Services y abriendo las dos primeras instalaciones, el Fairfax en Fort Belvoir, Virginia, y el Quadrangle en Haverford, Pensilvania.[32] Lamentablemente, después del lanzamiento de otras instalaciones y la adquisición de ocho propiedades de Basic American Retirement Communities, SLS no generó ganancias. Otra nueva construcción fue la División de Golf de Marriott fundada en abril de 1990, que prestaba servicios a más de diez campos de golf en Estados Unidos y en las Bermudas con Roger Maxwell al mando. En ese momento, parecía que la alta dirección de la corporación se volvía complaciente, ya que actuaban bajo la creencia de que cuando construyeran un hotel, siempre podrían venderlo y obtener un contrato de gestión lucrativo. Sin embargo, este crecimiento estuvo acompañado de un aumento significativo en la deuda que alcanzó los 3.3 mil millones de dólares, lo que preocupó a los analistas de Wall Street. Las acciones de la compañía comenzaron a caer. El estallido de la Guerra del Golfo y el colapso en la bolsa de Tokio afectaron fuertemente el mercado inmobiliario en todo Estados Unidos. La disminución en el número de viajes alrededor del mundo llevó a muchos hoteles a la bancarrota. Cuando las acciones de Marriott Corporation alcanzaron los 8.37 dólares y su valor de mercado se redujo en un 80 por ciento en un año (de 3.98 mil millones de dólares a 861 millones de dólares)[33], Bill preparó al personal para enfrentar la quiebra. La compañía estaba en una terrible condición financiera: la "máquina de construcción de hoteles" se atascó, ya que nadie quería comprarlos. Se tomó la decisión de detener todas las obras de construcción, recortar costos, renegociar términos con proveedores, congelar salarios para la alta dirección y despedir empleados en varias divisiones. Además, el efectivo de la caja del restaurante del aeropuerto y las cafeterías organizadas por Marriott Management Services se utilizaron como medio de apoyo. Otra ayuda vino en forma de una línea de crédito abierta en varios bancos que estaban a favor de Marriott, ya que sabían que tenía problemas de liquidez y no de solvencia. Estas acciones fueron ampliamente reconocidas en Wall Street y las acciones comenzaron a crecer nuevamente.

En febrero de 1992, Steven Bollenbach asumió nuevamente el cargo de Director Financiero, quien había trabajado en Marriott Corporation en los años 1982-1986. Después de que Bill había nombrado a John Dasburg para este cargo, abandonó la compañía y se unió a la administración de Holiday Corporation. Fue responsable de vender la cadena Holiday Inn por 2.2 mil millones de dólares a una empresa cervecera británica llamada Bass PLC y de reorganizar otras marcas hoteleras como Embassy Suites, Hampton Inn y Homewood Suites bajo Promus Companies. Luego, en 1990, Bollenbach se unió a Donald Trump y salvó su imperio que comprendía bienes raíces, hoteles, casinos y una aerolínea de la quiebra.[34] Fue llevado nuevamente a Marriott Corporation para remediar la difícil situación financiera de la compañía. Primero, logró persuadir a Bill de que no debería deshacerse de sus hoteles de primera categoría a precios bajos, independientemente de lo malo que fuera el mercado. Luego, negoció con éxito la extensión del plazo para el pago de préstamos y emitió bonos por valor de 400 millones que se vendieron en 45 minutos. Finalmente, propuso un plan revolucionario y, como más tarde se descubrió, muy controvertido para dividir la corporación en dos. La primera fue Host Marriott Corporation, que se convirtió en propietaria de todas las propiedades hoteleras y operadora de negocios de franquicias en aeropuertos, asumiendo toda la deuda existente de la empresa. La otra parte fue Marriott International Inc., fundada para gestionar la familia de marcas de hoteles Marriott, y servicios de restaurantes y catering. Estas operaciones comerciales, que no requerían inversión y estaban libres de deudas, podrían desarrollarse incluso durante la recesión. La decisión de dividir la corporación se tomó en una reunión de la junta el 4 de octubre de 1993. El cargo de CEO de Host Marriott fue confiado a Steve Bollenbach, quien asumió toda la carga de garantizar flujos de efectivo adecuados para pagar las obligaciones sin tener que vender propiedades. El portafolio de Host Marriott incluía 24 hoteles de servicio completo, 102 hoteles de servicio limitado y 14 comunidades de vida para personas mayores.[35] A su vez, la posición al frente de Marriott International fue asumida por Bill Marriott, responsable de la ejecución de contratos de gestión para 734 hoteles, tres mil cafeterías corporativas e institucionales y hogares de ancianos.[36] El plan de Bollenbach fue objetado por los tenedores de bonos que demandaron a Marriott por violar regulaciones federales relacionadas con valores y ocultar información sobre la división de la corporación antes de la venta de bonos. El abogado que representaba al demandado en el tribunal era un representante del bufete de abogados Latham & Watkins llamado Arne Sorenson, quien después de la entrega de una sentencia favorable en enero de 1995 que desestimó la demanda por infundada, comenzó una carrera en Marriott International; primero, sirvió como asesor legal para luego ocupar el cargo de vicepresidente senior de desarrollo de negocios y, dos años después, el de Director Financiero.

La compañía superó la crisis y se desarrolló aún más mediante la franquicia, especialmente en el segmento de instalaciones de servicio limitado y su entrada en nuevos mercados extranjeros. En 1995, tuvo lugar la apertura del hotel Marriott número 1000 en Kauai, Hawái, y Bill anunció duplicar este número en los próximos cinco años con el lema *"2000 para el 2000"*. Host Marriott devolvió su situación financiera a la normalidad, vendió casi todas las instalaciones de las marcas Courtyard by Marriott y Residence Inn, y adquirió más de cincuenta hoteles de alta categoría. Sin embargo, Bollenbach no se quedó mucho tiempo; después de solo dos años, aceptó una oferta de Disney Company y durante diez meses se desempeñó como Director Financiero para luego convertirse en CEO de Hilton Hotels Corporation en febrero de 1996.[37]

El año 1995 fue otro punto de inflexión en la vida de Bill Marriott, ya que su empresa ingresó al segmento de hoteles de lujo en abril, adquiriendo el 49 por ciento de las acciones de la Ritz-Carlton Hotel Company por 200 millones de dólares con una opción para comprar las acciones restantes en tres años. La transacción no incluyó ninguno de los hoteles Ritz-Carlton, que eran en gran parte franquiciados, sino solo el derecho a gestionarlos.[38] La marca lleva el nombre de César Ritz, famoso hotelero suizo, que se convirtió en sinónimo de servicios hoteleros de alta calidad. A lo largo de su vida, permaneció fiel al principio de *"Consienta a sus huéspedes con entornos lujosos y un servicio meticuloso"*. En

1983, el magnate de bienes raíces y restaurador de Atlanta, William B. Johnson, compró el envejecido Ritz-Carlton Hotel en Boston junto con el derecho al nombre en América del Norte. Luego, fundó la Ritz-Carlton Hotel Company y comenzó a buscar inversores dispuestos a financiar nuevas instalaciones de la marca. La creación de toda la cadena de hoteles de lujo se atribuye a Horst Schulze, quien fue nombrado por Johnson como presidente y director de operaciones. Para 1990, la empresa estaba administrando veintiocho hoteles Ritz-Carlton. Aunque estaba funcionando bien en cuanto a calidad y servicio, las finanzas no eran su punto fuerte. Ciertamente, aquellos que invirtieron su dinero en el nuevo hotel no estaban tan felices como sus huéspedes mimados. Johnson no podía garantizar altas tasas de ocupación que garantizaran un retorno de la inversión. No obstante, la Ritz-Carlton Company cobraba un porcentaje específico de los ingresos independientemente de si el hotel estaba generando beneficios o no. Algunos inversores llegaron al extremo de creer que la empresa de gestión no le importaba si los hoteles eran rentables siempre y cuando la imagen de la marca permaneciera intacta.[39] Esta difícil situación se vio agravada por la recesión en el mercado en los años 1990-1991, que solo para William Johnson causó una deuda de 60 millones de dólares. Creía que al vender su empresa a Marriott International, con acceso a dinero, un sistema de reservas y fuerzas de ventas en todo el mundo, podría mejorar significativamente la rentabilidad de los establecimientos. Sin embargo, Bill Marriott sentía que Ritz-Carlton tenía un enorme potencial de crecimiento, especialmente fuera de los Estados Unidos.

Cuando en 1996, Marriott adquirió el Grupo Forum, el principal operador de viviendas para personas mayores en el segmento de lujo, Senior Living Services se expandió con cuarenta y dos instalaciones. En ese momento, la corporación anunció que se formarían tres marcas más de hoteles, a saber, Fairfield Suites, Marriott Executive Residence y TownPlace Suites. Todos estos productos se elaboraron de manera que los hiciera aptos para la franquicia. Fairfield Suites son hoteles económicos con apartamentos que garantizan un amplio espacio para trabajar y descansar. La marca Marriott Executive Residence surgió en febrero de 1997 como un hotel de apartamentos de larga estancia de alta calidad dedicado a huéspedes en viajes de negocios. Estaban planeados para ubicarse en el corazón de distritos comerciales, comerciales y de entretenimiento, principalmente fuera de los EE. UU., entre otros, en Europa (Budapest en Hungría) y el Cercano Oriente (Jeddah, Arabia Saudita). A su vez, TownPlace Suites también era una instalación de suites que garantizaba alojamiento de precio medio para aquellos que buscaban una estancia más larga. A los inquilinos se les proporcionaban cocinas bien equipadas. El primer TownPlace Suites abrió en marzo de 1997 en Newport News, Virginia. Fue un momento en el que la posición de presidente y director de operaciones de la compañía fue confiada a William J. Shaw. Obviamente, el cargo de presidente y director ejecutivo todavía lo ocupaba Bill Marriott Jr. Marriott no solo continuó introduciendo nuevas marcas o aumentando la cobertura territorial a todo el mundo (por ejemplo, el contrato de franquicia de 1995 con una empresa hotelera británica llamada Whitebread para adquirir Courtyard de Scott's Hospitality y establecer nuevos hoteles Marriott en el Reino Unido)[40], sino que también realizó adquisiciones significativas.

En marzo de 1997, finalizó la compra de casi mil millones de dólares del Renaissance Hotel Group de la familia Cheng de Hong Kong, el principal operador y franquiciador de 50 hoteles (46,425 habitaciones) en treinta y ocho países. El éxito de esta mayor transacción en la historia de la empresa estuvo asociado con Arne Sorenson, quien logró superar a gigantes como Doubletree, Starwood, Wyndham y Bass. Esto permitió a Marriott expandirse con tres marcas hoteleras líderes y más que duplicar su presencia fuera de los Estados Unidos, ingresando a mercados emergentes como, entre otros, Rusia, China, Japón, India o Turquía. La marca Renaissance comprendía hoteles de lujo repartidos por todo el mundo, mientras que New World consistía en establecimientos de alta clase situados en la región de Asia-Pacífico. A su vez, Ramada International era una marca que ofrecía alojamiento de precio medio en Europa y Asia. RHG también poseía la licencia de la marca Ramada para Estados Unidos y Canadá.[41] Gracias a esta operación, las acciones de Marriott International se dispararon aún más, convirtiéndola en un negocio hotelero global. También introdujo un nuevo programa de lealtad, Marriott Reward, el más grande de la industria, que permitía a los huéspedes ganar puntos y canjearlos en hoteles de cualquier marca.

El éxito en el sector hotelero aseguró a Bill que debía abandonar de una vez por todas la rama de servicios alimentarios contractuales. Marriott Management Services seguía siendo la número uno en América, generando el 30 por ciento de las ganancias, pero operaba en un negocio de bajo margen de beneficio con perspectivas a largo plazo pobres. En septiembre de 1997, la dirección aprobó la venta de MMS a Sodexho Alliance, un líder análogo en Europa que comenzó a conquistar el mercado estadounidense. Comenzó con una fusión de ambas compañías que duró cuatro años y finalmente terminó en una compra de tres mil millones de dólares en 2001.[42]

Bill ingresó al siglo XXI habiendo cumplido la promesa, ya que el 27 de abril de 2000, se inauguró el hotel número 2000 bajo la marca Marriott en Tampa, Florida. A pesar de un intento fallido de adquirir la cadena InterContinental en 1998, el número de instalaciones se duplicó en cinco años por su propia iniciativa. Sin embargo, fue un mes triste, ya que el 17 de abril de 2000, a la edad de noventa y dos años, falleció su querida madre Alice. También aparecieron nuevas marcas de la familia Marriott en el mercado. En 1998, Fairfield Suites se convirtió en SpringHill Suites, un producto de suites de precio medio dirigido a personas que viajan por negocios, turistas y familias. A fines de 2003, ya había 110 hoteles de esta marca operando en Estados Unidos y Canadá. En 1999, como parte del Marriott Vacation Club International, comenzaron a operar resorts de alta calidad en lugares atractivos para turistas bajo el principio de tiempo compartido. Además, en el mismo año, Marriott adquirió las propiedades de ExecuStay, alrededor de seis mil apartamentos de alquiler totalmente equipados dirigidos principalmente a clientes corporativos, por 128 millones de dólares.[43]

El 11 de septiembre de 2001, el día de los ataques terroristas en los Estados Unidos, dejó una fuerte huella en el rendimiento de la mayoría de las compañías hoteleras. La drástica caída en el número de viajes en todo el mundo provocó una crisis en todo el sector turístico. Marriott International no fue una excepción. El Marriott World Trade Center fue destruido por escombros que caían de las torres en llamas del World Trade Center. Desesperados, los propietarios de hoteles querían renegociar sus contratos de gestión, ya que estaban perdiendo dinero debido a la desaceleración en la industria hotelera. Marriott tuvo que enfrentarse a una avalancha de demandas y comprar muchos hoteles de nuevo. Se sintió decepcionado en ese momento por Host Marriott, esperando que adquiriera estas propiedades a precios más bajos. Lamentablemente, el sucesor de Bollenbach, Terrence Golden, y luego Chris Nassetta, no estaban ansiosos por cooperar. Además, Golden también exigió tarifas de gestión más bajas para hasta 110 hoteles. Por lo tanto, en 2004, Bill fundó una nueva empresa llamada Diamond Rock Hospitality, que comenzó a adquirir establecimientos de Marriott, también de Host. La hostilidad mutua se intensificó hasta el punto de que en 2005, Nassetta compró varios hoteles de un competidor, Starwood Hotels and Resorts, pagando cuatro mil millones de dólares, y renombró la compañía Host Hotels & Resorts.[44]

En 2003, Marriott decidió vender la división de Senior Living Services, que gestionaba 126 instalaciones de jubilación, a Sunrise Assisted Living Inc. por 150 millones de dólares. Desde entonces, por primera vez en su historia, Marriott se convirtió en una corporación que solo gestionaba hoteles. Dos años después, hizo lo mismo con la marca Ramada International, finalizando un contrato con el Cendant Hotel Group.[45] A su vez, en mayo de 2004 en Milán, se inauguró el primer hotel bajo la nueva marca de lujo Bulgari Hotels & Resorts, fundada como resultado de la cooperación con la empresa italiana Bulgari SpA, que opera en el sector de bienes de lujo (joyería, relojes, perfumes, etc.). Este pequeño establecimiento de 58 habitaciones, ubicado en uno de los distritos más prestigiosos de la ciudad, fue diseñado por la firma de arquitectos Antonio Citterio Patricie Viel & Partners. Los huéspedes podían disfrutar de un restaurante, un bar con terraza, un salón de jardín, un salón de puros, un spa y pequeñas salas de conferencias.[46] En ese momento, todas las señales apuntaban a Bali, Indonesia, como la ubicación del segundo hotel Bulgari, planeado para abrir en 2006.

Bill Marriott cerró el año 2008 con un total de 3178 hoteles con 560,681 habitaciones, generando ganancias de 12.9 mil millones de dólares.[47] Sin embargo, también anunció el inicio de la cooperación con Ian Schrager (padre del concepto de hotel boutique) con el objetivo de crear un nuevo hotel boutique bajo la marca Edition. Marriott no tenía su propio producto en este segmento cada vez más desarrollado del mercado y quedó muy impresionado por los logros anteriores de Schrager. Las partes planeaban más de cien establecimientos, pero el crecimiento de la marca se vio significativamente ralentizado por otra crisis en el mercado inmobiliario. El primer hotel Edition no comenzó a operar hasta el 15 de octubre de 2010 en Honolulu, Hawái[48], y para 2020, solo había once instalaciones de esta marca operando en, entre otros lugares, Barcelona, Londres, Nueva York, Tokio, Shanghái y Abu Dabi. También hubo un intento de crear una cadena de parques temáticos en colaboración con Viacom, propietario del programa de televisión infantil Nickelodeon, dedicados a viajeros que buscan diversión y aventura, lo cual fue un fracaso. En una conferencia, Bill Marriott con Bob Esponja a su lado anunció casi veinte de dichos complejos. El primero, con 650 habitaciones, un parque acuático y numerosas atracciones, estaba planeado para abrir en 2010 en San Diego.[49] Como resultado de la recesión en 2009, todo el proyecto de Nickelodeon Resorts by Marriott no vio la luz del día.

La desaceleración económica obligó a Bill a buscar nuevas formas de crecimiento. Conocido por su rigidez, estaba dispuesto a comprometerse para atraer hoteles únicos e independientes a su cadena de franquicias. Por lo tanto, en enero de 2010, se acercó a Richard Kessler, hotelero independiente y ex CEO de Days Inn, con una oferta para incluir sus siete hoteles boutique estadounidenses en su sistema global bajo una nueva marca aún sin nombre. Aunque inicialmente reacio, Kessler aceptó esta oferta. Los hoteles debían operar de manera autónoma mientras mantenían sus nombres e identidad. La Autograph Collection debutó en el mismo año, y los establecimientos de Kessler fueron una parte dominante en su cartera.[50] El nuevo nombre enfatizaba no la marca, sino la colección de hoteles dirigidos a clientes sofisticados que buscan experiencias excepcionales. Un año después, la Autograph Collection entró en Europa con nueve hoteles: en España (Palacio del Retiro, Santo Mauro, Baqueira Ski Resort, Palacio de Santa Paula y Palacio del Carmen), Italia (Boscolo Palace Roma y Bosco Venezia), Hungría (Boscolo Hotel Budapest) y la República Checa (Boscolo Prague Hotel).[51] Hasta junio de 2020, como parte de la colección, había 209 hoteles operativos dispersos por todo el mundo.

Asimismo, en 2010, Bill Marriott inició una empresa conjunta con un grupo hotelero español llamado AC Hotels bajo la dirección de Antonio Catalán, a quien se le encomendó dirigir hoteles de su marca conjunta en Europa, el AC by Marriott. Como resultado, Marriott International se expandió con noventa hoteles urbanos de cuatro estrellas operando en España, Italia y Portugal.[52] Cuatro años después, esta marca llegó a América con la apertura del AC Hotel New Orleans Bourbon.

El año 2011 fue un momento excepcional en la historia de esta corporación. En primer lugar, porque China se convirtió en el mercado más grande fuera de América del Norte, con Marriott ya poseyendo cincuenta y siete hoteles con 23 mil habitaciones y otros cincuenta y dos en construcción. En segundo lugar, porque Bill Marriott ya había elegido a su sucesor en el cargo de CEO. Y, lo más importante, era una persona ajena a la familia, específicamente, Arne Sorenson, quien asumió oficialmente el cargo en Marriott International el 31 de marzo de 2012. Su tarea era liderar la empresa hacia un crecimiento global continuo preservando su herencia y valores clave.[53] Y lo cumplió a la perfección. El crecimiento se produjo no solo de manera orgánica mediante el aumento de la gama de sus propias marcas en todo el mundo, sino también mediante la adquisición de más grupos hoteleros. El 1 de octubre de 2012, se trató de Gaylord Hotels, comprados a Ryman Hospitality Properties, Inc. por 210 millones de dólares. La transacción incluyó cinco grandes hoteles con centros de congresos con casi 8100 habitaciones: en Grapevine, Texas, en Kissimmee, Florida, en Nashville, Tennessee y en National Harbor, Maryland.[54] Dos años después, el 1 de abril, Sorenson contrató la adquisición de la mayor compañía hotelera de África, Protea Hospitality Group. Por 200 millones de dólares, Marriott International obtuvo 112 hoteles ubicados en Sudáfrica, Malaui, Namibia, Nigeria, Tanzania, Uganda y Zambia.[55] Además, el 1 de abril de 2015, Marriott consolidó su posición en Canadá después de adquirir la marca Delta Hotels & Resorts. Pagando 134 millones de dólares, se hizo cargo de la gestión de treinta y siete hoteles y la supervisión de futuros acuerdos de franquicia.[56]

Mientras tanto, surgía una nueva marca en la familia Marriott: Moxy, anunciada en marzo de 2013 como el 'máximo desnudo' para los millennials que viajan conscientes del costo. Moxy pertenecía al segmento de hoteles económicos de tres estrellas ubicados en Europa. Fue diseñado en cooperación con la empresa sueca IKEA, adoptando en la industria hotelera no solo un diseño moderno y elegante y muebles y decoración de habitaciones prefabricados, sino también su modelo de negocio basado en el principio del 'hazlo tú mismo' y minimización de costos. La premisa aquí era que un huésped moderno es autosuficiente y no requiere un enjambre de empleados para atenderlo ni muchos servicios comúnmente aplicados en hoteles (por ejemplo, servicio de habitaciones, un conserje, etc.); por esta razón, espera precios más bajos. Tecnológicamente avanzado, puede hacer el check-in por sí mismo, acceder a una habitación a través de dispositivos móviles y utilizar libremente las comodidades tecnológicas de vanguardia. Las unidades residenciales son pequeñas pero bien diseñadas y funcionales.[57] La primera instalación con el letrero de neón de Moxy abrió en septiembre de 2014 cerca del Aeropuerto de Malpensa en Milán. Las ubicaciones posteriores se especificaron como Múnich, Fráncfort, Berlín, Oslo, Aberdeen y Londres.[58] El plan preveía el lanzamiento de un total de 150 establecimientos bajo esta marca en toda Europa en los próximos diez años.

Con la aprobación de Bill Marriott, Arne Sorenson implementó de manera constante y exitosa la estrategia de desarrollo mediante la adquisición de grupos hoteleros más pequeños. Gracias a esto, a fines de 2015, la corporación tenía 4424 hoteles con 759,330 habitaciones bajo un total de veintiuna marcas.[59] Sin embargo, fue su próximo paso el que sacudió todo el mundo hotelero. Cuando en abril de 2015, el fundador de Starwood Hotels & Resorts, Barry Sternlicht, anunció el inicio de la búsqueda de 'alternativas estratégicas' para su empresa, Sorenson descifró perfectamente eso como una señal para vender Starwood. Bill Marriott no mostró un interés especial en tal alianza hasta que se le persuadió de que esto significaba la eliminación de un competidor significativo. El 15 de noviembre de 2015, Marriott International y Starwood Hotels & Resorts Worldwide aprobaron el acuerdo final según el cual las dos compañías se fusionarían por una asombrosa suma de 12.2 mil millones de dólares.[60] Mientras tanto, el juego de Starwood fue seguido por una empresa china llamada Anbang Insurance Group, que el 14 de marzo de 2016 la sobrepujó, elevando el precio a 14 mil millones de dólares. Unos días antes, su director ejecutivo, Wu Xiaohui, había pagado 6.5 mil millones de dólares al Blackstone Group por dieciséis hoteles clave en Estados Unidos, como el Essex House en Nueva York. En 2014, compró el famoso Waldorf-Astoria por casi dos mil millones de dólares. Se especulaba que la empresa Anbang tenía una propiedad de 250 mil millones de dólares. Se sabe con certeza que tenía conexiones con las familias más poderosas de China y que Xiaohuit era el esposo de Zhuo Ran, nieta del exlíder chino Deng Xiaoping.[61] Marriott sabía que no podía permitirse superar al gigante chino. Sin embargo, después de dos semanas, Anbang retiró su oferta "debido a diversas consideraciones de mercado".[62] En ese momento, no había nada que pudiera detener a Marriott de finalizar la adquisición de Starwood Hotels & Resorts Worldwide, Inc. con más de 1300 instalaciones el 23 de septiembre de 2016. Como resultado de esta fusión, se formó la mayor compañía hotelera del mundo, con 5.7 mil hoteles bajo treinta marcas con 1.1

Tras la adquisición de Starwood Hotels & Resorts, Marriott International aumentó en once marcas.

millón de habitaciones ubicadas en más de 110 países.[63] Las marcas añadidas al portafolio de Marriott incluyeron St. Regis, W Hotels y The Luxury Collection (segmento de lujo), Westin, Sheraton, Le Meridien, Tribute Portfolio y Design Hotels (segmento premium), así como Four Points, Aloft y Element (segmento de servicio limitado).

En 2019, Marriott International inauguró su hotel número 7000, el St. Regis Hong Kong. Además, también lanzó una plataforma para reservar casas de lujo llamada Homes & Villas, que ofrece más de seis mil instalaciones, y adquirió Elegant Hotels Group con siete hoteles todo incluido en Barbados.[64] También fusionó bajo un único programa de lealtad los programas anteriores Marriott Rewards, The Ritz-Carlton Rewards y Starwood Preferred Guest, llamado Marriott Bonvoy.[65] Un año después, como la mayoría de las compañías hoteleras, luchaba con las secuelas de la pandemia global de Covid-19, lo que resultó en tasas de ocupación considerablemente más bajas en sus hoteles. No obstante, para finales de 2020, Marriott International lucía 7,642 hoteles con 1.42 millones de habitaciones.[66]

El 15 de febrero de 2021, a la edad de ochenta y nueve años, Bill Marriott Jr. se despedía de su amigo y CEO de la compañía Arne Sorenson, quien falleció después de una batalla de dos años contra el cáncer de páncreas.[67] Su posición fue tomada por Anthony Capuano. Bill también sufrió una pérdida como padre cuando el 23 de junio de 2013, falleció su hijo Stephen Garff, después de luchar contra una enfermedad mitocondrial degenerativa.[68]

Bill Marriott Jr. se destacó como un empresario flexible y un visionario excepcional que podía prever tendencias y aprovechar las oportunidades disponibles. En sus actividades, se mantuvo fiel a los principios inculcados por su padre que subyacen a la cultura de 'espíritu de servicio' de la empresa. Era consciente de que con su nombre estaba publicitando miles de hoteles en todo el mundo, y convirtió en su misión poner a las personas en primer lugar. Hasta el día de hoy, Marriott International pone mucho énfasis en sus empleados, asegura una formación y condiciones de trabajo adecuadas, se preocupa por el personal y lo trata como a una familia. La corporación sabe que solo este enfoque se traduce en un servicio al cliente responsable (un empleado satisfecho es un huésped satisfecho). Bill Marriott siempre decía que en las cartas de sus clientes no había una palabra sobre lo hermosa que era la sala de un restaurante o qué tipo de comodidades ofrecía una habitación de hotel en particular. En cambio, los viajeros prestaban atención a qué tan amigable era el ambiente. Marriott aprecia los logros excepcionales de su personal. Desde 1987, se entrega el Premio a la Excelencia J. Willard Marriott todos los años al "mejor de los mejores" empleados regulares que se destacan por rasgos como carácter, logros, ideales, dedicación, esfuerzo y persistencia. Otro es el Premio Tiefel, introducido en 1989 por Bill Tiefel, un honor otorgado por un servicio excepcional que supera las responsabilidades básicas. Por su parte, el Premio Alice S. Marriott por Servicio a la Comunidad se presenta a equipos de instalaciones específicas por sus servicios a la comunidad local.

Bill Marriott Jr. cultivó el estilo de gestión práctica que adoptó de su padre, caracterizado por realizar inspecciones, cuidar los detalles y garantizar el confort de los clientes. "*No puedes dirigir un negocio de servicios sin caminar y ver qué está sucediendo en la operación. No puedes estar en la oficina mirando los libros todo el día y saber realmente lo que está sucediendo con tus clientes*", dijo Richard Marriott sobre la filosofía de gestión de su padre,[69] quien, a pesar de su edad, no tenía la intención de frenar, ni hablar de jubilarse. La esposa de Bill, Donna, agregó que, aparte de dirigir hoteles, no tenía ningún otro pasatiempo. Era feliz al visitar cientos de hoteles para verificar cómo estaban operando y conversar con sus empleados. En su libro "*The Spirit to Serve*", Marriott enfatizó: *"Si estás en el negocio de servicios y tu nombre está sobre la puerta, es importante que las personas puedan relacionar un rostro con el nombre. Quiero que nuestros asocialdos sepan que realmente hay un tipo llamado Marriott que se preocupa por ellos, incluso si solo puede pasar de vez en cuando para decírselo personalmente".*[70] Por su parte, en "*Without Reservation*", Marriott expresó la esencia de su trabajo de la siguiente manera: "*Estoy apasionado por la hostelería. Mi papá amaba el negocio de restaurantes, pero a mí me encantaban los hoteles. Planificarlos. Construirlos. Ver cómo se llenaban de gente. Parte de esa pasión sin duda reflejaba el hecho de que me involucré desde el principio, por así decirlo, en nuestro negocio hotelero cuando abrimos las puertas de Twin Bridges en 1957. Así como mi padre se había iniciado en el negocio de restaurantes, yo me inicié en el negocio de la hostelería*".[71]

18

Cecil B. Day

Hotelero con una misión

Creó la cadena de moteles Days Inn, que, debido a su rápido desarrollo, fue considerada en los años ochenta como el McDonald's de la industria hotelera. Era un hombre con visión, sentido común y principios propios. Su extraordinaria perseverancia e ideas no convencionales le ayudaron a convertir problemas en soluciones exitosas. Como bautista devoto, dirigió su negocio fielmente siguiendo los principios religiosos de la Biblia. Este hotelero único demostró con su comportamiento que servir a las personas, tanto a los huéspedes como a los empleados, era su misión de vida.

Cecil Burke Day nació el 10 de diciembre de 1934 en Brooklet, Georgia.[1] Su padre, Lon Day, era un pastor bautista que desde el principio inculcó a sus dos hijos, el mayor Lon y el menor Cecil, las enseñanzas de la iglesia, junto con la apreciación por los verdaderos valores de la vida fundamentados en principios bíblicos. La madre de Cecil, Kathleen, maestra de profesión, al principio llevaba su hogar en Savannah para luego empezar a vender espacio publicitario en el periódico *The Christian Index*. Los chicos vivían con dificultades y se les alentaba a emprender sus primeros 'negocios' desde temprana edad.

Cecil B. Day, 1934-1978
(Fuente: Day by Day)

En la escuela primaria, repartían prensa por la mañana en sus bicicletas y vendían agua mineral y Coca-Cola en un puesto a los trabajadores en sitios de construcción. Después del fallecimiento de Lon Day en 1949, Kathleen vendió la casa en Savannah y se mudó a Macon. Allí, compró otra casa con dos habitaciones, que luego alquilaba a visitantes por una tarifa, mientras ella se trasladaba con sus hijos a un apartamento en alquiler. La ganancia, aunque mayor que la obtenida con los anuncios, no era suficiente para asegurar una vida decente. En ese momento, a los dieciséis años, Cecil convenció a su madre para que tomara un préstamo para expandir la casa y mudarse a la otra mitad. Para ayudar a mantener a la familia, asumió varios trabajos, trabajando cuarenta horas a la semana. Tal vez por eso prefería trabajar en lugar de estudiar en la Lanier High School de Macon, de la que se graduó con dificultad en 1952. Sin embargo, más tarde decidió estudiar en la Universidad Mercer en Macon, pero abandonó el curso para unirse al Cuerpo de Marines de los Estados Unidos. Antes de unirse al ejército, se casó con su amiga de la universidad Uldine (Deen) Smith[2], con quien más tarde tuvo cuatro hijos (Cecil Burke Jr., Clinton, Peyton y Parke) y una hija llamada Kathleen.

Después de su servicio militar, Cecil cursó una carrera con especialización en Dirección Industrial en el Instituto de Tecnología de Georgia, que finalizó en 1958. Interesado en bienes raíces, un año después aprobó el examen de corredor de bienes raíces y vinculó su futura carrera con este sector. En un principio, trabajó en una empresa constructora de viviendas llamada Dolphin Homes of Atlanta, pero no se sintió motivado por un salario regular. Por lo tanto, inició su propio negocio dedicado al diseño y venta de sistemas de calefacción y aire acondicionado, que quebró después de algún tiempo. Regresó a trabajar en una agencia inmobiliaria propiedad de Scott Hudgens. Gracias a un sistema de comisiones, la finalización de sus transacciones superó sus expectativas. En el primer año, registró ventas por valor de 1.5 millones de dólares, mientras que en el siguiente, fue de dos millones. Después de dos años, con el consentimiento de su empleador, Day fundó Day Realty Associates, Inc., que operaba en tierra firme.[3] Utilizando el capital recaudado, estableció su primer edificio con cuatro apartamentos, y luego, otros setenta y dos edificios, esta vez, con dos apartamentos. De esta manera, Cecil Day tenía 148 apartamentos en alquiler a su disposición y no había fin para sus planes de desarrollo. Decidió crear un complejo de apartamentos completo e invitó a colaborar a un ingeniero llamado Tom Fuqua, con quien se había hecho amigo. Desde entonces, Fuqua construyó casi todo lo que Day financió.[4]

Durante seis años, Cecil Day erigiría edificios que generaban ganancias de un millón de dólares, gestionados por su madre Kathleen. Al mismo tiempo, creó su propia categoría de apartamentos llamada 'lujo económico', que llenó perfectamente un vacío en el mercado. Este término se refería a edificios atractivos y nuevos, fundados en filas, con habitaciones espaciosas. Gracias al alto número de unidades residenciales por acre de tierra y un hábil desarrollo del suelo, eran asequibles para personas con ingresos promedio. Muchos de estos apartamentos también estaban situados cerca de piscinas, canchas de tenis o clubes. Cecil Day también invirtió en otros emprendimientos. Por decisión del tribunal en Augusta, compró diez restaurantes Carrol's Drive-In por solo un pequeño porcentaje de su valor estimado. Como franquiciado, también adquirió algunos restaurantes bajo la marca Jiffy's Drive-Ins. Sin embargo, le interesaba más el valor de la propiedad que la ganancia obtenida con las hamburguesas. Por esta razón, arrendó estas instalaciones, la mayoría de las cuales se convirtieron en parte de otras cadenas de restaurantes. En 1969, Day decidió vender toda su empresa a Phipps Land Company por 14 millones de dólares. En ese momento, fue la mayor transacción individual en el mercado inmobiliario del estado de Georgia.[5]

Con millones en su cuenta bancaria, Cecil Day, de treinta y cinco años, podía retirarse fácilmente. Por lo tanto, en primer lugar, llevó a su esposa e hijos a un viaje a California, Canadá y México. Aunque era mucho más rico que un estadounidense promedio, en el camino se quejó de los altos costos de alojamiento, alimentos y gasolina. Y solo se detenía en lugares modestos, compraba la gasolina más barata y comía comidas a precios razonables. Después de tres semanas, regresó a Atlanta con una nueva idea. Quería abrir su propio motel en Tybee Island, Georgia.[6] Desafortunadamente, ninguna cadena importante aceptó su solicitud para una franquicia, al no ver potencial en esa ubicación. Tybee Island era una pequeña ciudad con una población de 2.4 mil habitantes, pero con cientos de miles de turistas pasando por ella. Del mismo modo, sus amigos trataron de disuadirlo de estos planes, ya que no sabía nada sobre la industria hotelera. No obstante, Cecil lo hizo a su manera, ideó su propio concepto de motel y acordó con Tom Fuqua los detalles del proyecto. Como resultado, en abril de 1970, abrió su motel en Tybee Island, que, además de sesenta habitaciones, no tenía restaurante, piscina ni siquiera una tienda. Los primeros hoteleros fueron su madre Kathleen y un hombre local llamado George Spirades, mientras que los hijos de Cecil eran el personal de limpieza. Como el tiempo ha demostrado, su concepto fue acertado y durante la mayor parte de la temporada de verano, el motel registró casi un 100 por ciento de ocupación. Viendo a los turistas haciendo cola para alquilar habitaciones por ocho dólares la noche, Cecil Day ya estaba pensando en construir otra instalación en Forsyth, cerca de la Interestatal 75 entre Macon y Atlanta. Ya había un Holiday Inn construido allí, pero Day afirmaba: *"Holiday Inn obviamente hizo el estudio de mercado, así que nos han ahorrado dinero allí. Y tienen una excelente ubicación, pero esta propiedad puede ser tan buena. Y es mucho más barata de lo que pagó Holiday Inn por su sitio. Funcionará muy bien para un nuevo motel"*.[7]

El motel en Forsyth fue erigido en un período de tiempo extremadamente corto y recibió a sus primeros huéspedes apenas tres meses después del lanzamiento del establecimiento en Tybee Island. Esta vez, Day quería demostrar que su concepto podía funcionar a mayor escala, y por lo tanto, el segundo motel tenía 120 habitaciones. Además, albergaba un restaurante Tasty World, una piscina y un parque infantil. Se convirtió en un prototipo para los moteles posteriores que comenzaron a operar bajo la marca Days Inn (el nombre fue inventado por su amigo Mannin Purvis, jefe del departamento de publicidad de *The Savannah Morning News*). La ocupación en el establecimiento en Forsyth estaba por encima del 95 por ciento, y Day ya había decidido las ubicaciones siguientes para sus moteles, principalmente a lo largo de la autopista entre Georgia y Orlando, Florida, donde se estaban completando las obras de construcción de Walt Disney World.

Animado por su éxito, se acercó a los banqueros para obtener un préstamo para construir más moteles. No fue fácil; a pesar de que quedaron impresionados por el funcionamiento del establecimiento, lo presionaron para incluir un bar que ofreciera licor como fuente de ingresos confiable. Day estaba en contra de esto. Afortunadamente, encontró a un hombre de Atlanta dispuesto a concederle un préstamo, gracias al cual comenzaron a aparecer nuevos moteles Days Inn a lo largo de las autopistas. Además, en 1971, Cecil Day creó un nuevo concepto de hotel: Days Lodge. Consistía en instalaciones de alojamiento con amplios apartamentos que comprendían una habitación con dos camas dobles y una sala de estar con una cocina totalmente equipada. Una puerta corrediza de vidrio daba a un

Motel Days Inn en Forsyth, Georgia
(Fuente: Lodging Magazine)

pequeño patio exterior. Todo esto podía reservarse por solo 12,88 dólares por noche, otro ejemplo de su proyecto de "lujo económico" (budget-luxury).

En 1972, Cecil Day ya tenía catorce instalaciones propias bajo Days Inns of America Inc. Para acelerar el ritmo de crecimiento hasta treinta moteles al año, creó un departamento de franquicias y nombró a Bob G. Dollar, un ex misionero de Venezuela, como su jefe. Aunque su conocimiento sobre el tema era escaso, Day creía que debido a su servicio previo a las personas, podría encontrar su camino en la industria hotelera. Y no se equivocó. Dollar comenzó su aventura con las franquicias comprando un libro por 12,95 dólares y comenzó a implementar las instrucciones que contenía paso a paso. Como él mismo decía, Days Inn iba a convertirse en el McDonald's del mercado de moteles[8], con instalaciones que surgían a lo largo de las autopistas interestatales, incluso en pequeñas ciudades que a menudo eran ignoradas por cadenas hoteleras más grandes. Dollar lo hizo lo suficientemente eficiente como para lograr ventas récord de 150 licencias en un año. Cada motel Days Inn tenía habitaciones de tamaño estándar, de 13 por 26 pies, con dos camas dobles, un televisor a color, un escritorio y un baño con ducha. En cada instalación también había un área de recepción, un restaurante Tasty World y una tienda de regalos.

En 1973, es decir, veintinueve meses después de que se lanzara el primer Days Inn, la cadena ya contaba con 188 instalaciones, ya sea abiertas o en construcción. En ese momento, era la cadena de crecimiento más rápido del mundo. Lamentablemente, en ese mismo año, el embargo de petróleo árabe impuesto a los Estados Unidos desencadenó una crisis económica que tuvo un efecto particularmente fuerte en la industria hotelera. Las personas que esperaban en largas filas para llenar sus autos pensaron dos veces antes de ir a otro lugar. La ocupación en los moteles Days Inn experimentó una caída drástica hasta el 45 por ciento. Entonces, una vez más, Cecil Day tomó medidas de acuerdo con su principio *"Encuentra una necesidad y luego llénala"* y fundó el Departamento de Gasolina con Roger Treadaway como su jefe, encargado de suministrar a cada instalación de la cadena una bomba de gas y traer gas sin marca de cualquiera que pudiera proporcionarlo. A partir de entonces, los viajeros no solo podían reservar una habitación en Days Inn, sino también llenar el tanque completo de su automóvil. Esto aseguraba que una familia descansaría durante la noche y tendría suficiente combustible para llegar a otro motel Days Inn. Todos los medios dieron a esta innovadora idea una amplia cobertura, ya que se convirtió en el remedio para el problema. La demanda superó todas las expectativas. El gas se agotaba rápidamente y le hacía ganar más dinero que todos los restaurantes y tiendas de regalos combinados.[9] Otra idea de Day para la crisis fue el programa September Day Club dirigido a viajeros mayores de cincuenta años. Creía que este segmento de huéspedes no se aprovechaba

Days Inn Lake City, Florida (Fuente: ebay)

adecuadamente y era una fuente de ingresos enorme. Por lo tanto, a cambio de un café en un restaurante de motel, les pedía a los adultos mayores que completaran un formulario con datos de contacto. Esto le permitió recopilar nombres de medio millón de personas a quienes luego enviaba por correo una revista trimestral especial de 35 páginas llamada *September Days*, y en abril de 1976, organizó la primera convención nacional de miembros del club. Más de 1,4 mil personas de todo el país se reunieron en Atlanta para compartir sus experiencias de viaje, siendo lo único que tenían en común el hecho de que todos habían pasado una noche en un motel Days Inn.[10] Gracias a estas soluciones, en este momento de dificultades que resultaron letales para la industria motelera, sus instalaciones estaban casi completamente reservadas.

Cecil Day creía que para 1990 podría lanzar mil moteles Days Inn. Lamentablemente, no pudo concluir su proyecto. A la edad de cuarenta y tres años, los médicos le diagnosticaron cáncer de huesos que llevó a su fallecimiento el 15 de diciembre de 1978. En ese momento, la cadena comprendía 301 instalaciones con más de 42 mil habitaciones ubicadas en los Estados Unidos, México y Canadá. La nueva CEO de Cecil B. Day Companies, propietaria del 80 por ciento de las acciones en Days Inn, fue su esposa Uldine Day Smith. De acuerdo con el último deseo de Cecil, ella debía dirigir la empresa durante cinco años más y luego venderla. La Sra. Day lo hizo en 1984 y toda la corporación fue comprada por 639 millones de dólares por Reliance Capital Group. En la actualidad, la marca Days Inn forma parte de Wyndham Worldwide y cuenta con más de 1.7 mil establecimientos repartidos por todo el mundo.[11]

Cecil Day siempre afirmó que el concepto de "lujo económico" que inventó tenía como objetivo garantizar comodidad y seguridad a un precio razonable. Como él afirmaba, un motel Days Inn era un "*Holiday Inns sin adornos*". Ninguna de sus instalaciones tenía un vestíbulo sofisticado, ya que Day preguntaba: *"¿Quién duerme en un vestíbulo?"*. No contrataba maleteros que llevaran las comidas a las habitaciones de los huéspedes, ya que descubrió que a la gente le gustaba cenar en el restaurante de su hotel. Y no había chocolates en las almohadas, porque *"las almohadas son para cabezas cansadas, no barras de Hershey"*.[12]

Cecil Day era un hombre extremadamente devoto. A lo largo de su vida, demostró una y otra vez que actuar en consonancia con las enseñanzas de Dios puede llevar al éxito también en los negocios. Fue la ética cristiana en la que basó la gestión de su corporación. Además, lo consideraba como una iglesia, donde el papel de cada Days Inn era servir a las personas. Day lo hizo de una manera sin precedentes en la industria hotelera. Desde el principio, su premisa fue que en sus moteles no se vendería licor. Y se adhirió firmemente a este principio a pesar de numerosas instancias en las que banqueros y otras personas enfocadas en obtener ganancias fáciles lo presionaban. Dejaba copias de la Biblia en sus habitaciones para animar a los huéspedes a llevarla a casa después de hacer el check-out.[13] Además, al igual que en una iglesia, en cada motel Days Inn se proporcionaba un ministerio a cargo de un pastor. Se colocaba una tarjeta que decía "Capellán de Guardia" en cada habitación y Day pagaba al personal por organizar, supervisar y mantener una red de capellanes. Muchas veces, los pastores eran llamados por huéspedes con problemas y en muchas ocasiones incluso contribuyeron a salvar matrimonios o incluso vidas de hombres desesperados con ideas suicidas. También ofrecían asesoramiento a los empleados para resolver sus problemas personales. Por último, Cecil Day donaba el diez por ciento de sus ganancias a la iglesia e instituciones benéficas de manera regular.

Cecil Day estableció los estándares más altos de responsabilidad social en los negocios. Dirigía su empresa en un ambiente familiar, tratando a todos los empleados con el máximo respeto. Su hijo Cecil Burke Jr. incluso afirmaba que *"amaba a cada empleado más que a sí mismo"*. Se enfocaba en ellos como individuos y apreciaba sus esfuerzos. Si no tenía dinero para un aumento, les daba acciones de la compañía. En tiempos de crisis, primero redujo su propio salario semanal a cien dólares durante dieciocho meses, y solo entonces procedió a reducir el salario del personal, comenzando desde arriba. Informó a su personal de esto en el periódico de la empresa, Days World, explicando que era una situación transitoria que debía pasar.

En reconocimiento a su contribución, la Universidad Estatal de Georgia en Atlanta fundó una nueva escuela hotelera llamada Cecil B. Day School of

Hospitality Administration. Gracias al apoyo financiero de una fundación iniciada por su esposa, también se construyó en Callaway Gardens el Centro Cecil B. Day Butterfly en su memoria, que es el invernadero tropical cerrado más grande de América del Norte que alberga muchas especies de mariposas. Su nombre también se le dio a una capilla de la Iglesia Perimeter en Atlanta.

Notas finales

1. George Pullman

1 M. Theobald, *Field & Pullman, Pullman's Palace Car Co., Pullman Co., Pullman Inc., Pullman-Standard Mfg. Co. Pullman-Standard Co.*, www.coachbuilt.com.
2 *George Mortimer Pullman*, www.pullman-museum.org.
3 S. Turkel, *Great American Hoteliers. Pioneers of the Hotel Industry*, AuthorHouse 2009, 236.
4 M. McKinney, *Moving Buildings with George Pullman*, Classic Chicago Magazine, www.classicchicagomagazine.com.
5 *George Mortimer Pullman*, op. cit.
6 M. Theobald, *Field & Pullman, Pullman's Palace Car Co…*, op. cit.
7 A. J. Bianculli, *Trains and Technology: The American Railroad in the Nineteenth Century Vol. 2 Cars*, University of Delaware Press 2001, 54–56.
8 *George Mortimer Pullman*, op. cit.
9 J. Quinzio, *Food on the Rails: The Golden Era of Railroad Dining*, Rowman & Littlefield Publishers 2014, 24–25.
10 *Pullman Porters*, History.com Editors, February 15, 2019, www.history.com.
11 M. Theobald, *Field & Pullman, Pullman's Palace Car Co. …* op. cit.
12 En la década de 1890, un joven alemán llamado Gustave Behring afirmó ser hijo ilegítimo de Pullman, afirmación que fue firmemente negada por la familia Pullman.
13 *George Mortimer Pullman*, op. cit.
14 S. Turkel, *Great American Hoteliers…*, op. cit., 242–243.
15 *The Town of Pullman*, www.pullman-museum.org.
16 *George Mortimer Pullman*, op. cit.
17 S. Turkel, *Great American Hoteliers…*, op. cit., 246.
18 *George Mortimer Pullman*, op. cit.
19 M. Theobald, *Field & Pullman, Pullman's Palace Car Co…*, op. cit.
20 *Pullman Company*, www.wikipedia.org.
21 *Pullman Hotels and Resorts*, www.wikipedia.org.
22 *Accor Reports Strong Earnings Growth in First-Half 2007*, www.hospitalitynet.org.
23 *Accor Hotel Portfolio – December 2020*, www.group.accor.com.

2. Fred Harvey

1 S. Fried, *Appetite for America: How Visionary Businessman Fred Harvey Built a Railroad Hospitality Empire That Civilized the Wild West*, Bantam Books 2010: xvii

2 Ibidem, 3–5.

3 Ibidem, 7–8.

4 *Harvey Hotels & Restaurants on Route 66*, www.legendsofamerica.com.

5 S. Fried, *Appetite for America…*, op. cit., 14–15.

6 Ibidem, 32.

7 M. M. Ambler, *Fred Harvey: Founder Of The Chain Restaurant*, www.streetdirectory.com.

8 S. Fried, *Appetite for America…*, op. cit., 50.

9 R. Walston Latimer, *Harvey Houses of Kansas: Historic Hospitality from Topeka to Syracuse*, The History Press 2015, books.google.com.

10 S. Fried, *Appetite for America…*, op. cit., 65.

11 R. Walston Latimer, *Harvey Houses of Arizona: Historic Hospitality from Winslow to the Grand Canyon*, History Press Library Editions 2019, 25.

12 R. Melzer, *Fred Harvey Houses of the Southwest*, Arcadia Publishing 2008, 31.

13 D. Bisnette, J. Gilliam, *Images of America: Newton*, Arcadia Publishing 2013, 30.

14 R. Melzer, *Fred Harvey Houses of the Southwest*, op. cit., 25.

15 A. Apron, *Harvey Girls – the Other Pioneers of the American West*, www.recollections.biz.

16 R. F. Graham, *Pioneers of the West: How 'young women of good moral character' who became Harvey Girls at rail station diners in uninhabited areas helped create dozens of small towns across America*, www.dailymail.co.uk.

17 J. Bommersbach, *Harvey Girls, Truewest. History of the American Frontier*, www.truewestmagazine.com.

18 R. Melzer, *Fred Harvey Houses of the Southwest*, op. cit., 36.

19 Ibidem.

20 S. Fried, *Appetite for America…*, op. cit., 120–121.

21 Ibidem, 143.

22 R. Walston Latimer, *Harvey Houses of Kansas…*, op. cit.

23 R. Melzer, *Fred Harvey Houses of the Southwest*, op. cit., 37–40.

24 S. Fried, *Appetite for America…*, op. cit., 159.

25 *Frederick Henry "Fred" Harvey*, www.findagrave.com.

26 M. M. Ambler, *Fred Harvey: Founder Of The Chain Restaurant*, www.streetdirectory.com.

27 J. Bommersbach, *Harvey Girls…*, op. cit.

28 Z. Haskell, *Girl Power. Inside the myth that was the Harvey Girls*, www.sfreporter.com.

3. William Waldorf Astor and John Jacob Astor IV

1 *John Jacob Astor Biography*, Encyclopedia of World Biography, www.notablebiographies.com.

2 E. G. Burrows, M. Wallace, *Gotham: A History of New York City to 1898*, Oxford University Press 2000, 601.

3 J. Kaplan, *When The Astors Owned New York, Blue Bloods and Grand Hotels in a Gilded Age*, Penguin Group 2006, 27–28.
4 *William Waldorf Astor*, www.wikipedia.org.
5 V. Cowles, *The Astors*, Alfred A. Knopf Inc. 1972, 115.
6 *Astor, William Waldorf*, The Encyclopedia Americana, www.wikisource.org.
7 A. Madsen, *John Jacob Astor: America's First Multimillionaire*, Wiley 2001, 277–278.
8 *Colonel John Jacob Astor*, Encyclopedia Titanica, www.encyclopedia-titanica.org.
9 J. Kaplan, *When The Astors…*, op. cit., 55–56.
10 *John Jacob Astor IV*, www.wikipedia.org.
11 *John Jacob Astor IV*, www.newnetherlandinstitute.org.
12 *Hotel New Netherland*, www.wikipedia.org.
13 T. Miller, *The Lost New Netherlands Hotel – 5th Avenue and 59th Street*, www.daytoninmanhattan.blogspot.com.
14 C. Gray, *Buildings for a City He Could Live Without*, www.nytimes.com.
15 W.A. Morrison, *Waldorf Astoria*, Arcadia Publishing 2014, 11.
16 T. Miller, *The Lost Waldorf-Astoria Hotel – 5th Avenue at 33rd Street*, op. cit.
17 J. Kaplan, *When The Astors…*, op. cit., 78–80.
18 *27 July 1903: William Waldorf Astor purchases Hever Castle*, www.hevercastle.co.uk.
19 *Colonel John Jacob Astor*, op. cit.
20 *A trip to Times Square 1904: The Hotel Astor Arrives*, www.boweryboyshistory.com.
21 T. Miller, *The Lost 1907 Hotel Astor – 1511 Broadway*, www.daytoninmanhattan.blogspot.com.
22 T. Miller, *The 1901 Battle over 5th Avenue – the St. Regis Hotel*, www.daytoninmanhattan.blogspot.com.
23 J. Kaplan, *When The Astors…*, op. cit., 147.
24 T. Miller, *The 1906 Knickerbocker Hotel*, www.daytoninmanhattan.blogspot.com.
25 *Colonel John Jacob Astor*, op. cit.
26 Jonathan, *Great Britons: William Waldorf Astor – The American Anglophile That Became a Lord*, Anglotopia for Anglophiles, www.anglotopia.net.

4. Wilhelmina Skogh

1 *Wilhelmina Skogh*, www.wikiwand.com.
2 B. Hasselgren, *Lorentina Wilhelmina Skogh*, www.skbl.se.
3 U. I. Nilsson, *Servitris i Gävle blev hotelldrottning*, www.arbetarbladet.se.
4 I. Östlund, *Wilhelmina Skogh – en entreprenör av det svagare könet*, www.svenskpress.se.
5 B. Hasselgren, *Lorentina Wilhelmina…*, op. cit.
6 *Wilhelmina Skogh*, www.wikiwand.com.
7 I. Östlund, *Wilhelmina Skogh – en entreprenör av det svagare könet*, op. cit.

8 U. I. Nilsson, *Servitris i Gävle blev hotelldrottning*, www.arbetarbladet.se.
9 Å. Abrahamsson, *L. Wilhelmina Skogh*, www.sok.riksarkivet.se.
10 *Wilhelmina Skogh*, www.wikipedia.org.
11 *Wilhelmina Skogh*, naringslivshistoria, www.youtube.com.
12 *Wilhelmina Skogh*, www.wikiwand.com
13 *Grand Hotel Stockholm*, www.famoushotels.org.
14 *Grand Hotel Stockholm*, www.historichotelsthenandnow.com.
15 E. Denby, *Grand Hotels*, Reaktion Books 1998, 105.
16 E. Denby, *Grand Hotels*, op. cit., 108.
17 *Grand Hotel Stockholm*, www.famoushotels.org.
18 J. Mattson, *Borgen på Herserudsklippan*, www.johnmattson.se.
19 I. Östlund, *Wilhelmina Skogh…*, op. cit.

5. Anton Bon

1 *Suvretta House St. Moritz: Familiengeschichte des Hotelgründers Anton Bon*, www.suvrettahouse.ch.
2 *Hotel Bodenhaus*, www.wikipedia.org.
3 *Hotel Bodenhaus*, www.hotel-bodenhaus.ch.
4 *Park Hotel Vitznau History*, www.parkhotel-vitznau.ch.
5 A. Augustin, *Park Hotel Vitznau*, www.issuu.com, 106
6 *Hotel Vitznauerhof*, www.historichotelsthenandnow.com.
7 L. Stucki, *Päpstlicher Gardist wurde Hotelier*, 1968, www.zeit.de.
8 *Suvretta House Geschichte*, www.suvrettahouse.ch.
9 *Suvretta House St. Moritz: Familiengeschichte des Hotelgründers Anton Bon*, op. cit.
10 E. Denby, *Grand Hotels*, op. cit., 116.

6. Ellsworth Statler

1 *Ellsworth Milton Statler*, www.wikiwand.com.
2 *Ellsworth Milton Statler*, www.geni.com.
3 R. Jarman, *A Bed for the Night*, Harper & Brothers Publishers 1950, 15.
4 *McLure Hotel*, The Property, www.mclurehotelwheeling.com.
5 *Wheeling Hall of Fame: Ellsworth Milton Statler*, www.ohiocountylibrary.org.
6 S. Turkel, *Great American Hoteliers. Pioneers of the Hotel Industry*, AuthorHouse 2009, 273.
7 *A Bell Boy's Rise. E.M. Statler, Owner of Big Hotels, Began Work at Nine Years – Got His Education Watching the Guests He Served – His First Venture*, The New York Times June 4, 1922, www.freepages.rootsweb.com, 5.

8 *Ellsworth Milton Statler*, www.wikipedia.org.

9 R. Jarman, *A Bed for the Night*, op. cit., 67–69.

10 *Ellsworth Statler in Buffalo, Part I – Statler's Restaurant, Ellicott Square*, www.web.archive.org.

11 En la actualidad, equivale a 7.5 millones de dólares.

12 *Ellsworth Statler in Buffalo. Part 2 – Statler's Pan American Hotel*, www.web.archive.org.

13 R. Jarman, *A Bed for the Night*, op. cit., 102–106.

14 A.K. Sandoval-Strausz, *Hotel. An American History*, Yale University Press 2007, 129.

15 S. Turkel, *Great American Hoteliers…*, op. cit.: 275.

16 R. Jarman, *A Bed for the Night*, op. cit., 150–151.

17 L. DeMarco, *A visual history of Cleveland's fascinating Hotel Statler*, www.cleveland.com.

18 D. Austin, *Statler Hotel*, www.historicdetroit.org.

19 P. Treacy, *The Grand Hotels of St. Louis*, Arcadia Publishing 2005, 10.

20 *Novel Ideas in Managing City's Largest Hotel*, The New York Times June 3, 1917, www.freepages.rootsweb.com.

21 *Hotel Pennsylvania*, www.nyc-architecture.com.

22 *World's Biggest Hotel Opens Today*, The New York Times January 25, 1919, www.timesmachine.nytimes.com.

23 *Significance of the Statler Towers*, www.buffaloah.com.

24 *Boston Park Plaza: History*, www.bostonparkplaza.com.

25 *Ellsworth Milton Statler*, www.findagrave.com.

26 *Statler Hotels*, www.wikipedia.org.

27 *Ellsworth M. Statler and the Statler Hotels*, www.statlerfamily.com.

28 R. Jarman, *A Bed for the Night*, op. cit., 20.

29 The Rotarian, March 1913, Vol. III., 30.

30 S. Turkel, *Great American Hoteliers…*, op. cit., 276.

31 *The Hotel School Cornell: History*, www.sha.cornell.edu.

7. Oscar Tschirky

1 *Oscar Tschirky*, www.findagrave.com.

2 K. Schriftgiesser, *Oscar of the Waldorf*, American Book-Stratford Press 1943, 20–26.

3 R. Dalzell, *What Made Oscar Tschirky the King of Gilded Age New York*, www.smithsonianmag.com.

4 K. Schriftgiesser, Oscar of the Waldorf, op. cit., 41.

5 *Oscar The Epicure*, www.boldtcastle.wordpress.com.

6 K. Schriftgiesser, *Oscar of the Waldorf*, op. cit., 51.

7 Ibidem, 65.

8 Ibidem, 5.

9 *Eggs Benedict*, www.wikipedia.org.
10 S. Turkel, Hotel *Mavens*, Authorhouse 2014, 44.
11 *Oscar The Epicure*, op. cit.
12 S. Turkel, *Hotel Mavens*, op. cit., 46.
13 K. Schriftgiesser, *Oscar of the Waldorf*, op. cit., 161.
14 S. Turkel, *Hotel Mavens*, op. cit., 59.
15 *Waldorf Astoria New York*, www.wikipedia.org.
16 *The Brilliant Oscar Tschirky*, www.waldorfnewyorkcity.com.
17 *Oscar of Waldorf Dies at New Paltz; Retired in 1943*, The Kingston Daily Freeman 1950, www.newspapers.com.
18 *Oscar Tschirky*, www.findagrave.com.
19 *Oscar Tschirky*, www.boldtcastle.wordpress.com.
20 F. M. Platt, *Oscar of the Waldorf: New Paltz farmer, Manhattan maître d' to millionaires*, www.hudsonvalleyone.com.
21 K. Schriftgiesser, *Oscar of the Waldorf*, op. cit., 65.

8. Charles Baehler

1 *Karl Baehler*, www.myheritage.pl.
2 L. Gaulis, R. Creux, *Schweizer Pioniere der Hotellerie*, Editions De Fontainemore 1976: 198.
3 *Looking for the heirs of Samuel Shepheard*, www.grandhotelsegypt.com.
4 N. Nelson, *Shepheard's Hotel*, Cedric Chivers 1974.
5 *Gezirah Palace*, www.wikipedia.org.
6 *The Gezira Palace*, www.egy.com.
7 *Pagnon and the Grand Hotel, Aswan*, www.grandhotelsegypt.com.
8 *The other, other Savoy*, www.grandhotelsegypt.com.
9 *Sofitel Winter Palace Luxor*, www.cosmopolis.ch.
10 *Karl Baehler*, www.myheritage.pl.
11 *The First Semiramis Hotel*, www.egy.com.
12 J.A. Wells, *What an esteemed company of players – introducing Charles Baehler, hotel owner and entrepreneur*, www.johnwellsmurals.com.au.
13 *Factoids: Charles Albert Baehler 1868–1937*, www.egy.com.
14 *Cairo Hotels: The Cosmopolitan Hotel*, www.touregypt.net.
15 K. Cohen-Hattab, N. Shoval, *Tourism, Religion and Pilgrimage in Jerusalem*, Routledge 2017, 57.
16 E. Denby, *Grand Hotels*, Reaktion Books 1998, 195.
17 L. Gaulis, R. Creux, *Schweizer Pioniere der Hotellerie*, Editions De Fontainemore 1976, 158.

18 *Factoids: Charles Albert Baehler 1868–1937*, www.egy.com.

9. Lucius Boomer

1 *Koreshanity*, www.wikipedia.org.
2 *Lucius Messenger Boomer, Family Tree,* www.koreshan.mwweb.org.
3 S. Turkel, *Hotel Mavens*, AuthorHouse 2014, 66.
4 N. Busch, *21 Americans*, eNet Press Inc. 2014, 135.
5 *Queen's Royal Park*, www.exploringniagara.com.
6 A. Hind, *The grand Royal Muskoka Hotel*, www.muskokaregion.com.
7 M. Young, *Remembering a Hotel Operations Management Innovator*, www.lodgingmagazine.com.
8 S. Turkel, *Hotel Mavens*, op. cit., 67.
9 *The Story of a Great Hotel: The Waldorf-Astoria*, The Waldorf-Astoria, Inc. 1929, 10.
10 *A Short History of the Taft Hotel in New Haven*, www.patriquinarchitects.com.
11 *The 1912 McAlipin Hotel – Broadway and 34th Street*, www.daytoninmanhattan.blogspot.com.
12 *Hotel Claridge*, www.wikipedia.org.
13 *Lucius Messenger Boomer, Family Tree*, op. cit.
14 *Waldorf-Astoria – Boomer Takes Command, 1931*, www.new-york-city.yodelout.com.
15 K. Schriftgiesser, *Oscar of the Waldorf*, American Book-Stratford Press 1943, 170.
16 S. Turkel, *Hotel Mavens*, op. cit., 103.
17 *The Bellevue-Stratford Hotel*, www.wikipedia.org.
18 *Add The Wallick To Chain of Hotels; Times Square Property Leased by L.M. Boomer from the Schulte Realty Co. Will Be Refurnished Building, with its 400 Rooms, to be Made Annex to the Claridge and Operated Jointly*, www.nytimes.com.
19 S. Turkel, *Built to Last: 100+ Year-Old Hotels in New York*, AuthorHouse Publishing 2011, 259
20 *Hotel Yates*, www.rootsweb.ancestry.com.
21 T. Miller, *The 1903 Hotel Woodstock – No. 127 West 43rd Street*, www.daytoninmanhattan.blogspot.com.
22 *Jørgine Boomer*, www.wikipedia.org.
23 *Benjamin Ogle Tayloe*, www.wikipedia.org.
24 *The Rise, Fall And Rebirth of The Willard Hotel In The 20th Century*, www.streetsofwashington.com.
25 Louis Sherry, www.wikipedia.org.
26 *$3,000,000 Is Paid For Hotel Claridge; Tames Square Property Passes From du Pont Interests to Real Estate Operator*, www.nytimes.com.
27 D. Nieuwendyk, *Does anyone remember this Montreal hotel?*, www.mtltimes.ca.

28 S. Turkel, *Great American Hotel Architects Vol. 1*, AuthorHouse 2019.
29 *The Sherry-Netherland*, www.historichotelsthenandnow.com.
30 N. Busch, *21 Americans*, op. cit., 138.
31 S. Turkel, *Hotel History: The Waldorf-Astoria Hotel*, April 8, 2017, www.etn.travel.
32 K. Schriftgiesser, *Oscar of the Waldorf*, op. cit., 219.
33 *Waldorf-Astoria Hotel, Landmarks Preservation Commission*, www.s-media.nyc.gov.
34 P. Lynch, A. Morrison, C. Lashley, *Hospitality: Social Lens*, Elsevier 2007, 106.
35 *T. Coleman du Pont*, www.wikipedia.org.
36 S. Turkel, *Hotel Mavens*, op. cit.
37 *Lucius Boomer, 68, Waldorf Director, Is Dead in Norway*, The Kingston Daily Freeman, www.newspapers.com.
38 N. Busch Jr., *21 Americans*, op. cit., 135.
39 P. Lynch, A. Morrison, C. Lashley, *Hospitality: Social Lens*, op. cit., 105.
40 *Hotels: He Knew What They Wanted*, www.content.time.com.
41 W. R. Leach, *Land of Desire: Merchants, Power, and the Rise of a New American Culture*, Vintage 1994, 132.
42 S. Turkel, *Hotel Mavens*, op. cit.

10. Albert Steigenberger

1 *Der Gast braucht sein Bad*, www.spiegel.de.
2 Ibidem.
3 E. Denby, *Grand Hotels*, Reaktion Books 1998, 96.
4 *Steigenberger Europäischer Hof*, www.tscheiar.ch.
5 *Der Gast braucht sein Bad*, op. cit.
6 *Steigenberger Frankfurter Hof*, www.tscheiar.ch.
7 M. Brettschneider, *Steigenberger Frankfurter Hof*, www.frankfurt-lese.de.
8 *Steigenberger Frankfurter Hof*, op. cit.
9 E. Denny, *Grand Hotels*, op. cit., 96.
10 *Ritter's Park-Hotel*, www.lagis-hessen.de.
11 *Zum Thema: „Erstes Haus am Platz" hatte wechselvolle Geschichte*, www.taunus-zeitung.de.
12 *Parkhotel Düsseldorf*, www.wikipedia.org.
13 *Axelmannstein*, www.wikipedia.org.
14 *Pension Moritz*, www.wikipedia.org.
15 *Berchtesgadener Hof Hotel*, www.thirdreichruins.com.
16 *Berghof*, www.wikipedia.org.
17 *Steigenberger. Hitlers Erbe*, www.spiegel.de.

18 A. Sildatke, *Dekorative Moderne: Das Art Déco in der Raumkunst der Weimarer Republik*, 372.

19 U. Chaussy, C. Püschner, *Nachbar Hitler: Führerkult und Heimatzerstörung am Obersalzberg*, Ch. Links Verlag 2012, 196.

20 *Die Geschichte der Steigenberger Hotel Group*, www.docplayer.org.

21 *Robinson Club – Figures, Dates, Facts*, www.robinson.com.

22 *Steigenberger Hotels History*, www.deutschehospitality.com.

23 A. Augustin, *Egypt's Tourist Conglomerate, Travco Group, Acquires Germany's Family Owned Hotel Group, Steigenberger*, www.hotel-online.com.

24 *Huazhu Group Limited Announces the Closing of the Deutsche Hospitality Acquisition and the Signing of a Facilities Agreement*, January 2, 2020 Huazhu Group Limited, www.globenewswire.com.

11. Ernest Henderson

1 *Ernest Flagg Henderson*, www.prabook.com.

2 *The Mortimer-Percy Volume by The Marquis of Ruvigny and Ranieval*, The Plantagenet Roll of the Blood Royal, 2013, 471.

3 www.worldcat.org.

4 *Obituary: Ernest Flagg Henderson III*, www.legacy.com.

5 *ITT Sheraton Corporation*, www.fundinguniverse.com.

6 E. Henderson, *The World of "Mr. Sheraton"*, Popular Library 1962, 63–64.

7 P. L. Kennedy, *One Address, Many Stories*, BU Today, www.bu.edu.

8 S. Turkel, *Hotel History: Fairmont Copley Plaza (1912), Boston, Massachusetts*, www.historichotels.org.

9 J. W. Denehy, *A History of Brookline, Massachusetts*, The Brookline Press Company 1906, 119.

10 E. Henderson, *The World of "Mr. Sheraton"*, op. cit., 78.

11 D. Strahan, *Bancroft Hotel, Worcester*, www.lostnewengland.com.

12 *Bancroft Hotel*, www.wikipedia.org.

13 E. Henderson, *The World of "Mr. Sheraton"*, op. cit., 97–99.

14 P. Szende, H. Rule, *Thompson's Spa: The Most Famous Lunch Counter in the World*, Boston Hospitality Review, www.bu.edu.

15 *ITT Sheraton Corporation*, op. cit.

16 The Rotarian, October 1948, 3.

17 *Biographie de feu M.Vernon G. Cardy*, www.facebook.com/AubergeAlpine.

18 M. Lemon, H. Mayhew, T. Taylor, S. Brooks, Sir F. Cowley Burnand, O. Seaman, *Punch, Tom 21*, Punch Publications Limited, 102.

19 D. Nieuwendyk, *Do you remember the Laurentien Hotel?*, www.mtltimes.ca.

20 J. Lorimer, E. Ross, *The Second City Book: Studies of Urban and Suburban Canada,* Lorimer 1977: 96–98.

21 *HOTELS: Closing the Gap,* Time June 4, 1956.

22 *Eppley Hotel Company,* www.wikipedia.org.

23 *Hotels Added by Sheraton Buys Eppley Chain,* The Milwaukee Journal May 22, 1956, 22.

24 E. Henderson, *The World of "Mr. Sheraton",* op. cit., 181.

25 S. Turkel, *Great American Hoteliers. Pioneers of the Hotel Industry,* AuthorHouse 2008, 117.

26 S. Turkel, *Great American Hoteliers…,* op. cit., 119.

27 *Ernest Henderson Sr. Dies,* The New York Times, www.nytimes.com.

28 S. Turkel, *Great American Hoteliers…,* op. cit., 120.

29 E. Henderson, *The World of "Mr. Sheraton",* op. cit., 181.

12. Charles Forte

1 *Forte – from milk bar to worldwide hotel empire,* www.dailymail.co.uk.

2 *Obituary: Lord Forte,* www.telegraph.co.uk.

3 R. Cowe, *Lord Forte,* www.theguardian.com.

4 C. Forte, *The Autobiography of Charles Forte,* Pan Books 1987, 30–33.

5 R. Cowe, *Lord Forte,* www.theguardian.com.

6 *Charles Forte, Baron Forte,* www.wikipedia.org.

7 C. Forte, *The Autobiography…,* op. cit., 54.

8 *Night On the Tiles: Slaters Restaurants,* www.letslookagain.com.

9 C. Forte, *The Autobiography…,* op. cit., 73–74.

10 L. Goldman, *Oxford Dictionary of National Biography 2005–2008,* OUP Oxford 2013, 388.

11 *The Waldorf Hilton,* London, www.wikipedia.org.

12 *François Dupré,* www.wikipedia.org.

13 *Four Seasons Hotel George V,* www.historichotelsthenandnow.com.

14 *The Plaza Athénée is celebrating 100 years of history,* www.holedo.de.

15 C. Forte, *The Autobiography…,* op. cit., 111.

16 *Trusthouse Forte PLC History,* www.fundinguniverse.com.

17 *Little Chef,* www.wikipedia.org.

18 C. Forte, *The Autobiography…,* op. cit., 129.

19 L. Goldman, *Oxford Dictionary…,* op. cit., 390.

20 *Trusthouse Forte PLC History,* op. cit.

21 A.S. Oser, *About Real Estate,* www.nytimes.com.

22 R. Johnson, *Hotel Plaza Athenee New York,* www.flickr.com.

23 *J. Lyons and Co.,* www.wikipedia.org.

24 W. Borders, *Trust Houses Bids $130 Million to Buy Savoy Hotel Group*, www.nytimes.com.
25 M.V. Weyer, *The Fall of the House of Savoy*, www.archive.spectator.co.uk.
26 L. Goldman, *Oxford Dictionary…*, op. cit., 390.
27 C. Forte, *The Autobiography…*, op. cit., 80.
28 *Trusthouse Forte PLC History*, op. cit.
29 *ITT's Sheraton Unit in Pact to Buy Ciga Hotels of Italy*, www.nytimes.com.
30 Y.M. Ibrahim, *Air France Sells Meridien Hotels to Forte*, www.nytimes.com.
31 T. Knowles, *Zarządzanie hotelarstwem i gastronomią*, PWE 2001, 92–98.
32 J. Werdigier, *Charles Forte, Who Founded a Hotel Empire, Dies at 98*, www.nytimes.com.
33 *Obituary: Lord Forte*, www.theguardian.com.
34 C. Forte, *The Autobiography…*, op. cit., 185–186.
35 Ibidem, 221.

13. Curtis Carlson

1 C.L. Carlson, *Good As Gold. The Story of the Carlson Companies by Curtis L. Carlson*, Carlson Companies 1994, 2.
2 Ibidem, 8.
3 *Curtis L. Carlson, Founder and Chairman of Carlson Companies – an International Leader in Hospitality*, www.hotel-online.com.
4 R. Mcg. Thomas Jr., *Curtis L. Carlson, 84, Founder Of Trading Stamp Conglomerate*, www.nytimes.com.
5 *Carlson Companies, Inc. History*, www.fundinguniverse.com.
6 C. L. Carlson, *Good As Gold…*, op. cit., 34.
7 *Carlson Companies, Inc. History*, op. cit.
8 C.L. Carlson, *Good As Gold…*, op. cit., 99.
9 Con el tiempo, Calhoun se convirtió en el Vicepresidente de la Corporación de Hoteles Intercontinental en Nueva York. Considerado un genio en diseño y gestión hotelera por los profesionales del sector, falleció en Greenwich, Connecticut, en 1957.
10 *A History of The Radisson Hotel Downtown Minneapolis*, Carlson Companies, PR Department 1998.
11 C. L. Carlson, *Good As Gold…*, op. cit., 105.
12 T. Borchers, *Bringing Back the Glory* Days, www.omahamagazine.com.
13 *The Historic Cornhusker Hotel Becomes a Marriott*, www.hotelnewsresource.com.
14 C. L. Carlson, *Good As Gold…*, op. cit., 109.
15 *Jorgen Viltoft*, www.legacy.com.
16 *Carlson Companies, Inc. History*, op. cit.
17 E. Schroeder, *Private equity firms to purchase TGI Fridays*, www.foodbusinessnews.com.

18 *History of Country Kitchen International*, www.referenceforbusiness.com.

19 *Carlson Companies, Inc. History*, op. cit.

20 D.F. Cuff, *Business People; Ex-Head of Ramada Moves to Carlson Co.*, www.nytimes.com.

21 *More than three decades of hospitality*, www.radissonhotels.com.

22 C. L. Carlson, *Good As Gold…*, op. cit., 222.

23 *Radisson Diamond*, www.castlesoftheseas.nl.

24 *Edwardian Hotels History*, www.edwardian.com.

25 *Carlson Hospitality Worldwide And Four Seasons/Regent To Enter Into An Agreement To Aggressively Grow Regent Brand Globally* – Carlson Hospitality Worldwide Press.

26 *Carlson Companies, Inc. History*, op. cit.

27 *Country Kitchen International, Inc.*, www.encyclopedia.com.

28 *Carlson Wagonlit Travel History*, www.fundinguniverse.com.

29 S. Turkel, *Great American Hoteliers Volume 2, Pioneers of the Hotel Industry*, AuthorHouse 2016, 647.

30 *Carlson, Curtis L.*, www.nytimes.com.

31 A. Merrill, *Business leader Curt Carlson, 84, dies of stroke*, www.startribune.com.

32 C. L. Carlson, *Good As Gold …*, op. cit., 197.

33 Ibidem, 182.

34 Ibidem, 29.

35 *Carlson School of Management, History*, www.carlsonschool.umn.edu.

14. John Q. Hammons

1 *John Q. Hammons Hotels, Inc History*, www.fundinguniverse.com.

2 S. M. Drake, *They Call Him John Q. A Hotel Legend*, Black Pants Publishing 2002, 23. 3 Ibidem, 25.

4 Ibidem, 30.

5 Ibidem, 41.

6 Ibidem, 53.

7 *John Q. Hammons Hotels, Inc History*, www.fundinguniverse.com.

8 T. Logan, *Curtains are drawn on builder's giant life*, www.stltoday.com.

9 S. M. Drake, *They Call Him…*, op. cit., 86.

10 S. Turkel, *Great American Hoteliers. Pioneers of the Hotel Industry*, AuthorHouse 2008, 74.

11 S. M. Drake, *They Call Him…*, op. cit., 74.

12 Ibidem, 108.

15. Isadore Sharp

1 Un kibutz es una comunidad basada en la agricultura en Israel donde la tierra y los medios de producción son propiedad común.

2 S. Apfelbaum, *Seasons in the Sun*, www.palmspringslife.com.

3 *The first Four Seasons*, Toronto Modern Architecture, www.robertmoffatt115.wordpress.com.

4 J. Bradburn, *Historicist: The Inn on the Park*, www.torontoist.com.

5 *Four Seasons History, A Focus on Luxury*, www.fourseasons.com.

6 El nombre fue cambiado más tarde a Four Seasons Hotel London.

7 I. Sharp, *Four Seasons. The Story of a Business Philosophy*, Four Seasons Limited 2009, 63.

8 I. Sharp, *Four Seasons…*, op. cit., 88.

9 Ibidem, 89.

10 *The Clift Hotel*, www.sftravel.com.

11 J. Demont, *Sharp's Luxury Empire, A Canadian's International Hotel Chain Succeeds With Quiet Elegance*, www.archive.macleans.ca.

12 *Four Seasons Hotel Washington, DC Celebrates 40 Years of Magic*, www.press.fourseasons.com.

13 *Chapters of the Pierre*, www.thepierreny.com.

14 J. Bradburn, *Historicist…*, op. cit.

15 I. Sharp, *Four Seasons…*, op. cit., 133.

16 *Four Seasons History*, www.fourseasons.com.

17 I. Sharp, *Four Seasons…*, op. cit., 169.

18 R. Sidorsky, *On Nevis, Escape for Golfers*, www.nytimes.com.

19 *Milestones in the History of Regent, International Luxury Travel Market*, www.iltm.com.

20 *Four Seasons buys Regent International Hotels*, www.upi.com.

21 I. Sharp, *Four Seasons…*, op. cit., 204.

22 *From Post-War Visionaries to 20th Century Refinement, a Brief History of Lisbon's Most Iconic Hotel*, www.press.fourseasons.com.

23 *Four Seasons Hotel George V*, www.historichotelsthenandnow.com.

24 *Granada Sells George V To Saudi Prince*, www.nytimes.com.

25 E. McDowell, *Saudi Prince Is Buying Big Hotel Stake*, www.nytimes.com.

26 *Carlson Hospitality Worldwide And Four Seasons/Regent To Enter Into An Agreement To Aggressively Grow Regent Brand Globally* – Carlson Hospitality Worldwide Press.

27 I. Sharp, *Four Seasons…*, op. cit., 256–257.

28 *Four Seasons goes private at $3.8bn*, www.hotelanalyst.co.uk.

29 I. Sharp, *Four Seasons…*, op. cit., 99.

30 R. Levering, M. Moskowitz, M. Griffin Solovar, *The 100 Best Companies To Work For In America*, www.fortune.com.
31 D. Murphy, *Isadore Sharp: We Hire for Attitude*, www.gsb.stanford.edu.

16. Jack DeBoer

1 J. DeBoer, *Risk Only Money: Success in Business Without Risking Family, Friends and Reputation,* Rockhill Books 2011, 11.
2 Ibidem, 58.
3 *Jack Deboer, Founder of The Value Place Extended-Stay Chain, Inducted into the University of Houston's Hospitality Hall Of Honor*, www.hotel-online.com.
4 J. DeBoer, *Risk Only Money…*, op. cit., 97.
5 J. Higley, *Jack DeBoer – Adventurer, philanthropist, entrepreneur,* Hotel & Motel Management, October 2, 2002, www.candlewoodsuites.com.
6 D. McGinn, *You Won't Stay a Bit Longer?,* Newsweek September 6, 2008.
7 *Candlewood Hotel Company, Inc. History*, www.fundinguniverse.com.
8 J. DeBoer, *Risk Only Money…*, op. cit., 101.
9 *Candlewood Hotel Company, Inc. History*, op. cit.
10 Ibidem.
11 *Extended stay pioneer DeBoer launches WaterWalk franchise concept*, ww.servicedapartmentnews.com.
12 R. Woliński, *Koncept hotelarski – hotele na wydłużony pobyt*, www.hotelexplorer.pl.
13 B. Gillette, *The Spirits of Independence*, www.lodgingnews.com.
14 *Obituary: Jack DeBoer*, www.aspentimes.com.
15 G. Sell, *Extended stay pioneer Jack DeBoer dies at 90*, www.servicedapartmentnews.com.

17. Bill Marriott Jr.

1 D. Van Atta, *Bill Marriott: Success Is Never Final – His Life and the Decision That Build a Hotel Empire*, Shadow Mountain 2019, 44.
2 Ibidem, 69–70.
3 J. W. Marriott Jr., K. A. Brown, *The Spirit to Serve. Marriott's Way*, Harper Business, 1997, 178.
4 D. Van Atta, *Bill Marriott: Success Is Never Final…*, op. cit., 95.
5 R. Cooper, *The Key Bridge Marriott has a new owner, but its old soul lives on*, www.bizjournals.com.
6 D. Van Atta, *Bill Marriott: Success Is Never Final…*, op. cit., 102.
7 A. Paletta, *Into the Heart of the Atrium Hotel*, www.bloomberg.com.
8 D. Towne, *Vacation Visionary*, www.phoenixmag.com.

9 D. Van Atta, *Bill Marriott: Success Is Never Final…*, op. cit., 122.
10 *Background and History Summary of Marriott International*, Inc, www.ininet.org.
11 *The History of Jumeirah Essex House*, www.jumeirah.com.
12 B. Marriott, *50 Years Ago, We Opened Our First International Hotel*, www.blogs.marriott.com.
13 *The History of Bob Farrell and His Ice Cream Parlour Restaurants*, www.drloihjournal.blogspot.com.
14 *Photos: A look back at 40 years of California's Great America*, www.mercurynews.com.
15 *Six Flags Great America*, www.wikipedia.org.
16 J. W. Marriott Jr., K. A. Brown, *The Spirit to Serve…*, op. cit., 86.
17 D. Van Atta, *Bill Marriott: Success Is Never Final…*, op. cit., 155.
18 *Marriott International, Inc. History*, www.fundinguniverse.com.
19 J. W. Marriott Jr., K. A. Brown, *The Spirit to Serve…*, op. cit., 192.
20 J. Knight, *Marriott Corp. Makes Bid For Gino's*, www.washingtonpost.com.
21 *The Marriott Corp. has purchased part of the Toledo-based…*, www.upi.com.
22 C. E. Mayer, *Marriott to Buy Another Food-Service Company*, www.washingtonpost.com.
23 S. W. Walsh, *Marriott Buys 97% of Saga*, www.washingtonpost.com.
24 M. Abramowitz, *Corp Marriott. Buys Howard Johnson's*, www.washingtonpost.com.
25 D. Van Atta, *Bill Marriott: Success Is Never Final…*, op. cit., 264.
26 R. Woliński, *Koncept hotelarski – hotele na wydłużony pobyt*, www.hotelexplorer.pl.
27 S. W. Walsh, *Marriott Puts Some Spice in Family Restaurant Chain*, www.washingtonpost.com.
28 D. Van Atta, *Bill Marriott: Success Is Never Final…*, op. cit., 289.
29 Reuters, *Marriott Corp. to Sell Airline Catering Division*, www.latimes.com.
30 *Marriott's Roy Rogers sold to Hardee's Food Systems*, www.upi.com.
31 D. Van Atta, *Bill Marriott: Success Is Never Final…*, op. cit., 300.
32 J.W. Marriott Jr., K. A. Brown, *The Spirit to Serve…*, op. cit., 196.
33 D. Van Atta, *Bill Marriott: Success Is Never Final…*, op. cit., 309.
34 B. Meier, *Stephen Bollenbach, Who Spared Donald Trump From Personal Bankruptcy, Dies at 74*, www.nytimes.com.
35 *Host Hotels & Resorts, A Retrospective*, www.hosthotels.com.
36 P. Fahri, *The Unseen Hand Behind Marriott's Split-Up Plan*, www.washingtonpost.com.
37 B. Meier, *Stephen Bollenbach…*, op. cit.
38 E. McDowell, *Marriott to Acquire a Ritz-Carlton Stake*, www.nytimes.com.
39 *The Ritz-Carlton Hotel Company, L.L.C. History*, www.fundinguniverse.com.
40 *Whitbread plc*, www.wikicorporates.org.
41 F. Golden, *Marriott to Buy Renaissance in Transaction Worth $1 Billion*, www.travelweekly.com.
42 D. Van Atta, *Bill Marriott: Success Is Never Final…*, op. cit., 358.

43 *Marriott International to Enter Corporate Apartment Industry; Agrees to Acquire ExecuStay for $128 Million, Second Largest Corporate Apartment Provider in U.S.*, www.hospitalitynet.org.

44 D. Van Atta, *Bill Marriott: Success Is Never Final…*, op. cit., 380.

45 *Cendant Hotel Group Completes Acquisition of Ramada International*, www.hospitalitynet.org.

46 *The First Bulgari Hotel Opens in Milan*, www.bulgarihotels.com.

47 *Marriott International Inc. 2008 Annual Report, 22–23*, www.marriott.gcs-web.com.

48 S. Nelson, *A touch of 'show business' in Waikiki Edition unveiling*, www.travelweekly.com.

49 *Marriott International is Getting Slimed! And That's a Good Thing!*, www.bloomberg.com.

50 G. Oates, *Marriott Hopes Its Autograph Collection Brand Will Boost Its Cool*, www.skift.com.

51 *Autograph Collection Celebrates Debut of First Nine Hotels in Europe*, www.achotelscorporate.com.

52 *Marriott International and AC Hotels Sign Agreement to Form Hotel Joint*, www.news.marriott.com.

53 *Marriott International Inc. 2011 Annual Report*, 3.

54 *Marriott Completes Acquisition Of Gaylord Hotels Brand And Hotel Management Company*, www.prnewswire.com.

55 *Marriott International Completes Acquisition Of Protea Hospitality Group; Becomes The Largest Hotel Company In Africa*, www.prnewswire.com.

56 *Marriott International Completes Acquisition of Delta Hotels and Resorts; Becomes the Largest Full-Service Hotelier in Canada*, www.news.marriott.com.

57 B. Tuttle, *Marriott & IKEA Launch a Hotel Brand for Millennials: What Does That Even Mean?*, www.business.time.com.

58 T. Newcombe, *Marriott opens Moxy Milan hotel*, www.businesstravelnewseurope.com

59 *Marriott International, Inc. 2015 Annual Reports*, 6.

60 *Marriott International to Acquire Starwood Hotels & Resorts Worldwide, Creating the World's Largest Hotel Company*, www.news.marriott.com.

61 M. Forsythe, *Starwood Bidder Is a Reclusive Chinese Insurer With Opaque Backing*, www.nytimes.com.

62 C. Karmin, D. Mattioli, *China's Anbang Drops Bid for Starwood Hotels*, www.wsj.com.

63 *Marriott International Completes Acquisition of Starwood Hotels & Resorts Worldwide, reating World's Largest and Best Hotel Company While Providing Unparalleled Guest Experience*, www.news.marriott.com.

64 *Marriott International to Acquire Elegant Hotels Group Fueling Growth of All-Inclusive Platform*, www.news.marriott.com.

65 *Marriott International Announces Marriott Bonvoy – The New Brand Name Of Its Loyalty Program,* www.news.marriott.com.

66 *Marriott International, 2020 Annual Report,* 9.

67 *Marriott International Announces the Unexpected Passing of Arne M. Sorenson, President and CEO,* www.news.marriott.com.

68 *Stephen Marriott, grandson of Marriott Corporation founder, dies,* www.hospitalitynet.org.

69 M. D. Jones, J. J. Kober, *Lead with Your Customer: Transform Culture and Brand Into WorldClass Excellence,* ASTD; Edition 2nd 2019, 31.

70 J.W. Marriott Jr., K. A. Brown, *The Spirit to Serve…,* op. cit., 5.

71 J.W. Bill Marriott Jr, K. A. Brown, *Without Reservation. How a Family Root Beer Stand Grew Into a Global Hotel Company,* Luxury Custom Publishing LLC 2012, 103.

18. Cecil B. Day

1 *About Cecil B. Day,* Georgia Scheller College Tech of Business, www.scheller.gatech.edu.

2 S. Turkel, *Great Amercian Hoteliers. Pioniers of the Hotel Industry Vol. 2,* AuthorHouse 016, 708.

3 *About Cecil B. Day,* op. cit.

4 C.B. Day Jr., J. McCollister, *Day by Day. The Story of Cecil B. Day And His Simple Formula For Success,* Jonathan David Publishers Inc. 1990, 51–53.

5 Ibidem, 54.

6 M. Young, *Birth of a Market Segment: The Story of Days Inn,* www.lodgingmagazine.com.

7 C.B. Day Jr., J. McCollister, *Day by Day. The Story of Cecil B. Day…,* op. cit., 90.

8 W. King, *Days Inns Rides Budget-Motel Trend,* www.nytimes.com.

9 C. B. Day Jr., J. McCollister, *Day by Day. The Story of Cecil B. Day…,* op. cit., 128–129.

10 Ibidem.

11 *Days Inn by Wyndham,* www.development.wyndhamhotels.com.

12 C. B. Day Jr., J. McCollister, *Day by Day. The Story of Cecil B. Day…,* op. cit., 127

13 R. Mcg. Thomas Jr., *Cecil B. Day, at 44; Georgian Who Began Days Inn Motel Chain,* www.nytimes.com.

14 C. B. Day Jr., J. McCollister, *Day by Day. The Story of Cecil B. Day…,* op. cit., 12.

15 T. Challies, *The Philanthropists: Cecil B. Day,* www.challies.com.

Bibliografía

$3,000,000 Is Paid For Hotel Claridge; Tames Square Property Passes From du Pont Interests to Real Estate Operator, www.nytimes.com.

27 July 1903: William Waldorf Astor purchases Hever Castle, www.hevercastle.co.uk.

A Bell Boy's Rise. E.M. Statler, Owner of Big Hotels, Began Work at Nine Years – Got His Education Watching the Guests He Served – His First Venture, The New York Times June 6,1922, www.freepages.rootsweb.com.

A History of The Radisson Hotel Downtown Minneapolis, Carlson Companies, PR Department 1998.

A Short History of the Taft Hotel in New Haven, www.patriquinarchitects.com.

A trip to Times Square 1904: The Hotel Astor Arrives, www.boweryboyshistory.com.

About Cecil B. Day, Georgia Scheller College Tech of Business, www.scheller.gatech.edu.

Abrahamsson Å., *L Wilhelmina Skogh*, www.sok.riksarkivet.se.

Abramowitz M., *Marriott Corp. Buys Howard Johnson's*, www.washingtonpost.com.

Accor Hotel Portfolio – December 2020, www.group.accor.com.

Accor Reports Strong Earnings Growth in First-Half 2007, www.hospitalitynet.org.

Add The Wallick To Chain of Hotels; Times Square Property Leased by L.M. Boomer from the Schulte Realty Co. Will Be Refurnished Building, with its 400 Rooms, to be Made Annex to the Claridge and Operated Jointly, www.nytimes.com.

Ambler M. M., *Fred Harvey: Founder Of The Chain Restaurant*, www.streetdirectory.com.

Apfelbaum S., *Seasons in the Sun*, www.palmspringslife.com.

Apron A., *Harvey Girls – the Other Pioneers of the American West*, www.recollections.biz.

Astor, William Waldorf, The Encyclopedia Americana, www.wikisource.org.

Augustin A., *Egypt's Tourist Conglomerate, Travco Group, Acquires Germany's Family OwnedHotel Group, Steigenberger*, www.hotel-online.com

Augustin A., *Park Hotel Vitznau*, www.issuu.com.

Austin D., *Statler Hotel*, www.historicdetroit.org.

Autograph Collection Celebrates Debut of First Nine Hotels in Europe, www.achotelscorporate.com.

Axelmannstein, www.wikipedia.org.

Background and History Summary of Marriott International, Inc, www.ininet.org.

Bancroft Hotel, www.wikipedia.org.

Benjamin Ogle Tayloe, www.wikipedia.org.

Berchtesgadener Hof Hotel, www.thirdreichruins.com.

Berghof, www.wikipedia.org.
Bianculli A. J., *Trains and Technology: The American Railoroad in the Nineteenth Century Vol. 2 Cars*, University of Delaware Press 2001.
Biographie de feu M. Vernon G. Cardy, www.facebook.com/AubergeAlpine.
Bisnette D., J. Gilliam J., *Images of America: Newton*, Arcadia Publishing 2013.
Bommersbach J., *Harvey Girls, Truewest. History of the American Frontier*, www.truewestmagazine.com.
Borchers T., *Bringing Back the Glory Days*, www.omahamagazine.com.
Borders W., *Trust Houses Bids $130 Million to Buy Savoy Hotel Group*, www.nytimes.com.
Boston Park Plaza: History, www.bostonparkplaza.com.
Bradburn J., *Historicist: The Inn on the Park*, www.torontoist.com.
Brettschneider M., *Steigenberger Frankfurter Hof*, www.frankfurt-lese.de.
Burrows E. G., Wallace M., *Gotham: A History of New York City to 1898*, Oxford University Press 2000.
Busch N., *21 Americans*, eNet Press Inc. 2014.
Cairo Hotels: The Cosmopolitan Hotel, www.touregypt.net.
Candlewood Hotel Company, Inc. History, www.fundinguniverse.com.
Carlson C. L., *Good As Gold. The Story of the Carlson Companies by Curtis L. Carlson*, Carlson Companies 1994.
Carlson Hospitality Worldwide And Four Seasons/Regent To Enter Into An Agreement To Aggressively Grow Regent Brand Globally – Carlson Hospitality Worldwide Press.
Carlson School of Management, History, www.carlsonschool.umn.edu.
Carlson Wagonlit Travel History, www.fundinguniverse.com.
Cendant Hotel Group Completes Acquisition of Ramada International, www.hospitalitynet.org.
Challies T., *The Philanthropists: Cecil B. Day*, www.challies.com.
Chapters of the Pierre, www.thepierreny.com.
Charles Forte, Baron Forte, www.wikipedia.org.
Chaussy U., Püschner C., *Nachbar, Hitler: Führerkult und Heimatzerstörung am Obersalzberg*, Ch. Links Verlag 2012.
Cohen-Hattab K., Shoval N., *Tourism, Religion and Pilgrimage in Jerusalem*, Routledge 2017.
Colonel John Jacob Astor, Encyclopedia Titanica, www.encyclopedia-titanica.org.
Cooper R., *The Key Bridge Marriott has a new owner, but its old soul lives on*, www.bizjournals.com.
Country Kitchen International, Inc., www.encyclopedia.com.
Cowe R, *Lord Forte*, www.theguardian.com.

Cowles V., *The Astors*, Alfred A. Knopf Inc. 1972.
Cuff D. F., *Business People; Ex-Head of Ramada Moves to Carlson Co.*, www.nytimes.com.
Curtis L. Carlson, Founder and Chairman of Carlson Companies – an International Leader in Hospitality, www.hotel-online.com.
Dalzell R., *What Made Oscar Tschirky the King of Gilded Age New York*, www.smithsonianmag.com.
Day Jr. C. B., J. McCollister J., *Day by Day. The Story of Cecil B. Day And His Simple Formula For Success*, Jonathan David Publishers Inc. 1990.
Days Inn by Wyndham, www.development.wyndhamhotels.com.
DeBoer J., *Risk Only Money: Success in Business Without Risking Family, Friends and Reputation*, Rockhill Books 2011.
DeMarco L., *A visual history of Cleveland's fascinating Hotel Statler*, www.cleveland.com.
Demont J., *Sharp's Luxury Empire, A Canadian's International Hotel Chain Succeeds With Quiet Elegance*, www.archive.macleans.ca.
Denby E., *Grand Hotels*, Reaktion Books 1998.
Denehy J. W., *A History of Brookline, Massachusetts*, The Brookline Press Company 1906.
Der Gast braucht sein Bad, www.spiegel.de.
Die Geschichte der Steigenberger Hotel Group, www.docplayer.org.
Drake S. M., *They Call Him John Q. A Hotel Legend*, Black Pants Publishing 2002.
Edwardian Hotels History, www.edwardian.com.
Eggs Benedict, www.wikipedia.org.
Ellsworth M. Statler and the Statler Hotels, www.statlerfamily.com.
Ellsworth Milton Statler, www.findagrave.com.
Ellsworth Milton Statler, www.geni.com.
Ellsworth Milton Statler, www.wikipedia.org.
Ellsworth Milton Statler, www.wikiwand.com.
Ellsworth Statler in Buffalo, Part I – Statler's Restaurant, Ellicott Square, www.web.archive.org.
Ellsworth Statler in Buffalo. Part 2 – Statler's Pan American Hotel, www.web.archive.org.
Eppley Hotel Company, www.wikipedia.org.
Ernest Flagg Henderson, www.prabook.com.
Ernest Henderson Sr. Dies, The New York Times, www.nytimes.com.
Extended stay pioneer DeBoer launches WaterWalk franchise concept, ww.servicedapartmentnews.com.

Factoids: Charles Albert Baehler 1868–1937, www.egy.com.
Fahri P., *The Unseen Hand Behind Marriott's Split-Up Plan*, www.washingtonpost.com.
Forsythe M., *Starwood Bidder Is a Reclusive Chinese Insurer With Opaque Backing*, www.nytimes.com.
Forte – from milk bar to worldwide hotel empire, www.dailymail.co.uk.
Forte C., *The Autobiography of Charles Forte*, Pan Books 1987.
Four Seasons buys Regent International Hotels, www.upi.com.
Four Seasons goes private at $3.8bn, www.hotelanalyst.co.uk.
Four Seasons History, A Focus on Luxury, www.fourseasons.com.
Four Seasons History, www.fourseasons.com.
Four Seasons Hotel George V, www.historichotelsthenandnow.com.
Four Seasons Hotel Washington, DC Celebrates 40 Years of Magic, www.press.fourseasons.com.
François Dupré, www.wikipedia.org.
Frederick Henry "Fred" Harvey, www.findagrave.com.
Fried S., *Appetite for America: How Visionary Businessman Fred Harvey Built a Railroad Hospitality Empire That Civilized the Wild West*, Bantam Books 2010.
From Post-War Visionaries to 20th Century Refinement, a Brief History of Lisbon's Most Iconic Hotel, www.press.fourseasons.com.
Gaulis L., Creux R., *Schweizer Pioniere der Hotellerie*, Editions De Fontainemore 1976.
George Mortimer Pullman, www.pullman-museum.org.
Gezirah Palace, www.wikipedia.org.
Gillette B., *The Spirits of Independence*, www.lodgingnews.com.
Goldman L., *Oxford Dictionary of National Biography 2005–2008*, OUP Oxford 2013.
Golden F., *Marriott to Buy Renaissance in Transaction Worth $1 Billion*, www.travelweekly.com.
Graham R. F., *Pioneers of the West: How 'young women of good moral character' who became Harvey Girls at rail station diners in uninhabited areas helped create dozens of small towns across America*, www.dailymail.co.uk.
Granada Sells George V To Saudi Prince, www.nytimes.com.
Grand Hotel Stockholm, www.famoushotels.org.
Grand Hotel Stockholm, www.historichotelsthenandnow.com.
Gray C., *Buildings for a City He Could Live Without*, www.nytimes.com.
Harvey Hotels & Restaurants on Route 66, www.legendsofamerica.com.
Haskell Z., *Girl Power. Inside the myth that was the Harvey Girls*, www.sfreporter.com.
Hasselgren B., *Lorentina Wilhelmina Skogh*, www.skbl.se.

Henderson E., *The World of „Mr. Sheraton"*, Popular Library 1962.
Higley J., *Jack DeBoer – Adventurer, philanthropist, entrepreneur*, Hotel & Motel Management, October 2, 2002, www.candlewoodsuites.com.
Hind A., *The grand Royal Muskoka Hotel*, www.muskokaregion.com.
History of Country Kitchen International, www.referenceforbusiness.com.
Host Hotels & Resorts, A Retrospective, www.hosthotels.com.
Hotel Bodenhaus, www.hotel-bodenhaus.ch.
Hotel Bodenhaus, www.wikipedia.org.
Hotel Claridge, www.wikipedia.org.
Hotel New Netherland, www.wikipedia.org.
Hotel Pennsylvania, www.nyc-architecture.com.
Hotel Vitznauerhof, www.historichotelsthenandnow.com.
Hotel Yates, www.rootsweb.ancestry.com.
Hotels Added by Sheraton Buys Eppley Chain, The Milwaukee Journal, May 22, 1956.
HOTELS: Closing the Gap, Time, June 4, 1956.
Hotels: He Knew What They Wanted, www.content.time.com.
Huazhu Group Limited Announces the Closing of the Deutsche Hospitality Acquisition and the Signing of a Facilities Agreement, January 1, 2020 Huazhu Group Limited, www.globenewswire.com.
Ibrahim Y. T., *Air France Sells Meridien Hotels to Forte*, www.nytimes.com.
ITT Sheraton Corporation, www.fundinguniverse.com.
ITT's Sheraton Unit in Pact to Buy Ciga Hotels of Italy, www.nytimes.com.
Jack Deboer, Founder of The Value Place Extended-Stay Chain, Inducted into the University of Houston's Hospitality Hall Of Honor, www.hotel-online.com.
Jarman R., *A Bed for the Night*, Harper & Brothers Publishers 1950.
John Jacob Astor Biography, Encyclopedia of World Biography, www.notablebiographies.com.
John Jacob Astor IV, www.newnetherlandinstitute.org.
John Jacob Astor IV, www.wikipedia.org.
John Q. Hammons Hotels, Inc History, www.fundinguniverse.com.
Johnson R., *Hotel Plaza Athenee New York*, www.flickr.com.
Jonathan, *Great Britons: William Waldorf Astor – The American Anglophile That Became a Lord*, Anglotopia for Anglophiles, www.anglotopia.net.
Jones M. D., Kober J. J., *Lead with Your Customer: Transform Culture and Brand Into World-Class Excellence*, ASTD; Edition 2nd 2019.
Jorgen Viltoft, www.legacy.com.
Jørgine Boomer, www.wikipedia.org.
Kaplan J., *When The Astors Owned New York, Blue Bloods and Grand Hotels in a Gilded Age*, Penguin Group 2006.

Karl Baehler, www.myheritage.pl.

Karmin C., Mattioli D., *China's Anbang Drops Bid for Starwood Hotels*, www.wsj.com.

Kennedy P. L., *One Address, Many Stories*, BU Today, www.bu.edu.

King W., *Days Inns Rides Budget-Motel Trend*, www.nytimes.com.

Knight J., *Marriott Corp. Makes Bid For Gino's*, www.washingtonpost.com.

Knowles T., *Zarządzanie hotelarstwem i gastronomią*, PWE 2001.

Koreshanity, www.wikipedia.org.

Leach W. R., *Land of Desire: Merchants, Power, and the Rise of a New American Culture*, Vintage 1994.

Lemon M., Mayhew H., Taylor T., Brooks S., Sir Cowley Burnand F., Seaman O., *Punch, Tom 21*, Punch Publications Limited.

Levering R., Moskowitz M., Griffin Solovar M., *The 100 Best Companies To Work For In America*, www.fortune.com.

Little Chef, www.wikipedia.org.

Logan T., *Curtains are drawn on builder's giant life*, www.stltoday.com.

Looking for the heirs of Samuel Shepheard, www.grandhotelsegypt.com.

Lorimer J., Ross E., *The Second City Book: Studies of Urban and Suburban Canada*, Lorimer 1977.

Louis Sherry, www.wikipedia.org.

Lucius Boomer, 68, Waldorf Director, Is Dead in Norway, The Kingston Daily Freeman, www.newspapers.com.

Lucius Messenger Boomer, Family Tree, www.koreshan.mwweb.org.

Lynch P., A. Morrison, C. Lashley, *Hospitality: Social Lens*, Elsevier 2007.

Lyons J. and Co., www.wikipedia.org.

Madsen A., *John Jacob Astor: America's First Multimillionaire*, Wiley 2001.

Marriott B., *50 Years Ago, We Opened Our First International Hotel*, www.blogs.marriott.com.

Marriott Completes Acquisition Of Gaylord Hotels Brand And Hotel Management Company, www.prnewswire.com.

Marriott International and AC Hotels Sign Agreement to Form Hotel Joint, www.news.marriott.com.

Marriott International Announces Marriott Bonvoy – The New Brand Name Of Its Loyalty Program, www.news.marriott.com.

Marriott International Announces the Unexpected Passing of Arne M. Sorenson, President and CEO, www.news.marriott.com.

Marriott International Completes Acquisition of Delta Hotels and Resorts; Becomes the Largest Full-Service Hotelier in Canada, www.news.marriott.com.

Marriott International Completes Acquisition Of Protea Hospitality Group; Becomes

The Largest Hotel Company In Africa, www.prnewswire.com.
Marriott International Completes Acquisition of Starwood Hotels & Resorts Worldwide, eating World's Largest and Best Hotel Company While Providing Unparalleled Guest Experience, www.news.marriott.com.
Marriott International Inc. 2008 Annual Report, www.marriott.gcs-web.com.
Marriott International Inc. 2011 Annual Report, www.marriott.gcs-web.com.
Marriott International Inc. 2015 Annual Report, www.marriott.gcs-web.com.
Marriott International Inc. 2020 Annual Report, www.marriott.gcs-web.com.
Marriott International is Getting Slimed! And That's a Good Thing!, www.bloomberg.com.
Marriott International to Acquire Elegant Hotels Group Fueling Growth of All-Inclusive Platform, www.news.marriott.com.
Marriott International to Acquire Starwood Hotels & Resorts Worldwide, Creating the World's Largest Hotel Company, www.news.marriott.com.
Marriott International to Enter Corporate Apartment Industry; Agrees to Acquire ExecuStay for $128 Million, Second Largest Corporate Apartment Provider in U.S., www.hospitalitynet.org.
Marriott International, Inc. History, www.fundinguniverse.com.
Marriott Jr. Bill J. W., Brown K. A., *The Spirit to Serve. Marriott's Way*, Harper Business 1997.
Marriott Jr. Bill J. W., Brown K. A., *Without Reservation. How a Family Root Beer Stand Grew Into a Global Hotel Company*, Luxury Custom Publishing 2012.
Marriott's Roy Rogers sold to Hardee's Food Systems, www.upi.com.
Mattson J., *Borgen på Herserudsklippan*, www.johnmattson.se.
Mayer C. E., *Marriott to Buy Another Food-Service Company*, www.washingtonpost.com.
McDowell E., *Marriott to Acquire a Ritz-Carlton Stake*, www.nytimes.com.
McDowell E., *Saudi Prince Is Buying Big Hotel Stake*, www.nytimes.com.
Mcg. Thomas Jr. R., *Cecil B. Day, at 44; Georgian Who Began Days Inn Motel Chain*, www.nytimes.com.
Mcg. Thomas Jr. R., *Curtis L. Carlson, 84, Founder Of Trading Stamp Conglomerate*, www.nytimes.com.
McGinn D., *You Won't Stay a Bit Longer?*, Newsweek September 6, 2008.
McKinney M., *Moving Buildings with George Pullman*, Classic Chicago Magazine, www.classicchicagomagazine.com.
McLure Hotel, The Property, www.mclurehotelwheeling.com.
Meier B., *Stephen Bollenbach, Who Spared Donald Trump From Personal Bankruptcy, Dies at 74*, www.nytimes.com.
Melzer R., *Fred Harvey Houses of the Southwest*, Arcadia Publishing 2008.

Merrill A., *Business leader Curt Carlson, 84, dies of stroke*, www.startribune.com.
Milestones in the History of Regent, International Luxury Travel Market, www.iltm.com.
Miller T., *The 1901 Battle over 5th Avenue – the St. Regis Hotel*, www.daytoninmanhattan.blogspot.com.
Miller T., *The 1903 Hotel Woodstock – No. 127 West 43rd Street*, www.daytoninmanhattan.blogspot.com.
Miller T., *The 1906 Knickerbocker Hotel*, www.daytoninmanhattan.blogspot.com.
Miller T., *The Lost 1907 Hotel Astor – 1511 Broadway*, www.daytoninmanhattan.blogspot.com.
Miller T., *The Lost New Netherlands Hotel – 5th Avenue and 59th Street*, www.daytoninmanhattan.blogspot.com.
Miller T., *The Lost Waldorf-Astoria Hotel – 5th Avenue at 33rd Street*, www.daytoninmanhattan.blogspot.com.
More than three decades of hospitality, www.radissonhotels.com.
Morrison W. A., *Waldorf Astoria*, Arcadia Publishing 2014.
Murphy D., *Isadore Sharp: We Hire for Attitude*, www.gsb.stanford.edu.
Nelson N., *Shepheard's Hotel*, Cedric Chivers 1974.
Nelson S., *A touch of 'show business' in Waikiki Edition unveiling*, www.travelweekly.com.
Newcombe T., *Marriott opens Moxy Milan hotel*, www.businesstravelnewseurope.com
Nieuwendyk D., *Do you remember the Laurentien Hotel?*, www.mtltimes.ca.
Nieuwendyk D., *Does anyone remember this Montreal hotel?*, www.mtltimes.ca.
Night On the Tiles: Slaters Restaurants, www.letslookagain.com.
Nilsson U. I., *Servitris i Gävle blev hotelldrottning*, www.arbetarbladet.se.
Novel Ideas in Managing City's Largest Hotel, The New York Times June 3, 1917, www.freepages.rootsweb.com.
Oates G., *Marriott Hopes Its Autograph Collection Brand Will Boost Its Cool*, www.skift.com.
Obituary: Ernest Flagg Henderson III, www.legacy.com.
Obituary: Jack DeBoer, www.aspentimes.com.
Obituary: Lord Forte, www.telegraph.co.uk.
Obituary: Lord Forte, www.theguardian.com.
Oscar of Waldorf Dies at New Paltz; Retired in 1943, The Kingston Daily Freeman 1950, www.newspapers.com.
Oscar The Epicure, www.boldtcastle.wordpress.com.
Oscar Tschirky, www.boldtcastle.wordpress.com.
Oscar Tschirky, www.findagrave.com.

Oser A. S., *About Real Estate*, www.nytimes.com.
Östlund I., *Wilhelmina Skogh – en entreprenör av det svagare könet*, www.svenskpress.se.
Pagnon and the Grand Hotel, Aswan, www.grandhotelsegypt.com.
Paletta A., *Into the Heart of the Atrium Hotel*, www.bloomberg.com.
Park Hotel Vitznau History, www.parkhotel-vitznau.ch.
Parkhotel Düsseldorf, www.wikipedia.org.
Pension Moritz, www.wikipedia.org.
Photos: A look back at 40 years of California's Great America, www.mercurynews.com.
Platt F. M., *Oscar of the Waldorf: New Paltz farmer, Manhattan maître d' to millionaires*, www.hudsonvalleyone.com.
Pullman Company, www.wikipedia.org.
Pullman Hotels and Resorts, www.wikipedia.org.
Pullman Porters, History.com Editors, February 15, 2019, www.history.com.
Queen's Royal Park, www.exploringniagara.com.
Quinzio J., *Food on the Rails: The Golden Era of Railroad Dining*, Rowman & Littlefield Publishers 2014.
Radisson Diamond, www.castlesoftheseas.nl.
Reuters, *Marriott Corp. to Sell Airline Catering Division*, www.latimes.com.
Ritter's Park-Hotel, www.lagis-hessen.de.
Robinson Club – Figures, Dates, Facts, www.robinson.com.
Sandoval-Strausz A. K., *Hotel. An American History*, Yale University Press 2007.
Schriftgiesser K., *Oscar of the Waldorf*, American Book-Stratford Press 1943.
Schroeder E., *Private equity firms to purchase TGI Fridays*, www.foodbusinessnews.com.
Sell G., *Extended stay pioneer Jack DeBoer dies at 90*, www.servicedapartmentnews.com.
Sharp I., *Four Seasons. The Story of a Business Philosophy*, Four Seasons Limited 2009.
Sidorsky R., *On Nevis, Escape for Golfers*, www.nytimes.com.
Significance of the Statler Towers, www.buffaloah.com.
Sildatke A., *Dekorative Moderne: Das Art Déco in der Raumkunst der Weimarer Republik*, Lit Verlag 2013.
Six Flags Great America, www.wikipedia.org.
Sofitel Winter Palace Luxor, www.cosmopolis.ch.
Statler Hotels, www.wikipedia.org.
Steigenberger Europäischer Hof, www.tscheiar.ch.
Steigenberger Frankfurter Hof, www.tscheiar.ch.

Steigenberger Hotels History, www.deutschehospitality.com.
Steigenberger. Hitlers Erbe, www.spiegel.de.
Stephen Marriott, grandson of Marriott Corporation founder, dies, www.hospitalitynet.org.
Strahan D., *Bancroft Hotel, Worcester*, www.lostnewengland.com.
Stucki L., *Päpstlicher Gardist wurde Hotelier*, 1968, www.zeit.de.
Suvretta House Geschichte, www.suvrettahouse.ch.
Suvretta House St. Moritz: Familiengeschichte des Hotelgründers Anton Bon, www.suvrettahouse.ch.
Szende P., Rule H., *Thompson's Spa: The Most Famous Lunch Counter in the World*, Boston Hospitality Review, www.bu.edu.
T. Coleman du Pont, www.wikipedia.org.
The 1912 McAlipin Hotel – Broadway and 34th Street, www.daytoninmanhattan.blogspot.com.
The Bellevue-Stratford Hotel, www.wikipedia.org.
The Brilliant Oscar Tschirky, www.waldorfnewyorkcity.com.
The Clift Hotel, www.sftravel.com.
The First Bulgari Hotel Opens in Milan, www.bulgarihotels.com.
The first Four Seasons, Toronto Modern Architecture, www.robertmoffatt115.wordpress.com.
The First Semiramis Hotel, www.egy.com.
The Gezira Palace, www.egy.com.
The Historic Cornhusker Hotel Becomes a Marriott, www.hotelnewsresource.com.
The History of Bob Farrell and His Ice Cream Parlour Restaurants, www.drloihjournal.blogspot.com.
The History of Jumeirah Essex House, www.jumeirah.com.
The Hotel School Cornell: History, www.sha.cornell.edu.
The Marriott Corp. has purchased part of the Toledo-based…, www.upi.com.
The Mortimer-Percy Volume by The Marquis of Ruvigny and Ranieval, The Plantagenet Roll of the Blood Royal, 2013.
The other, other Savoy, www.grandhotelsegypt.com.
The Plaza Athénée is celebrating 100 years of history, www.holedo.de.
The Rise, Fall And Rebirth of The Willard Hotel In The 20th Century, www.streetsofwashington.com.
The Ritz-Carlton Hotel Company, L.L.C. History, www.fundinguniverse.com.
The Rotarian, March 1913, Vol. III.
The Rotarian, October 1948.
The Sherry-Netherland, www.historichotelsthenandnow.com.
The Story of a Great Hotel: The Waldorf-Astoria, The Waldorf-Astoria, Inc. 1929.

The Town of Pullman, www.pullman-museum.org.
The Waldorf Hilton, London, www.wikipedia.org.
Theobald M., *Field & Pullman, Pullman's Palace Car Co., Pullman Co., Pullman Inc., Pullman Standard Mfg. Co. Pullman-Standard Co.*, www.coachbuilt.com.
Towne D., *Vacation Visionary*, www.phoenixmag.com.
Treacy P., *The Grand Hotels of St. Louis*, Arcadia Publishing 2005.
Trusthouse Forte PLC History, www.fundinguniverse.com.
Turkel S., *Built to Last: 100+ Year-Old Hotels in New York*, AuthorHouse Publishing 2011.
Turkel S., *Great Amercian Hoteliers. Pioniers of the Hotel Industry Vol. 2*, AuthorHouse 2016.
Turkel S., *Great American Hotel Architects Vol. 1*, AuthorHouse 2019.
Turkel S., *Great American Hoteliers. Pioneers of the Hotel Industry*, AuthorHouse 2008.
Turkel S., *Hotel History: Fairmont Copley Plaza (1912)*, Boston, Massachusetts, www.historichotels.org.
Turkel S., *Hotel History: The Waldorf-Astoria Hotel*, April 8. 2017, www.etn.travel.
Turkel S., *Hotel Mavens*, Authorhouse 2014.
Tuttle B., *Marriott & IKEA Launch a Hotel Brand for Millennials: What Does That Even Mean?*, www.business.time.com.
Van Atta D., *Bill Marriott: Success Is Never Final – His Life and the Decision That Build a Hotel Empire*, Shadow Mountain 2019.
Waldorf Astoria New York, www.wikipedia.org.
Waldorf-Astoria – Boomer Takes Command, 1931, www.new-york-city.yodelout.com.
Waldorf-Astoria Hotel, Landmarks Preservation Commission, www.s-media.nyc.gov.
Walsh S. W., *Marriott Buys 97% of Saga*, www.washingtonpost.com.
Walsh S. W., *Marriott Puts Some Spice in Family Restaurant Chain*, www.washingtonpost.com.
Walston Latimer R., *Harvey Houses of Arizona: Historic Hospitality from Winslow to the Grand Canyon*, History Press Library Editions 2019.
Walston Latimer R., *Harvey Houses of Kansas: Historic Hospitality from Topeka to Syracuse*, The History Press 2015, books.google.com.
Wells J. A., *What an esteemed company of players – introducing Charles Baehler, hotel owner and entrepreneur*, www.johnwellsmurals.com.au.
Werdigier J., *Charles Forte, Who Founded a Hotel Empire, Dies at 98*, www.nytimes.com.
Weyer M. V., *The Fall of the House of Savoy*, www.archive.spectator.co.uk.
Wheeling Hall of Fame: Ellsworth Milton Statler, www.ohiocountylibrary.org.

Whitbread plc, www.wikicorporates.org.

Wilhelmina Skogh, naringslivshistoria, www.youtube.com.

Wilhelmina Skogh, www.wikipedia.org.

Wilhelmina Skogh, www.wikiwand.com.

William Waldorf Astor, www.wikipedia.org.

Woliński R., *Koncept hotelarski – hotele na wydłużony pobyt,* www.hotelexplorer.pl.

World's Biggest Hotel Opens Today, The New York Times, January 25, 1919, www.timesmachine.nytimes.com.

Young M, *Remembering a Hotel Operations Management Innovator,* www.lodgingmagazine.com.

Young M., *Birth of a Market Segment: The Story of Days Inn,* www.lodgingmagazine.com.

Zum Thema: „Erstes Haus am Platz" hatte wechselvolle Geschichte, www.taunus-zeitung.de.

En el libro "*Los hoteleros más famosos de todos los tiempos, Tomo 1*" encontrarás:

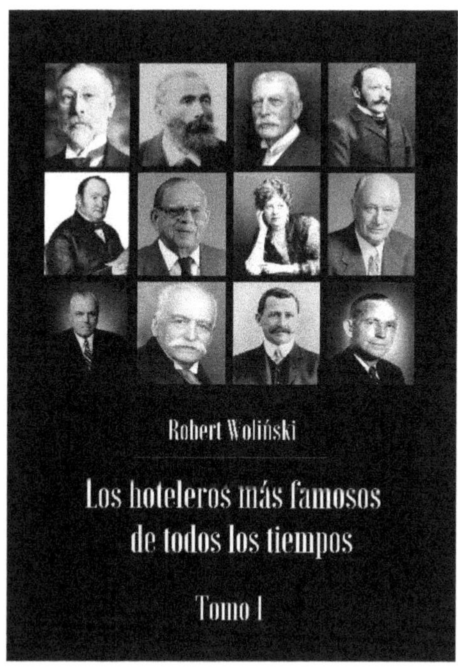

Johannes Baur. Precursor de la hotelería professional
Henry Flagler. Constructor de hoteles en Florida
Franz Josef Bucher. Hotelero y señor de las cumbres
César Ritz. El rey de los hoteleros y el hotelero de los reyes
Auguste Escoffier. El emperador de los chefs
George Boldt. El genio de la gestión hotelera
Hermanos Sarkies - Colonizadores hoteleros de Asia
George Nungovich. Napoleón de la industria hotelera egipcia
Anna Sacher. Reina de la hotelería austriaca
Conrad Hilton. Pionero de la globalización en la hotelería
Merile Key Guertin. Mr. Motel o la icónica marca Best Western
Howard Johnson. El anfitrión de las autopistas
Mohan Singh Oberoi. El primer hotelero de la India
John Willard Marriott. Líder de la industria de hospitalidad estadounidense
Kemmons Wilson. Uno entre mil que influyó en el siglo XX
Jay Pritzker. Precursor de hoteles atrium y la cadena Hyatt
Paul Dubrule y Gérard Pélisson. Arquitectos de las cadenas hoteleras europeas
Ian Schrager. Gurú de los hoteles boutique

www.ingramcontent.com/pod-product-compliance
Lightning Source LLC
LaVergne TN
LVHW012113170826
845678LV00001BA/27

9788397091801